拜占庭帝国

［英］查尔斯·欧曼 著

孙溶锴 译

浙江人民出版社

图书在版编目（CIP）数据

拜占庭帝国 / (英) 查尔斯·欧曼 (Charles Oman)

著；孙溶锴译. -- 杭州 : 浙江人民出版社，2025. 3.

ISBN 978-7-213-11748-0

Ⅰ. K134

中国国家版本馆CIP数据核字第2024TD5512号

拜占庭帝国
BAIZHANTING DIGUO

[英] 查尔斯·欧曼　著　孙溶锴　译

出版发行：浙江人民出版社（杭州市环城北路 177 号　邮编　310006）
　　　　　市场部电话：(0571) 85061682　85176516
责任编辑：齐桃丽　李　楠
特约编辑：涂继文
责任校对：王欢燕
责任印务：幸天骄
封面设计：天津北极光设计工作室
电脑制版：北京之江文化传媒有限公司
印　　刷：杭州丰源印刷有限公司
开　　本：680 毫米 ×980 毫米　1/16　　印　　张：21.75
字　　数：224 千字　　　　　　　　　　插　　页：4
版　　次：2025 年 3 月第 1 版　　　　　印　　次：2025 年 3 月第 1 次印刷
书　　号：ISBN 978-7-213-11748-0
定　　价：68.00 元

如发现印装质量问题，影响阅读，请与市场部联系调换。

圣索菲亚大教堂内景

前　言

　　50 年前，"拜占庭"一词代指腐败与颓废。现代历史学家认为东罗马帝国^①的历史沉闷且单调，因而对这段历史嗤之以鼻。在历史学界享有盛誉的吉本（Gibbon），将查士丁尼和希拉克略的继承者斥为一群恶毒的懦夫。而接下来的几代人中，无一人敢反驳吉本的观点。

　　但是，两部著作的横空出世帮助读者还原了真相：一本是由芬利（Finlay）于 1856 年出版的丰碑之作，另一本是由伯里（Bury）于 1889 年出版的、更具现代性的专著——自这两部著作问世以来，拜占庭人便不再需要任何其他的辩护者。这两本著作使人们认识到，拜占庭帝国在遏制撒拉逊人（Saracen）方面做出重要贡献的同时，亦于黑暗时代中保持着前进的活力。

　　本书作者试图通过芬利和伯里的视角，而不是以吉本的

---

① 东罗马帝国即拜占庭帝国，原文中对 "Eastern Empire" 和 "Byzantine Empire" 两词进行了混用，为便于阅读，以下译文中将统一使用 "拜占庭帝国"。——译者注

观点来讲述拜占庭的故事。在此，我要由衷地向希腊独立战争的老兵和年轻的都柏林教授表示感谢，若没有他们的帮助，我的任务将非常沉重。有了他们，我写作时就得心应手了。

我本人并没有熟读有关东方王国所有编年史著作，但对阿米亚诺斯（Ammianus）、普罗科皮乌斯（Procopius）、莫里斯（Maurice）、执事利奥（Leo the Deacon）、智者利奥（Leo the Wise）、弗拉维乌斯·君士坦丁（Flavius Constantine）、安娜·科穆宁娜（Anna Comnena）和尼西塔斯（Nicetas）等的著作相对熟悉，这或许说明选择我来承担这项任务是正确的。

1892 年 2 月

于牛津

目　录

第一章

拜占庭
（前 658—后 327 年）

2558 年前，一小支帆船队伍沿着赫勒斯滂海峡①（Hellespont）艰难行进，驶过宽阔的普罗彭提斯海②（Propontis），停泊在博斯普鲁斯海峡（Bosphorus）朝向欧洲一侧第一个入口处的平静水域处。此地是一个长月牙形的海湾，后世将这里称为"金角湾"（Golden Horn），它向内陆延伸了 11 公里，从外侧湍急的溪流中形成了一片安静的回水。在入海口的岬角上，几百名殖民者纷纷下船，匆忙地从一片海滩赶到另一片海滩，并在地面上搭建起一道极为简陋的栅栏，以保护自己免受内陆蛮族的袭击——这就是拜占庭最初的样子。

　　这些殖民者是希腊（Greek）的多利安人（Dorieis），他

---

① 赫勒斯滂海峡即达达尼尔海峡（Dardanelles Strait），是该海的旧称，以下称达达尼尔海峡。——译者注
② 普罗彭提斯海即马尔马拉海（Sea of Marmara），是该海的旧称，以下称马尔马拉海。——译者注

们世代生活在繁荣的海港城市迈加拉（Megara），该城曾在殖民和商业扩张的鼎盛时期，扮演着希腊诸城邦中最为进取的角色。无论哪艘希腊船只驶入未知水域，都会有来自迈加拉的水手尾随其后。

一群迈加拉的商人冒险向西挺进，在西西里岛（Sicily）开拓了殖民地，但大部分迈加拉人的注意力则放在了东方的日出之地，转到了云雾缭绕的黑海入口，以及远处神话般的土地。相传，那片神话般的土地上可以找到金羊毛王国（Golden Fleece），即古代世界的"黄金国"（El Dorado）。在那里，拥有无尽财富的国王统治着科尔基斯（Colchis）的各个部落。瑟摩敦河（Thermodon）的岸边，则住着亚马孙人（Amazons），他们曾经入侵过遥远的希腊，使希腊人疲于应付。如果沿着河流继续北上，你会找到希柏里尔人（Hyperboreans）①——希柏里尔是一个远离寒冷北风的幸福民族，他们甚至不知道风暴和冬天的存在。为了寻找这些传说中的土地，希腊人不断向北和向东航行，直到他们抵达大海的尽头。尽管他们没有找到金羊毛王国、希柏里尔人的福地以及亚马孙人的部落，但确实发现了许多地方值得探寻且有着丰富的资源和物产，如科尔基斯的金属、帕夫拉戈尼亚（Paphlagonia）的森林、第聂伯河（Dnieper）和布格河（Bug）沿岸的肥沃谷地，以及博斯普鲁斯海峡和亚速海（Azov）的渔业资源。

这些资源使希腊人获利颇丰，他们初到这里时，将海滨

---

① 在传统的希腊神话中，希柏里尔人是居住在希腊以北极远处的人群。"Hyperboreans"意即"在北风之外"。——译者注

地区称为"人类禁区",而在发现了东方土地的物产后,整个海滨地区便布满了贸易定居点,港口的交通便利性使这个区域被改称为"宜居之地"。正是本着同样的考量,在 2000 年后欧洲兴起的第二波探险浪潮中,海员们将"风暴角"(Cape of Storms)的名字改为了"好望角"(Cape of Good Hope)。

迈加拉人比其他任何希腊人都更关注黑海(Euxine)地区,拜占庭的建立只是他们众多成就之一。在拜占庭形成的 17 年前,另一批迈加拉殖民者早已经在博斯普鲁斯海峡的亚洲海岸建立了名为"卡尔西登"(Chalcedon)的殖民地。注定要建立更大城市规模的殖民者们向德尔斐(Delphi)的神谕求助,请求给予他们关于新家园的选址建议,而传说中阿波罗的命令是"将他们的城镇建立在'盲人之城'的彼岸"。因此,在金角湾岬角上安营扎寨的迈加拉殖民者,认为卡尔西登人在比提尼亚(Bithynia)一侧建立殖民地实在是有眼无珠,他们没发现色雷斯(Thrace)海岸上更为优质的地点。

从一开始,地理位置就标志着拜占庭注定会拥有伟大的未来。无论是在军事上还是在商业上,没有哪座城市能同拜占庭相比拟。从色雷斯最东边的岬角往外看,拜占庭既背靠整个欧洲,也面向整个亚洲,整个地理环境易守难攻。相较于其他要塞,拜占庭几乎坚不可摧——两面环水的同时,第三面配有坚固城墙,邻近区域内没有可以被袭击者控制的高地。军事方面,纵观拜占庭的早期历史,除少数几次因饥荒或叛变而落入敌人之手外,这座城市从未因敌人的攻击而陷落。商业方面,拜占庭的地理位置优越,它完全控制了黑海贸易:每一艘从希腊或爱奥尼亚（Ionia）出发，与塞西亚（Scythia）或科尔基斯往来的船只都必须从城墙下经过。因此，黑海沿岸100座希腊城镇的繁荣与否，始终取决于拜占庭的主人。希腊人喜欢短途旅行，而拜占庭作为中途停靠之地，注定会收获繁荣的果实。此外，拜占庭也与邻近的色雷斯部落进行着大量贸易，并从渔业中获得了巨额利润。因此，拜占庭的城市徽章是盾形纹章，里面镶嵌着一条金枪鱼。

作为一个独立城邦，拜占庭的历史漫长且经历多舛。建立城邦后的300年里，除了被波斯（Persia）帝国统治的30年外，它一直保持着自由与独立。城墙下发生了许多令人激动的故事：大流士一世^①（Darius Ⅰ）曾集结船只、构筑浮桥，横渡博斯普鲁斯海峡；他的儿子薛西斯一世（Xerxes Ⅰ）在横渡达达尼尔海峡时也采用了同样的方法。15年后，拜占庭与其他邻邦为了摆脱波斯的控制，发动了"爱奥尼亚起义"。但此次起义以失败告终，并导致拜占庭被叛变者希斯提亚埃乌斯（Histiaeus）所控制，其为了增加个人财富并支付海员费用，发明了海峡税。希斯提亚埃乌斯以"捍卫自由事业"为由，迫使每艘通过博斯普鲁斯海峡的船只必须支付昂贵的通行费，此举饱受人们诟病并遭到抵制。不久，拜占庭再次落入波斯之手。17年后，当希腊人刚刚取得在萨拉米斯（Salamis）和米卡尔（Mycale）的胜利后，他们便随即抵达拜占庭的城下。经过希腊人漫长的围困，顽强的守军最终因弹尽粮绝而投降，拜

---

① 大流士一世即大流士大帝，公元前522年至公元前486年的波斯阿契美尼德王朝君主。——译者注

占庭终于在公元前479年摆脱了东方波斯人的控制——此次战役亦为雅典（Athens）的第一支海军奠定了基础，当时希腊所有的亚洲城邦都将其麾下船只交由雅典海军将领西蒙（Cimon）和阿里斯提德（Aristides）指挥调度。

公元前5世纪，拜占庭曾两次向当时已是海上霸主的雅典宣战：一次是在公元前439年的自愿投降；另一次则是在公元前408年因内部反叛而导致的失败。雅典人对敌人并未采取绝对强硬的态度，除要求支付一大笔战争赔款外，拜占庭人未付出其他额外代价。几年后，商业收益便弥补了战争造成的全部损失，拜占庭又恢复如初。

拜占庭的早期钱币

带有新月和星星图案的拜占庭晚期钱币

我们对拜占庭早期几个世纪的内部历史知之甚少，一些奇怪的信息碎片却随处可见。例如，我们知道他们使用铁而不是铜来铸造小额钱币，这是除斯巴达外其他古代城邦所不具备的特点；他们字母表中的"B"形状奇特，令所有希腊人倍感困惑，因为这更像一个多出一截的"∩"。我们可以推测的是，拜占庭所崇敬的神灵，一位是海神波塞冬（Poseidon），在他的庇佑下，拜占庭创造出最为重要的财富来源，另一位则是女神德墨忒尔（Demeter），她掌管色雷斯和塞西亚的谷地。

根据古代编年史的记载，拜占庭人既讲究奢华又喜欢忙碌，他们将大把的时间花在酒馆之中。在这些酒馆里，马罗涅亚（Maronea）和其他邻近地区产出的优质葡萄酒创造出了巨大的诱惑。拜占庭人贪吃且嗜酒。据史料记载，在一次遭遇围攻的关键时刻，士兵们竟然选择罢工，直到指挥官同意在城墙阵地周围建立餐馆后，他们才选择继续投入战斗。有的故事或许是羡慕拜占庭繁荣的邻邦所杜撰出来的，但至少可以肯定的是，这座城市在其整个历史中展现出巨大的能量和对独立的热爱。

直到马其顿（Macedonia）的腓力二世（Philip Ⅱ）和其长子亚历山大（Alexander）大帝的崛起，拜占庭才再次落入敌人之手。腓力二世曾对拜占庭展开漫长的围攻，都以失败告终。公元前 339 年的某一天，腓力二世的军队试图借夜色登上城墙，但天空中突然出现了一道亮光，导致正在攀爬城墙的士兵行踪暴露，使得这一夜袭行动以失败告终。拜占庭人将这道亮光视为神明的庇护，为纪念这道亮光，拜占庭将闪耀的新月和星星作为他们的公民徽章图案之一。但在击退腓力二世的几年后，拜占庭不得不向亚历山大大帝俯首称臣，在其统治下成为马其顿帝国的一部分。其后，亚历山大的继任者德梅特留斯·波里奥塞斯（Demetrius Poliorcetes）和利西马科斯（Lysimachus）也继续统治着拜占庭，直到利西马科斯战死后，拜占庭才恢复了短暂的自由，再次成为一个独立的邦国。

拜占庭是较早与罗马人结盟的城市之一，此举堪称明智，为拜占庭带来了诸多优待条款。在罗马与马其顿和安条克二世（Antiochus II）的战争中，拜占庭证明了自己是一个忠诚的助手，元老院（Senate）授予拜占庭"自由同盟城邦"的称号，使其除了在对外关系方面受罗马控制并向罗马进贡外，其余方面都拥有完全意义上的自由。直到罗马共和国灭亡很久以后的公元 73 年，韦斯巴芗（Vespasian）皇帝才剥夺了这些特权，并将拜占庭划入色雷斯省，使其成为一个普通的城市。

虽然被剥夺了多年来所享有的自由，但拜占庭在商业上的特殊地位无法撼动。"罗马治世"（Pax Romana）时期，即帝国建立后的头 200 年里，帝国内部的所有邦国都享有长期和平，拜占庭也继续保持着繁荣，并被普遍认为是罗马世界中部最重要的城市。

但随着安敦尼王朝（Antonian dynasty）黄金时代的结束，罗马帝国进入了军人皇帝的时代。拜占庭同文明世界的其他地方一样，也经历了一段邪恶且黑暗的岁月。192 年，伟大、善良的马库斯·奥里利厄斯 ①（Marcus Aurelius）的不孝之子康

---

① 马库斯·奥里利厄斯于 161—180 年在位，是罗马五贤帝时代的最后一位皇帝。——译者注

茂德①（Commodus）被谋杀，三个篡位者随即以武力开始了皇位争夺。这次事件对于拜占庭而言，不幸的是恰好发生在位于其东部行省与伊利里亚（Illyrian）省的分界线上——佩斯切尼乌斯·奈哲尔（Pescennius Niger）占据了东部行省，而塞维鲁（Severus）则统治着伊利里亚。塞维鲁的叙利亚军队趁机占领了拜占庭，并迅速在此地扎根。不久，塞维鲁确立起其在罗马和意大利的统治地位后，便率军东进，将其对手佩斯切尼乌斯·奈哲尔的军队击退。来自伊利里亚的塞维鲁军队连战连胜，叙利亚皇帝被处死。当叙利亚皇帝的其他追随者都选择投降时，拜占庭的驻军却拒绝屈服。拜占庭人在这座坚不可摧的城市中对抗塞维鲁超过2年，直到196年，他们才被迫投降。塞维鲁亲自现身，惩罚该城长期以来的抵抗：除守备部队外，他也亲自监斩了拜占庭的行政官员。然后，塞维鲁耗费了大量资源才将由"铁栓紧紧固定在一起的巨大方形石头"所构建起的城墙推倒，并没收、剥夺了市民财产及城市的所有市政特权，使拜占庭像一个附属村庄一样由佩林托斯（Perinthus）管理。

尽管塞维鲁之子卡拉卡拉②（Caracalla）将自治权还给了拜占庭人，但这座城市若要完全从其受到的打击中恢复如初，则还需要很长一段时间的和平。然而，拜占庭注定无法获得这样的"奢侈品"——3世纪中叶，拜占庭都面临着哥特人的入

---

① 康茂德于180—192年在位，其热衷于宫廷角斗，因而被同时代史学家斥为"暴君"。——译者注

② 卡拉卡拉于211—217年在位。在位期间，为提高税收而颁布了卡拉卡拉法令。——译者注

侵。除拜占庭之外，哥特人也同时袭扰着黑海沿岸的国家，而这些国家亦是拜占庭的贸易之基。263 年，拜占庭再次被篡位皇帝伽利埃努斯 [①]（Gallienus）占领。

伽利埃努斯的士兵翻遍了城市的每一个角落，将拜占庭洗劫一空，居民也未能幸免，就连作为"城市建立者"的迈加拉人也被屠杀殆尽。但是拜占庭强大的吸引力使其在废墟之中迸发出了重生的活力。在被伽利埃努斯的军队洗劫的十年后，拜占庭再次成为一个人口稠密的城镇，城中新居民受到历史学家特勒贝里乌斯·波利奥（Trebellius Pollio）的赞扬，因他们在克劳狄二世（Claudius Ⅱ）统治期间将哥特人击退。

如果不是伊利里亚诸帝的强大，罗马帝国恐怕在 3 世纪便已走向灭亡。皇帝的强大也为拜占庭创造了恢复繁荣所需要的和平：在戴克里先 [②]（Diocletian）将其居所迁至离拜占庭仅有 80 多公里的尼科米底亚（Nicomedia）后，拜占庭便开始因与皇帝居所毗邻的优势而受益。但拜占庭的重要军事地位与其在商业上的地位之间产生了冲突。戴克里先退位后的 20 年里，罗马帝国是在不断的内部纷争中度过的。不同势力间兵戎相向，统治巴尔干半岛的李锡尼（Licinius）将拜占庭设为边境要塞，亚洲一侧的省份则是马克西米努斯·达扎（Maximinus Daza）的势力范围。趁李锡尼远在意大利时，马克西米努斯

---

① 伽利埃努斯在 253—260 年与其父亲瓦勒良成为罗马帝国的共治者。260 年，瓦勒良兵败波斯被俘后，伽利埃努斯随即成为帝国皇帝。——译者注

② 戴里克先于 284—305 年在位，建立起了作为罗马帝国后期主要政体的四帝共治制。——译者注

不宣而战，迅速占领了拜占庭。李锡尼火速返回，在离城墙不远处又将马克西米努斯击败。在失去了拜占庭的几个月后，李锡尼又将这座边境要塞重新夺回。从同时期其他城镇的遭遇中可以推断，一年内两次易主必然会为城市带来严重损害，但拜占庭却成为例外，似乎并没有被洗劫或烧毁。当李锡尼夺回这片土地后，更是致力于让拜占庭变得更加坚不可摧。尽管拜占庭并非李锡尼的都城，但他仍将该城定位为其治下的关键要塞。由此，自马克西米努斯战败后，拜占庭便成为整个罗马世界东半部的要地。

拜占庭亦是李锡尼进行最后一战的地方。323年，李锡尼与其妻兄、西方皇帝君士坦丁（Constantine）大帝进行了一场以失败告终的战争。几个月来，战争的进度在拜占庭的城墙下止步不前，但君士坦丁大帝坚持围攻方针，筑起了可以俯瞰整个城墙的巨大土堆，数十台军用装置被放置在这些土堆之上，不断发射以扫荡守军。围攻之下，拜占庭的城墙升起了白旗，白旗的背后则是李锡尼霸业的坟墓。随着最后一个对手被征服，君士坦丁大帝成为罗马世界唯一的皇帝，他以胜利者的身份高高站于城墙之上，城市也因为他的名字而有了新的称号。

第二章

君士坦丁堡的建立

（328—330 年）

当拜占庭城墙上升起的白旗改写了李锡尼的命运后，罗马世界再次统一在了一个皇帝的权杖之下。在戴克里先及其同僚瓜分各城以来的 37 年里，统一一直是一个未知数，皇帝的数量多则 6 个，少则 2 个。这些皇帝以不同的原则管理着他们的领土，并取得了不同的成功。

君士坦丁大帝能够战胜其对手的原因，在于其所具备的管理及外交才能，丝毫不逊于其所拥有的军事才能。相较于许多具有天分的征服者和立法者，君士坦丁大帝突出的实践能力使其名垂于世界历史。此外，君士坦丁大帝亦是一个极为自律且冷酷无情的人，这些性格特征也同样凸显在其前任奥古斯都（Augustus）及后世普鲁士（Prussia）的腓特烈（Frederick）大帝身上。

尽管君士坦丁大帝的古罗马血统很少，但其在许多方面都是典型的罗马人。过去几个世纪中帮助罗马赢得世界帝国地位的那种坚韧、冷酷、镇定、永不疲倦的品质，均在君士坦丁大帝身上得到了充分体现。但如果说君士坦丁的性格是罗马人的话，又存在极为矛盾的一点——他不具备罗马人的那种同情心。君士坦丁出生于多瑙河（Danube）畔，在亚洲和西欧高卢（Gaul）的宫廷和军营中长大，他完全没有对台伯河（Tiber）上这座城市的古老荣耀怀有任何近乎迷信般的崇敬，而这种崇敬恰恰曾激励过他的许多先辈。对于君士坦丁大帝而言，意大利不过是其广袤领土中的一个次要省份。当君士坦丁在其继承人之间分配领土时，他将高卢作为最珍贵的那份，分配给了他最为疼爱的长子，而意大利则被分配给了他的小儿子。在君士坦丁大帝之前也曾有过无视罗马的皇帝：蛮族马克西米努斯曾在莱茵河（Rhine River）和多瑙河沿岸居住；政治家戴克里先选择了尼科米底亚作为其居住地，但谁也没有设想要建立世界帝国，将罗马变成一个省城。如果说前几任皇帝居住在遥远之地，是迫于边境战争或治理需要，那君士坦丁大帝则是要建立一个与罗马对应的、成为罗马世界新行政及商业中心的文明世界大都市。

100 多年来，作为皇族驻地的罗马极为不便。摆在皇帝们面前的主要问题，是击退不断入侵巴尔干半岛（Balkan Peninsual）的蛮族。莱茵河和幼发拉底河（Euphrates）上虽然也有争端发生，但充其量只能算是些"小麻烦"。罗马位于意大利中部，缺乏优良港口，也因阿尔卑斯山脉将其与帝国的其他地区分隔开了，其离最需要皇帝的地方过于遥远——这些地方指的是多瑙河沿岸及锡尔米乌姆（Sirmium）和辛吉杜努姆（Singidunum）。与波斯的战争不断发生，这就更加不方便了。但这些危险还谈不上万分紧迫，在波斯军队还未抵达距离边境只有200公里的安条克（Antioch）时，在巴尔干半岛活动的哥特人已经深入帝国腹地，洗劫了雅典和塞萨洛尼基（Thessaloniki）。

整个罗马世界都在君士坦丁大帝的脚下，他的肩上是帝国的重任。君士坦丁大帝是一个富有能力之人，自然不能忽视当时的巨大需求，即为他的帝国打造一个更为便利的行政、军事中心。这个地方需要同时满足多项条件：其一，水陆交通都要非常便利（尽管罗马道路四通八达，但仍未满足这一条件）；其二，可以俯瞰多瑙河流域，且距离东方不会太远；其三，城市要足够坚固，可以成为一个坚不可摧的兵工厂和要塞，以抵御来自北方蛮族的攻击；其四，远离动荡的边境地区，为中央政府提供一个安全而华丽的住所。彼时的历史学家给出了几个城镇的名字，以供君士坦丁选择。第一个是君士坦丁的出生地——内索斯（Naissus），即今日位于塞尔维亚（Servia）的尼什（Nish），该城位于摩拉瓦（Morava）河畔，在巴尔干半岛的心脏地带，但它离边境太近，又离大海太远。第二个是塞尔迪卡（Sardica），即现今保加利亚（Bulgaria）的索菲亚（Sofia），也因与内索斯相同的原因而遭到否决，且与内索斯相比，该城更不利的一点在于其没有与皇帝的早期经历相关联。无论从哪方面看，位于马尔马拉海东端狭长海湾上的尼科米底亚都更能满足以上的选址要求，且已经作为皇帝的住所使用过。但尼科米底亚拥有的所有优势，拜占庭都能够以双倍呈现。君士坦丁大帝主观上亦不希望选择尼科米底亚，在这座城市里，他自己创造的痕迹将会被关于其前任戴克里先的记忆所掩盖，也不愿自己近来中意的基督徒身份与戴克里先和加莱里乌斯（Galerius）所造成的迫害产生联系。最后一个被提议的地点是伊利昂（Ilium），该城除了在古老传说中曾十分辉煌，以及罗马神话学家言语中英雄埃涅阿斯（Aeneas）逃出特洛伊（Troy）并于此建立了城市外，其他方面的优势则乏善可陈——虽然离海很近，但其并不具备优良港口，且离达达尼尔海峡过于遥远，无法对黑海出口进行有效的管辖。

另外，君士坦丁大帝对拜占庭非常熟悉。几个月来，君士坦丁大帝的营地一直驻扎在拜占庭的城墙下，他已经准确地了解了该城周围的每一寸土地，不会忽视该城任何方面的军事优势。因此，君士坦丁选择这座迈加拉古城作为他的新首都是自然而然之事。然而，罗马世界在初期对君士坦丁大帝选择拜占庭感到极为震惊，因为长期以来，拜占庭的地位仅限于其是黑海贸易的一个重要港口，以及一流的省级要塞。

当君士坦丁大帝决定将拜占庭作为自己的首都时，他便立即投入近乎全部的精力，并采取了一系列彻底性的措施来落实这项工作。新城市的界限很快被古罗马风格的仪仗队划定出来。在后来的时代中，一个优美的传说被用来讲述这座新城的宏伟规模。我们读到的故事是，皇帝在所有朝臣的跟随下徒步前行，并用长矛标注出防御工事的修筑位置。

当君士坦丁大帝沿着金角湾的海岸向西走得越来越远之时，他已经距离他在老拜占庭大门的起点超过了 3 公里，随从们也愈发惊讶于他的庞大计划。最后，随从们大胆地说出，君士坦丁大帝计划的城市范围已经超过了一座皇城所能达到的最大限度。但君士坦丁大帝转过身来指责随从们："我将继续向前，直至我身前的隐形向导认为适宜之时。"在君士坦丁那神秘的隐形向导指引下，这位皇帝一直向前行进到了距离拜占庭东角4公里的地方，直到他把马尔马拉海和金角湾半岛之间的7座山都纳入了边界范围后，才转过身来。

旧城城墙外的高地被选为新都市场，323年的围攻期间，君士坦丁的军帐也在此处搭起。在这块高地上，君士坦丁竖起了"米利安"（Milion），即"黄金里程碑"（golden milestone）。自此以后，与所有东方世界的距离都将以此为起点进行测量。这个"世界的中心"，虽名为"里程碑"，却并非石制碑文，而是像寺庙一样的小型建筑，其屋顶由7根柱子支撑，里面放着皇帝及其信奉基督教的母亲海伦娜（Helena）皇后的雕像。

君士坦丁大帝选择了拜占庭旧城的东南部作为其皇宫所在地。伴随着对私人住宅的拆除，皇宫选址处获得了共计60万平方米的土地，庞大的土地在为整个宫廷提供了宏伟住所的同时，还为宽敞的花园及游乐场提供了空间。为了将皇宫和城市的其他部分分隔开来，一道宫墙从博斯普鲁斯海峡与马尔马拉海交汇处的灯塔开始转向内陆，并与海岸平行延伸了近2公里的距离。

宫殿西北方向的开放空间是拜占庭的生活中心——奥古斯都广场（Augustaeum），一个富丽堂皇的长方形广场，长

约 300 米，宽约 90 米。奥古斯都广场的地面由大理石铺成，
四周坐落着庄严的公共建筑。正如我们之前所讲，奥古斯都广
场的东边是皇宫，但在宫殿和空地之间是三个由柱廊相连接的
独立建筑。其中，最东边的是大型浴场，其建造者称其为"宙
克西帕斯浴场"（Baths of Zeuxippus）。宙克西帕斯浴场是按
照早期古罗马皇帝所采用的宏大标准来进行建造的，不过其
在规模上仍无法与卡拉卡拉浴场（Baths of Caracalla）相比。
君士坦丁利用并扩大了塞维鲁占领时期修建的旧浴场，并利用
取自希腊和亚洲各个著名城镇的雕像，对宙克西帕斯浴场的
正面和庭院进行了装饰，这些古老的希腊杰作是十二代总督
和恺撒[①]（Caesar）从各地贪婪掠夺而来的。因此，人们在浴
场中可以看到林德斯（Lyndus）的雅典娜（Athene）雕像、罗
德岛（Rhodes）的海洋女神安菲特里忒（Amphitrite）雕像和
在薛西斯战败后被希腊人奉为神圣的潘（Pan），还有多多那
（Dodona）的宙斯（Zeus）雕像。

　　奥古斯都广场的东侧为元老院，其在北侧与浴场毗邻。
君士坦丁决定仿照古罗马的元老院风格来建立新的元老院，并
通过慷慨地给予金钱和房屋，说服了许多原元老院家族向东迁
移。我们知道，元老院的集会活动极具价值，但君士坦丁的
建筑没有留下任何细节，因为其曾在一个世纪内被两次摧毁。
同宙克西帕斯浴场一样，元老院的建筑也装饰有古代雕像，其
中，赫利孔山（Helicon）的缪斯九女（Nine Muses）神像被历

---

① 恺撒，古罗马统帅，政治家、作家。后习用"恺撒"代指罗马及欧洲的统
帅。——译者注

史学家特别提及，他同时也描述了此地于公元前 404 年遭遇的大火。

位于北侧的大教长宫殿（Palace of the Patriarch），通过柱廊与元老院相连。在被提升到与安条克主教和亚历山大主教的同等地位后，拜占庭的主教便被称为拜占庭主教。大教长宫殿是一座拥有宽敞大厅和花园的精美建筑，但在其背后皇宫的映衬下，这座建筑则黯然失色了许多。主教本人的地位也与这座建筑相似——他住得离皇帝太近，无法获得任何独立的权威。无论是在建筑的对比上或是在地位的对照上，主教均受到了这位"威严邻居"的压制，他从来没有找到任何机会来建立一个独立的精神权威以对抗世俗政府，或者像罗马主教那样在帝国中建立单独的统治权。

奥古斯都广场的西侧，即我们已经描述过的三座建筑对面，矗立着一座在拜占庭公共生活中扮演着重要角色的大型建筑——大竞技场（Hippodrome），一个长 640 腕尺 ①、宽 160 腕尺的华丽场所，古罗马人所熟知的各种竞技项目在这里又重新上演了。竞技场里，拜占庭再现了罗马不同"派系"间的战车比赛，其产生的影响力甚至超过了罗马人对赛马的热爱。从城市建立之初，"蓝派"和"绿派"的竞争就是拜占庭地方生活中最显著的特征之一。"蓝派"与"绿派"的竞争亦远远超出了竞技场的范畴，延展到生活的各个方面。我们经常听到"绿派"认同阿里乌教派（Arianism），或者"蓝派"支持

---

① "腕尺"为古时的计量单位，1 腕尺约等于 50 厘米。——译者注

篡位者。不仅是体育爱好者，各行各业的人都有自己的选择，并支持自己的派系。这种传统对公共和平是一种客观存在的威胁，不断导致骚乱发生，并最终质变形成了于523年爆发的大骚乱——我们将在接下来的篇幅中进行详细的描述。"绿派"总是从东北门进入竞技场，并落座于东侧；"蓝派"从西北门进入，落座于竞技场西侧。被称为"卡迪斯马"（Kathisma）的皇帝包厢，位于竞技场相对狭短的北侧，配有数百个皇室侍从专位，卡迪斯马的中央宝座则是皇帝最常向臣民们展示自己的地方。卡迪斯马中央宝座曾发生过诸多具有荒诞意味的历史事件：正是在这个宝座上，希巴提乌斯（Hypatius）被暴民们加冕为皇帝，用自己妻子的项链作为临时冠冕；2个世纪后，重新征服拜占庭的查士丁尼二世（Justinian Ⅱ）也坐在这个宝座上，并将其对手利奥提乌斯（Leontius）和阿普西玛斯（Apsimarus）一起绑在了脚凳下，而民众则高声吟唱着"你应该践踏狮子和毒蛇"的诗句。

同其他竞技场相似，拜占庭大竞技场的中央也有一道起分区作用的"脊墙"（Ridge wall）。脊墙上装饰有三座奇特且相互并列的纪念碑，似乎代表着建设新城所运用的各种材料。第一座纪念碑是三座中最为古老的，是从埃及运来的方尖碑，上面镌刻着当时最常使用的象形文字。第二座纪念碑的外形并不出彩，但它是拜占庭古物中最为著名的：其正是公元前479年帕萨尼亚斯（Pausanias）率领的希腊军队在普拉提亚（Plataea）击溃波斯军队后，波斯人在德尔斐献上的三头铜蛇，^① 由蛇头支撑的金鼎早已缺失。6个世纪前，亵渎神明的福基斯人（Phocian）将其窃走，但令考古学家们感到欣慰的是，刻在纪念碑基座线圈上的奉献铭文得以幸存至今。相较于周围的其他文物而言，第三座纪念碑是一根更具现代性的方形青铜柱。由于某种巧合，三座纪念碑一直保留至今：尽管竞技场的巨大脊墙已经倒塌，但其中心的装饰仍竖立在土地之上。现今的土耳其人将大竞技场称为"阿特梅丹"（Atmeidan）或"赛马场"，以此保留对其古老用途的模糊记忆。

大竞技场和圣索菲亚大教堂

在奥古斯都广场西侧竞技场的东墙外，矗立着许多小型教堂和雕像，其中最具标志性的一座便是我们已经描绘过的"黄金里程碑"。起初，雕像的数量很少，随着后来的皇帝不断增建，开始遍布于整个广场的周边。君士坦丁大帝本人

---

① "蛇柱"的德尔斐三脚祭坛，被称为"普拉提亚"。——译者注

对藏品的贡献是一根高大的斑岩柱，柱子顶端有一尊青铜像：
这尊青铜像曾经是希拉波利斯（Hierapolis）城的守护神阿波
罗（Apollo），但通过对头部位置的拆除更换，雕像又变为了
君士坦丁大帝的形象。罗马则与拜占庭的情况相反，教皇们将
科尔索（Corso）柱子上的奥里利厄斯皇帝头像换成了圣彼得
（St. Peter）的头像。

正在建造的宫殿

竞技场的北面矗立着君士坦丁为其基督教臣民建造的圣

索菲亚大教堂（Hagia Sophia），同时以此献给神圣的智慧。
当时的圣索菲亚大教堂与现今同样以此命名的圆顶建筑并不等
同，相较于现今的圆顶圣索菲亚大教堂而言，其是一个建造时
间更早、规模更小的建筑，极有可能是采用了当时设计风格的
长方形教堂。当时的圣索菲亚大教堂在 5 世纪和 6 世纪分别被
烧毁了一次，导致其最初的痕迹也被烧毁殆尽。从圣索菲亚大
教堂的西门开始，一条采用拱形结构的木制长廊穿过广场，并
一直连接到皇宫的"御门"。这样，皇帝无须穿过位于圣索菲
亚大教堂对面的黄铜市场（Chalcoprateia）街道，就可以参加
各种礼拜仪式。长廊的总体效果类似于佛罗伦萨（Firenze）皮
蒂宫（Pitti）与乌菲兹宫（Uffizi）之间的拱形通道。

15 世纪时的君士坦丁大帝骑马雕像手绘图

上文所描述的建筑，共同构成了拜占庭的核心。这座城

市历史上大部分的重要事件都发生在宫殿、竞技场与大教堂之间。拜占庭亦向北部和西部绵延数公里，引人注目的建筑遍布在整座城市之中，但它们均无法与奥古斯都广场周围的建筑群相媲美。圣使徒教堂（Church of the Holy Apostles）被君士坦丁大帝指定为其家人的墓地，同时也是拜占庭的第二大教堂。码头旁的公共粮仓、西大道城墙方向上所矗立的金门，以及执行官的禁卫队官邸等城市外围的民用建筑，亦精美得令人炫目。君士坦丁大帝骑马雕像则矗立在圣索菲亚大教堂的旁边，该雕像直至中世纪末期一直都是拜占庭的标志，围绕这座雕像，亦流行着一些奇怪的传说。

大概是在 328 或 329 年（确切的日期很难确定），君士坦丁大帝已经明确选择了拜占庭作为他的首都，并制订了相应的城市发展计划。330 年 5 月 11 日，城市建设已经完成大半，足够君士坦丁大帝在这座新城中举办献祭活动。基督教主教为部分完工的宫殿祈福，并在圣索菲亚大教堂进行了首次礼拜。尽管君士坦丁大帝还没有接受洗礼，但其已经决定新城从建设之初就应该是有基督教底色的。除了几座拜占庭的古老寺庙，新城中再无任何其他宗教的痕迹。装饰浴场和元老院的众神雕像，从人们所崇敬的对象转变为了艺术品。

为了使拜占庭的巨大空间得以利用，君士坦丁大帝邀请了许多古罗马的元老院议员，以及希腊和亚洲的许多富商来这里居住，并授予他们在新元老院的席位和必要的住所。无数的行政官员，以及他们的下属和奴隶，在新进人口中占了相当大的比例。成千上万的工匠和手工业者被特权吸引。商人和海员的大量涌入，更使得这座城市的商业繁荣远远超越了从前。君士坦丁大帝为吸引移民而向新首都提供的"礼物"中，最有效但也最令人沮丧的是古罗马人向民众自由分发谷物的特权。作为罗马公共供应一部分的埃及小麦，被转移到拜占庭使用，而罗马只能使用来自非洲迦太基（Carthage）的谷物。

330 年的献礼节结束后，一道圣旨授予该城"新罗马"的称号，关于该圣旨的内容被镌刻在了靠近君士坦丁骑马雕像的大理石石碑上。但"新罗马"这个词注定只能存在于诗歌之中，世界自始至终都将这座城市与其创始人的名字连在一起，称它为君士坦丁堡。

第三章

与哥特人的战争
（331—395 年）

337 年 5 月 22 日，在新首都建成后的第七年，君士坦丁大帝在这座城市和平与繁荣的景象中离世了。临终前，他做了其后半生一直在犹豫的事——接受基督教洗礼。依据遗嘱，君士坦丁大帝将其帝国分封给了他的儿子和侄子们。但此后接连不断的谋杀及内战削弱了帝国的实力，最后，版图从福斯河（Forth）到底格里斯河（Tigris）的帝国落在了君士坦丁大帝的次子——君士坦提乌斯二世（Constantius Ⅱ）的权杖之下。罗马世界尚未走到完全分裂的地步，中央集权式的管理仍然可行。由于历史所具有的偶然性，尽管莱茵河和幼发拉底河上仍会不时出现小型争端，但 3 个世纪以来的蛮族入侵总体上暂时停止了，为拜占庭帝国创造了一定的外部和平保障。君士坦提乌斯二世的治国能力突出，但其性格阴郁、多疑、冷漠，将自己的闲暇时间近乎全部投入教会争斗之中，并制造了世界上第一次基督徒对基督徒的迫害，使自己声名俱损。帝国的历史性危机注定不会发生在君士坦提乌斯二世的时代，也注定不会发生在其堂弟兼继承人的尤利安①（Julian）统治时期。尤利安二世和蔼可亲、温文尔雅，但他是一个纯粹的异教狂热分子，致力于恢复对古希腊神灵的崇拜。君士坦提乌斯二世及尤利安二世对帝国安全威胁的认知，均来自东方的美索不达米亚（Mesopotamian）边境，尽管取得的战果微乎其微，但作为帝国头号敌人的波斯国王沙普尔②（Shapor），依然长期致力于率军突破叙利亚和小亚细亚的要塞防线。

但真正的安全威胁从北方而来，而非传统认知之中的东方。

阿卡迪乌斯纪功柱上的哥特人雕绘

---

① 尤利安即尤利安二世，于 361—363 年在位。——译者注
② 沙普尔即沙普尔二世，于 309—379 年在位，与科瓦德一世、库思老一世并称为波斯萨珊王朝的三大贤君。——译者注

150 年来，罗马对哥特人的认识仅停留在"点头之交"的层面，其是帝国边界日耳曼民族中最东边的部落。正如前文所述，哥特人在整个 3 世纪内都在不断地掠夺巴尔干半岛各省。经过一系列艰苦卓绝的战争后，罗马人才将哥特人限制在了达基亚人（Dacians）曾居住过的多瑙河北岸。328—332 年的战争中，君士坦丁大帝在战场上将哥特人击败，迫使哥特首领交出了自己的儿子作为人质，并接受拜占庭帝国提出的条件。

这场战争结束之后，哥特人对征服和冒险的欲望似乎被永久地封印住了：40 年来，他们一直保持着相对安静的状态，很少发起针对多瑙河对岸的侵袭行动。而且，他们很快便在泰斯河（Theiss）和普鲁特河（Pruth）的沃土上安定下来，成了定居的农民。哥特商人与拜占庭的默西亚（Moesia）诸城镇开展自由贸易；许多年轻的哥特战士加入了拜占庭帝国的雇佣军队伍；相当一部分哥特移民甚至被允许作为帝国的臣民定居在巴尔干半岛的北坡区域。此时，许多哥特人已经成为基督徒，具有本族血统的牧师和本族语言版本的《圣经》均已被应用在生活之中。作为最早皈依基督教的哥特人，也是有史以来第一位行过祝圣礼的德裔血统主教——乌斐拉（Ulfilas），将《新约全书》和大部分《旧约全书》翻译成了哥特语版本，其大部分作品至今依然留存于世，是我们现在所拥有的用古老日耳曼语言写成的最为珍贵的文物。

哥特人很快褪去了古老的残暴特性，与居住在边界之外的其他蛮族相比，他们几乎可以被称为文明种族。这个转变也让拜占庭人开始将哥特人视为"边境守卫"，借助他们的力量来抵御北部和东部的其他蛮族。当时，哥特人被分成了西哥特人（Visigoth）与东哥特人（Ostrogoth）两支。其中，西哥特人被称为"特温吉人"（Thervings），居住在现今摩尔达维亚（Moldavia）、瓦拉吉亚（Wallachia）和匈牙利（Hungary）南部地区；东哥特人则被称为"格鲁森尼人"（Greuthungi），居住在现今比萨拉比亚（Bessarabia）、特兰西瓦尼亚（Transylvania）和德涅斯特（Dniester）山谷地区。

随后，一系列意料之外的事件接踵而至，再次证明了君士坦丁大帝将其帝国之都打造成巴尔干半岛军事中心的高明之处。

372 年左右，一支规模庞大的鞑靼部落（Tartar horde），从顿河（Don）和伏尔加河（Volga）外侧突入黑海北部，并开始向西挺进。在对阿兰人（Alans）进行了毁灭式的打击后，这支鞑靼部落开始向哥特人发起进攻。东哥特人为了保卫德涅斯特防线，采取了近乎拼死的方式来抵御鞑靼人（Tartar）。

"这些人的脸几乎不能称为脸，反而更像是没有形状的黑色肉块——这些黑色肉块上的小点勉强能称为眼睛。尽管这些人身材矮小，但轻盈而活跃，骑术娴熟，肩膀宽阔，善于射箭，脖子僵硬，却也充满力量。而在这些几乎不像人的躯体之下，隐藏着的是野兽般的凶残。"

以上这些都是哥特历史学家对鞑靼人的描述，使用的都是些令人厌恶的语句。但侮辱性的语言无法改变鞑靼人过于强大的事实，除了一支残军向南挺进多瑙河三角洲沼泽地附近的瓦拉吉亚海岸外，东哥特人被迫成为鞑靼人的附庸。

　　接着，鞑靼人开始了针对西哥特人的进攻。在成群的鞑靼弓箭手面前，布格河和普鲁特河沿岸的西哥特人毫无阻挡之力，只好在首领菲列迪根（Fritigern）的带领下，带着他们的妻儿，以及马车、羊群和牛群一直撤退到了多瑙河沿岸——对于西哥特人而言，鞑靼人远比他们的东部同族可怕。

　　然而，退却的西哥特人却面临一个问题：生计。这对于下层的哥特人来说尤为突出，当菲列迪根在参加卢比西努斯（Lupicinus）伯爵于马尔西亚诺波利斯（Marcianopolis）镇举办的宴会时，一群饥饿的哥特人正试图通过武力抢劫市场。

　　拜占庭士兵只好通过虐待或击杀的方式对这群哥特人施以驱赶。卢比西努斯在听闻市场骚动的消息后，便鲁莽地命令其随从抓住并杀死菲列迪根及宴会上的其他哥特宾客。菲列迪根随即用刀剑杀出宫殿，赶到距离马尔西亚诺波利斯镇最近的营地，讲述了他的遭遇，并命令战士们将刀尖对准拜占庭帝国。

　　接下来的一年里，多瑙河沿岸和巴尔干半岛北坡区域都发生了激烈的战斗。哥特人用杀戮来让对手偿还他们几个月来一直遭受着由饥饿和欺诈所带来的双重痛苦。随后的事实很快就表明，哥特人古老的野蛮精神只是被他们在过去半个世纪中获得的基督教和文明的表面所掩盖。

　　西哥特人与拜占庭帝国之间的战争最终变成了3世纪大劫掠的重演：城镇被扫荡一空，广袤的乡村被掠夺，众多逃亡的奴隶和来自外省的流浪者加入了侵略者的队伍中。战争激烈程度也丝毫不逊于当年，当然，拜占庭军队的战斗力比当年也丝毫没有减弱，他们在巴尔干半岛对哥特人的袭扰活动进行了有效遏制。尽管西哥特人有来自多瑙河口的东哥特残余势力及逃离鞑靼的其他部落作为补充力量，但还是被拜占庭军队围困在多瑙河入海口。一场在现代多布罗加（Dobruja）附近的柳林（Ad Salices）打响的激烈战役削弱了双方兵力，但并未对战争总体产生决定性影响。

第二年，本不好战的拜占庭皇帝瓦伦斯（Valens）在臣民的强烈要求下亲自挂帅出征，并从小亚细亚带来了大量援军。与此同时，瓦伦斯的侄子——后来继承了西罗马帝国皇位的格拉提安（Gratian），从潘诺尼亚（Pannonia）启程，为多瑙河下游地区提供援助。

瓦伦斯亲自介入战争之后，发生了一场可怕的灾难。378 年，西哥特人的主力部队顺利逼近距离阿德里安堡（Adrianople）不远的巴尔干半岛防线，瓦伦斯随即亲率 6 万名精兵对其展开进攻。在布匿战争（Punic wars）结束以来的600 年里，罗马"精锐步兵"（robur peditum）的威名一直得以延续——人们普遍认为，这支部队只要得到有效指挥，便能够轻易战胜任何蛮夷部队。因此，在瓦伦斯率精兵进攻西哥特人之时，每个人都在等待着捷报的传来。

但是，战争艺术史上的一个新篇章刚刚开启。早在俄罗斯（Russia）南部平原和罗马尼亚（Romania）活动期间，哥特人便开始采用了骑马作战的方式，亦是所有日耳曼人中最早采用这一作战方式的。哥特人深受其乌克兰居住地的区域传统影响——从塞西亚人时代到鞑靼人和哥萨克人（Cossack）时代，这片土地一直是骑兵的摇篮。因此，哥特人普遍认为"骑马作战比徒步作战更为光荣"。

瓦伦斯发现，西哥特人的主力驻扎在阿德里安堡的北部平原上，并按"车阵"（laager）的形式分布排列。在几次谈判失败后，他率军从正面向西哥特人发起了进攻。进攻途中，突然有一队骑兵向他的侧翼发起冲击——这是西哥特的主力骑兵部队，他们一直在远处收集食物，并在收到战斗消息后直奔战场。这支西哥特骑兵在击溃了承担掩护瓦伦斯左翼任务的中队后，随即向左翼的拜占庭步兵发起进攻，将他们逼到了战场的中央。这些骑兵的冲击力非常大，使瓦伦斯的各个军团被挤成一团，战场一片混乱。拜占庭军队每一次站稳脚跟的尝试，都以失败告终。几分钟的时间内，原定阵形中的每一支队伍，以及军队中的每一个兵种迅速成为一个难以区分的群体。拜占庭骑兵看到大势已去，于是便选择迅速撤离。这一刻，步兵便面临恐怖处境：既无法重新部署进行战斗，也无法撤离，只能等着被西哥特人砍杀。因为挤得太近，步兵们无法伸开手臂，有的长矛被折断，他们无法将其举起，许多士兵甚至被挤到窒息而亡。西哥特骑兵手举长枪冲入颤抖的人群之中，肆意砍杀着拜占庭士兵，直至4万名拜占庭士兵被杀死，倒在地上。

这样一来，反而使拜占庭队伍的空间得到增大，士兵们跟西哥特骑兵进行了一场短兵相接的战斗，突出了重围。留在他们身后的，是死在战场上的皇帝、步兵首领、骑兵首领、宫廷伯爵及30多位不同兵团的指挥官。

阿德里安堡战役是自坎尼（Cannae）会战后，拜占庭军队所遭遇的最为可怕的一次失败，彼时的历史学家阿米亚诺斯·马尔切利努斯（Ammianus Marcellinus）将其形容为一场"大屠杀"。拜占庭军队在此次战役中近乎全军覆没，并再也没有恢复到古罗马时期的军事水平。

阿德里安堡战役所遭遇的失败，给君士坦丁堡带来了自其从"拜占庭"更名以来的第一次袭击。在取得阿德里安堡战役的胜利后，西哥特人在向君士坦丁堡推进的沿线进行掠夺，并最终出现在了作为都城西南出口的"金门"（Golden Gate）前。但这次进攻注定是徒劳的："当西哥特人看见君士坦丁堡高大的城墙、宽阔的街道，便立即失去了进入城市的勇气，也感受到城市的财富与自己并无瓜葛。于是，西哥特人扔下了早已准备好的攻城器械，向色雷斯撤退而去。"[1]除了在城墙下与前来增援的撒拉逊骑兵发生小规模冲突外，西哥特人并没有对这座城市进行任何进攻尝试。所以，在君士坦丁大帝离世的 40 年后，其作为伟大帝王的高明之见第一次得到了证实——即使巴尔干半岛的所有开阔地带都被敌人入侵，一座屹立于博斯普鲁斯海峡上的坚固之城也必将会拯救巴尔干半岛。

贤明睿智的狄奥多西[2]（Theodosius）继承了瓦伦斯的皇位，并决心用其所具备的谨慎和勇气来弥补这场动摇了拜占庭帝国在多瑙河流域统治根基的灾难导致的损害。

狄奥多西一世率领拜占庭帝国的剩余军队向西哥特人的分散部队发起进攻。这样的进攻方式使西哥特人认识到，战争

---

[1]　阿米亚诺斯·马尔切利努斯（古罗马末期最知名的史学家）评说。——原注

[2]　狄奥多西即狄奥多西一世，于 379—395 年在位。——译者注

继续下去对他们毫无益处——若分散掳掠，必将被武力铲除；若难以聚集，则将面临饥饿的窘境。不久，菲列迪根过世，狄奥多西与其继任者阿萨纳里奇（Athanarich）达成了和解。阿萨纳里奇是喀尔巴阡（Carpathian）山脉区域的一位哥特部落酋长，率领其部众渡过多瑙河没多久。狄奥多西接受并遵守了菲列迪根10年前向瓦伦斯提出的条件，他将哥特人曾经弃置的色雷斯省赐给了西哥特人，又将西哥特人的首领及军队都招入了他的麾下。于是在阿德里安堡战役后的10年里，狄奥多西拥有了4万名日耳曼骑兵，而这支部队也成为拜占庭军队中最优秀、最强大的力量，获得了比拜占庭士兵更多的军饷。狄奥多西所采取的政策取得了良好的军事效果，正是这些"哥特助手"为其两次赢得了对西部叛军的胜利——388年，他平息了马格努斯·马克西姆斯（Magnus Maximus）的叛乱；394年，他又平息了尤金尼厄斯（Eugenius）的叛乱。

但在政治方面，狄奥多西一世的政策为拜占庭帝国埋下了潜在的巨大风险。哥特军队纳入拜占庭军事系统的最初，其被安排在拜占庭军官的管制之下，并与同等数量的拜占庭军队进行混编。但后期，拜占庭帝国开始让哥特士兵听命于其自己的首领，并以牺牲本土士兵为代价来照顾他们——这是一个极不适宜的决策，实际上是将帝国的指挥权交到了哥特人手中，除了对狄奥多西个人的忠诚，以及拜占庭的威名和文化魅力外，再没有别的什么能够对哥特人产生束缚。如哥特历史学家约达尼斯（Jordanies）关于阿萨纳里奇访问君士坦丁堡的叙述中所显示的那样，拜占庭帝国对哥特人的吸引力十分巨大。

当阿萨纳里奇进入君士坦丁堡时，他说："我终于看到了我曾经无数次听到的，但却认为不存在于人世间的景致。"阿萨纳里奇四处张望，先是欣赏这座城市的地理位置、运输谷物的船队，然后是高耸的城墙，再是来自各国的人群，以及训练有素的士兵。在领略完君士坦丁堡的风光后，阿萨纳里奇大声喊道："皇帝无疑是人间的神明，若有人敢忤逆皇帝，则必然会遭到血的报应。"但哥特人对拜占庭帝国的好印象并没有持续太久。被称为"热爱和平与哥特之人"的狄奥多西一世于395年离世，将皇位留给了他两个羸弱的儿子——阿卡迪乌斯（Arcadius）与霍诺留（Honorius）。

第四章

日耳曼人的离开
（**396—407 年**）

4世纪末，拜占庭帝国的内部环境加剧了狄奥多西一世政策的危险性——政府高度集权，官僚主义极为严重，君士坦丁堡直接任命的官员担任着各省从大到小的所有职务，地方自治与地方主义近乎为零。平民被官僚阶层视为无权无能之人，仅仅是为了纳税而存在。对税收执着情绪的逐步深化，使官僚为防止财政收入受到损害，制定了元老院成员、地方富豪及农民等所有土地拥有者，在未经许可的情况下禁止向其他地区进行迁移的政策。同时，政策也规定土地拥有者禁止参军，除非能证明其继承人有能力支付税单。一方面，除不需要缴税的下层阶级被允许参军外，任何平民都很难入伍；另一方面，政府使出浑身解数，只为了让士兵的儿子们继续服役。两个方面相互发力，催生出了一支纯粹的职业军队，但与其所要保护的平民间没有任何联系，亦由此缺乏相应的同情心。

　　在3世纪，军队一直是拜占庭帝国无休止的麻烦之源。

100 年来，它随心所欲地推拥或推翻恺撒。当时，帝国军队仍主要由帝国本土之人组成与管理。

但狄奥多西一世对哥特士兵的大量招募，已经冲淡了拜占庭军队中的本土元素。同时，他还将诸多重要的军事职位交到了日耳曼人手中。这些日耳曼人中的一部分已经娶了拜占庭人为妻，接受了拜占庭人的生活方式，且几乎所有人都自称是基督徒。但在最好的情况下，日耳曼人不过是具有异族血统的军事冒险家；而在最坏的情况下，他们则很可能退回到野蛮状态，置他们所有的忠诚和文明于不顾，以 3 世纪的老方式再次侵扰帝国。显然，没有什么比把胆小且手无寸铁的平民交给这样的人保护更危险的了。日耳曼人对拜占庭帝国做出屈服的选择尽在情理之中，这种选择实际源于其对不好战的拜占庭人所持有的蔑视态度，以及对掠夺帝国富裕城市财富的长期渴望。推拥或推翻恺撒对掌权之人而言，几乎如地方教会和税务官员掠夺普通百姓一样容易。

当狄奥多西一世的统治因其离世而消解后，帝国立刻陷入了被其权力所掩盖的纷争之中。日耳曼人和罗马人的派系之争，在君士坦丁堡的阿卡迪乌斯宫廷和西罗马帝国的霍诺留宫廷均开始上演。狄奥多西一世将许多高级军事职位分配给哥特人和其他日耳曼人的行为，产生了近乎无法控制的影响。在霍诺留的议会中，意大利军队统领斯提里科（Stilicho）占据主导地位。尽管斯提里科在血统上是完全意义上的野蛮人，但狄奥多西一世还是将他的侄女塞雷娜（Serena）许配给了他，让其在皇帝仅 11 岁的西罗马拥有至高无上的权力。东部的阿卡迪乌斯已经 18 岁了，如果其能力足够的话，完全可以自行统治帝国，但他是个无知的年轻人，"形貌短小，面色萎黄，不甚言笑，状类昏睡"。阿卡迪乌斯的首相是一个名叫鲁菲努斯（Rufinus）的西罗马人，但在阿卡迪乌斯登上帝王之位的第一年，一个名为盖恩斯（Gainas）的哥特上尉便在一次检阅中，在皇帝面前将鲁菲努斯杀死。软弱的阿卡迪乌斯于是被迫任命宦官欧特罗庇厄斯（Eutropius）担任首相，盖恩斯则被任命为拜占庭帝国的军事长官。

盖恩斯和斯提里科满足于在宫廷内操纵傀儡政权，但另一位日耳曼领袖则认为采取更大行动的时机已经成熟。阿拉里克（Alaric）是来自波罗的海的某部落酋长，哥特人认为其在他们王室中的地位仅次于神的后裔阿迈勒（Amals）。阿拉里克年轻勇敢，且难以驯服，在君士坦丁堡的几年生活并没有使他开化，反而对拜占庭帝国的柔弱充满了蔑视。狄奥多西一世离世后不久，阿拉里克便以阿卡迪乌斯的谋臣拒绝为预备军及雇佣军发放拖欠的军饷为由，带领西哥特人发起叛乱。默西亚和色雷斯的日耳曼旅居者几乎全部加入了阿拉里克的反叛队伍，而君士坦丁堡此时却发现自己仅有一支影子军队来对抗叛军。

阿拉里克四处扫荡，从多瑙河到君士坦丁堡的城墙之下，再到希腊，沿途的每一座城镇都被他们洗劫一空。

此时，除了从西罗马被召唤前来助阵的斯提里科，再无人能抵挡住阿拉里克的进攻。斯提里科巧妙地运用战术，将阿拉里克封锁在阿卡迪亚（Arcadia）的山区之中，但当阿拉里克的生死大权掌握在斯提里科手中之时，他却意识到"同类间不可自相残杀"。于是，这位日耳曼首相最终让阿拉里克率领的西哥特叛军冲出了包围圈，再次向北进入伊利里亚。

396年，阿拉里克在掠夺到足够的财物后，同意给予阿卡迪乌斯和平，但条件是他也要成为一个像斯提里科和盖恩斯一样的军事统领，并根据自己的要求为其部落成员提供尽可能多的土地。在接下来的5年里，被其士兵推拥为哥特国王的阿拉里克统治着巴尔干半岛东部地区，其地位无可争议，对君士坦丁堡王室仅流露出表面上的敬意。

现在，我们有充足的理由相信，一个日耳曼人的王国即将永久性地建立在多瑙河以南和西部的土地上。高卢、西班牙（Spain）和不列颠（Britain）的命运于几年后也似乎注定要降临在默西亚和马其顿。无须多言的是，如果日耳曼人在塞尔维亚和保加利亚定居下来，欧洲的历史肯定会有很大不同。

但另一系列事件随即发生。401年，阿拉里克没有重启对君士坦丁堡的军事行动，而是突然向西罗马皇帝霍诺留宣战。阿拉里克率军绕过亚得里亚海（Adriatic），侵入意大利北部。半罗马化的斯提里科希望继续独揽其在西罗马的大权，于是奋力将哥特人赶出意大利，并击退了阿拉里克的第一次入侵。但是，年轻的霍诺留皇帝，相较于其兄长阿卡迪乌斯性格更为软弱、品性更为恶劣，以叛国罪的名义处死了这位伟大的大臣。

斯提里科的死，标志着西罗马再也无法对阿拉里克形成遏制，他带领着整个西哥特部族侵入意大利，并以罗马为起点南下，随心所欲地对每个城镇进行掠夺。自此，西哥特人在巴尔干半岛的故事结束了，进入意大利的历史之中，随后又进入西班牙的历史之中。

　　尽管阿拉里克已经将目光转向了意大利，但在他真正与斯提里科发生冲突之前，君士坦丁堡宫廷内部早已混乱不堪。东方的哥特统帅盖恩斯与宦官欧特罗庇厄斯间的"联盟"已经破裂，这位战士毫不费力地将这位后宫出身的首相铲除。在盖恩斯的煽动和特比吉德（Tribigild）的领导下，亚洲军队中的日耳曼雇佣兵发动了叛乱。盖恩斯奉命前去平叛，并以此为由集结了大批军队，但当率大军出发时，并没有对叛军发起进攻，而是以信件的方式要求阿卡迪乌斯将令人生厌的首相交由他处理。欧特罗庇厄斯此时深知自己的生命危在旦夕，便转身寻求教会的保护：他逃进了圣索菲亚大教堂，紧紧抓住祭坛不放。此时，勇敢的君士坦丁堡大教长圣约翰·克里索斯托（John Chrysostom）阻止了士兵进入教堂，保护了"逃犯"欧特罗庇厄斯数日。随后，圣索菲亚大教堂历史上最引人注目的事件之一发生了——当畏缩的欧特罗庇厄斯躺在祭坛前时，克里索斯托向挤满教堂的会众布道，他以从首相变为逃犯的欧特罗庇厄斯为实际案例来强调"一切皆虚空"的理念核心。于是，在大教长强烈要求皇帝饶了这个宦官之命的前提下，欧特罗庇厄斯选择了投降。阿卡迪乌斯将欧特罗庇厄斯放逐到塞浦路斯（Cyprus），但无情的盖恩斯并不满足于他的对手只是被驱逐，还是派人将欧特罗庇厄斯带回了君士坦丁堡，斩首示众。

　　盖恩斯随后率军返回君士坦丁堡，并驻扎在城墙之下以威慑皇帝。日耳曼人看似极有可能会即刻洗劫这座城市，但10年前罗马所遭遇的不幸并没有在君士坦丁堡重演。一场偶然的争吵动摇了盖恩斯的权力。正在盖恩斯率军威慑皇帝之时，一群哥特人与一些愤怒的市民在城门处突发争执，此次争执成为一颗点燃导火线的火星，引发了针对日耳曼人的全面冲突。君士坦丁堡的暴民表现得比旧时的罗马暴民更为勇敢，也更为桀骜不驯：城市中的所有市民都拿起临时的武器攻击日耳曼士兵；城门被关闭，以防止驻扎在城外的盖恩斯及其大部队进入城内；战斗遍及整个城市，甚至发展到巷战阶段；城内孤立无援的日耳曼人被逐一消灭，他们的兵营也在最后被包围并付之一炬。暴乱者在此次冲突中占据上风，7000 名日耳曼士兵阵亡，仅有少数得以侥幸逃脱。

盖恩斯立即向拜占庭帝国公开宣战，但他既没有阿拉里克的天分，也没有其所具备的人数优势。401 年，盖恩斯在战场上遭遇失利，被迫横渡多瑙河，并最终被匈奴（Huns）国王乌尔德斯（Uldes）活捉斩首。奇怪的是，打败盖恩斯的弗拉维塔（Fravitta），是一个兼具哥特人与异教徒身份的军官——狄奥多西一世的好友，并同样忠诚于狄奥多西一世的儿子，即使遭受同族的攻击也仍然如此。

阿拉里克战略目标的转移和盖恩斯的死亡，使拜占庭人摆脱了长期面临的两大危险。拜占庭人既不会在多瑙河和摩拉瓦河上看到一个独立的日耳曼王国，也不会继续处在半文明状态的日耳曼掌权者的统治之下，毕竟，他们总是随意地推拥或推翻大臣及恺撒。

虚弱的阿卡迪乌斯得以在相对平静的环境中度过他生命中的最后 7 年。在此期间，阿卡迪乌斯的配偶埃利亚·欧多西亚（Elia Eudoxia）皇后和君士坦丁堡大主教圣约翰·克里索斯托之间的公开冲突是其宫廷之中的唯一困扰。克里索斯托是过着圣徒生活，并拥有使徒热情之人，但其在言语和行为上都极为轻率和鲁莽——他的善良和雄辩使他成为都城民众的偶像，但他严厉的态度和与下属打交道的专制方法使他在神职人员中树敌颇多。皇后对克里索斯托长期公开谴责她的宫廷奢侈和傲慢举止感到愤恨，并因此暗中向大教长的敌人提供支持——她力挺亚历山大大教长圣西奥菲勒斯（Theophilus）对抗克里索斯托，支持亚洲神职人员表达他们对克里索斯托的怨恨情绪，并最终诱使皇帝允许这位圣洁的大教长在匆忙召开的"橡树会议"（Synod of the Oak）中被罢黜。然而，克里索斯托被罢黜后，民众立即掀起暴动，以捍卫他们的教长。暴动的结果是圣西奥菲勒斯被赶回埃及，阿卡迪乌斯也在一场似乎展现天意的地震中受到惊吓，并恢复了克里索斯托的职位。

然而在第二年，皇后与大教长间的斗争再次爆发。克里索斯托利用欧多西亚皇后雕像在奥古斯都广场竖立的机会，重新开启了他的论战：在雕像的落成典礼上，一些过时的半异教仪式令克里索斯托感到愤怒，他发表了一段严厉的讲话——将皇后比作希罗底①（Herodias），把自己比作施洗约翰（John the Baptist）。在欧多西亚皇后的要求下，皇帝又召开了一次以谴责克里索斯托为主要目的的会议，并在 404 年的复活节那天，通过武力手段在大教堂中对他实施抓捕，随后又将其流放

---

① 希罗底是《圣经》中的"十大恶人"之一。——译者注

亚洲。也正是在那天夜里，圣索菲亚大教堂发生了一场大火并被彻底烧毁。这把火很可能是由克里索斯托的信徒出于愤怒而点燃的，从圣索菲亚大教堂蔓延到邻近建筑，并在最后燃及收藏了近乎所有古希腊艺术珍品的元老院，君士坦丁大帝视为珍宝的物品也被悉数烧毁。

与此同时，克里索斯托被流放到位于卡帕多西亚（Cappadocia）的一处荒凉山寨，之后又被发配到更为偏远的黑海皮提乌斯（Pityus）的一座监狱中。407年，克里索斯托在前往黑海皮提乌斯的路途中离世，他虽然在生前遭受苦难，但在死后留下了富有耐心、乐观豁达的好名声。在整个5世纪，圣约翰·克里索斯托几乎是君士坦丁堡唯一因道德问题而非教义问题与世俗政府发生争执的大教长，其仅仅是对皇后及她宫廷的奢侈、傲慢与轻浮感到不满，并没有涉及任何真正的教会问题。因此，对他的指控不过是掩饰不忠神职人员对其的仇恨，以及埃利亚·欧多西亚皇后对其施以报复的借口。

第五章

拜占庭帝国的重组

（408—518 年）

虚弱的阿卡迪乌斯于 408 年离世，年仅 31 岁，他那专横霸道、盛气凌人的配偶则先他一步走进了坟墓。拜占庭帝国被传给了这对夫妇唯一的儿子——当时年仅 7 岁的狄奥多西二世（Theodosius Ⅱ）。在罗马历史上，几乎没有一个未成年人能够平安顺利地继承皇位。以往的情况是，一个具有争权之心的亲戚或背信弃义的将军会取代幼小无助的继承者。但阿卡迪乌斯的大臣们却不同于以往，他们要么品性忠诚，要么缺乏争权之心，在此情形下，小皇帝得以顺利加冕。精明强干的安特米乌斯（Anthemius）担任执政官（Praetorian Praefect）一职，并以小皇帝的名义管理着帝国内政。历史对安特米乌斯的评价全是正面的。诸如，他明智地与波斯国王签订贸易条约；不费吹灰之力地击退了匈奴人对默西亚的入侵；在多瑙河上重新建起了一支小型舰队——标志着拜占庭帝国自瓦伦斯离世后，在多瑙河军事力量的初步恢复；重组了君士坦丁堡的谷物供应体系；恢复了巴尔干半岛西北部的秩序及耕作活动——这片土地因阿拉里克及其西哥特部落的撤离早已一片荒芜。安特米乌斯把年幼的狄奥多西二世培养成了一个诚实且敬畏上帝之人，这使拜占庭帝国对其的感激之情更进一层。安特米乌斯以"美德精神"来治理宫廷，使得皇帝及其三个姐妹普尔喀丽娅（Pulcheria）、阿尔卡迪娅（Arcadia）和玛丽娜（Marina）的品行皆被臣民们连连称赞。尽管狄奥多西二世对文学饶有兴趣，并在书法上有所建树，更继承了其同名祖父的虔诚与诚实，但他总体上仍是一个能力有限的年轻人。狄奥多西二世的大姐普尔喀丽娅是家中的顶梁柱，虽然她仅比身为皇帝的弟弟年长 2 岁，但她对狄奥多西二世产生的影响却是无限的。414年，安特米乌斯离世，普尔喀丽娅继承了"奥古斯都"头衔，获得了拜占庭帝国的摄政权。普尔喀丽娅是一个非同寻常的女人：在掌权之时便发誓要保持贞洁，因此做了 36 年的加冕修女。做出此举的原因，则在于其认为她的丈夫可能会图谋她弟弟的皇位。因此，她在保持自己单身的同时，亦说服她的姐妹们做出同样的选择。普尔喀丽娅做事严肃认真、不知疲倦、大公无私，尽管在此之前从来没有一个女人做过类似尝试，但事实证明了她完全有能力治理好拜占庭帝国。

狄奥多西二世成年后，并未剥夺其姐姐的权力，而是将她视为伙伴，与之平起平坐。在普尔喀丽娅的建议下，狄奥多西二世在其成年的 421 年，娶了哲学家利昂提乌斯（Leontius）美丽优雅的女儿阿提奈斯（Athenais）为妻。受家庭因素影响，阿提奈斯幼时是一名异教徒，但其在婚前皈依了基督教，并以"欧多西亚"（Eudocia）为教名受洗。欧多西亚具备一定的文学素养，其创作的部分宗教诗歌得到了不少后世评论家的夸赞。严肃的普尔喀丽娅常年忙于国事或教务，但她发现自己和这位由其亲自选定的活泼、美丽但喜怒无常的弟媳相处并不愉快。尽管普尔喀丽娅与欧多西亚之间总是发生争吵，但狄奥多西二世长期以来一直努力让她们俩亲密相处。然而，在多年的婚姻生活后，一场最后的争吵爆发了——皇后离开了君士坦丁堡，并在耶路撒冷（Jerusalem）隐姓埋名地度过了其生命的最后几年。欧多西亚皇后被放逐的原因我们不得而知，只知道一个关于她的荒诞故事，《天方夜谭》（*Arabian Nights*）中的一个故事与之类似。故事如下：

有一天，一个农夫遇见了皇帝，并送给了他一个硕大的弗里吉亚（Phrygia）苹果。整个宫廷的人在看到这个苹果后，均为之感到惊讶。作为奖赏，皇帝赐予了农夫150枚金币。狄奥多西二世将这个苹果送给了欧多西亚皇后，但她则把它作为礼物送给了时任职位掌管者（Master of the Offices）的保利努斯（Paulinus）。但保利努斯并不知道苹果从何而来，于是便又将苹果献给了皇帝。狄奥多西二世在拿到苹果后，立即认出这就是自己送给皇后的那个苹果，于是在把苹果藏起来后，将皇后喊来并问她："我送给你的那个苹果在哪？"皇后的回答是"我已经吃掉了"。皇帝很生气，让皇后向耶稣发誓，说明她到底是把苹果吃了，还是送给了别人。欧多西亚于是发誓说，苹果确实被她自己吃掉了，没有送给别人。随后，皇帝极其愤怒地把藏起来的苹果拿给她看。因为保利努斯异常帅气，狄奥多西二世便怀疑皇后已经爱上了保利努斯，而这个苹果正是皇后赠予保利努斯的传情之物。因为这次"苹果事件"，狄奥多西二世下令把保利努斯处死，并将皇后安排到圣地祷告。于是，欧多西亚皇后从君士坦丁堡来到了耶路撒冷，并在耶路撒冷度过了余生。

我们可以考证并加以确定的是故事的结局：保利努斯被处死，欧多西亚在巴勒斯坦度过了她的余生。而故事的其他部分，我们则无从考证。这个故事最不可信的地方在于，欧多西亚和狄奥多西二世决裂之时已经 40 岁了，而保利努斯也是一位年事已高的官员。

狄奥多西二世的漫长统治是在相对平静的环境中度过的，其掌权期间一共只面临过两次较为严重的危机：第一次是与波斯人的短暂战争，第二次是与匈奴国王阿提拉（Attila）所进行的长期战争。彼时，阿提拉已经将黑海和多瑙河以北的所有土地——此处亦是哥特人曾经的居住地——纳入了其帝国的势力范围。在与匈奴帝国的战争中，拜占庭军队几乎总是不幸的一方。匈奴人一直深入阿德里安堡和菲利波波利（Philippopolis），促使拜占庭帝国不得不每年向匈奴帝国支付 700 镑黄金（约 31000 英镑）来"购买和平"。虽然在匈奴人发动进攻之时，狄奥多西二世的主力部队正在边境同波斯作战，但帝国将领们的不断失败似乎表明：自狄奥多西一世的军事体系在 40 年前被盖恩斯的叛乱所破坏以来，拜占庭军队从未得到过适当重组。狄奥多西一世的孙子既没有一支可以信赖的日耳曼雇佣军，也没有征募到足够多的拜占庭人来保护帝国边界。

胜利天使
（来自 15 世纪的双联画）

　　重组拜占庭帝国军队的任务被留给了狄奥多西二世的继任者。450 年，狄奥多西二世因从马背上摔下而死亡。狄奥多西二世留下的唯一子嗣是他的女儿，她嫁给了她的表弟——西罗马皇帝瓦伦提尼安三世（Valentinian Ⅲ）。但狄奥多西二世指定的继承人不是他那残忍且挥霍无度的女婿，而是他的姐姐普尔喀丽娅。普尔喀丽娅同时结束了她的独身誓言，嫁给了拥有过军旅生涯的元老院杰出成员马尔西安（Marcianus）。这桩婚事只是形式上的，因为两人都年事已高，但作为政治上的权宜之计，这桩婚事则再合适不过了。在普尔喀丽娅与马尔西安的统治下，拜占庭帝国恢复了和平与繁荣，并不再向匈奴人"购买和平"——在阿提拉于453年离世之前，其曾被马尔西安派往支援西罗马帝国的部队击败。

马尔西安和普尔喀丽娅离世后，三个极具治国之才的人先后接管了拜占庭帝国。这三人之间具有极大的共性：其一，三人都出身并成长于高级文官家庭；其二，三人都于成年之后登上皇位；其三，三人的皇位都是由其前任，或元老院、军队和平指定的，而非通过武力手段。三位君主分别是利奥一世（457—474年在位，Leo Ⅰ）、芝诺（474—491年在位，Zeno）、阿纳斯塔修斯一世（491—518年在位，Anastasius Ⅰ）。三人的主要功绩在于，他们带领拜占庭帝国安然度过了西罗马帝国正在走向灭亡的"暴风雨时期"。在亚得里亚海之外，新的日耳曼帝国在一个又一个行省被瓜分中形成，而君士坦丁堡的皇帝们则牢牢控制着巴尔干半岛和其亚洲领地，成功地保障了其帝国领土的绝对完整性。在5世纪，拜占庭和西罗马均受蛮族问题影响，两者命运不同的根源在于其统治者性格的差异，而非政治条件上的区别。455年，在狄奥多西家族统治结束后的西罗马帝国，皇帝已经成为任由日耳曼将领摆布的傀儡。作为军事独裁者的李希梅尔（Ricimer）和贡多瓦尔德（Gundovald）分别是士瓦本人（Schuaben）和勃艮第人（Burgundian），他们在 17 年的时间里废黜或杀害了至少 5 位傀儡皇帝。而拜占庭帝国则呈现出另一番景象，皇帝一个接一个地消灭了那些具有夺权之心的将军。

虽然拜占庭与西罗马的情况对比，证明了 457—518 年君士坦丁堡三位皇帝的个人能力，但我们也应该记住，拜占庭军队中的"日耳曼成分"从未达到西罗马的水平——这直接利好于拜占庭帝国，40 年前对盖恩斯的镇压使他们面临这种危险的系数被大幅降低。但拜占庭帝国也同样不乏居心叵测且极具野心的将军：利奥一世的最大威胁便是担任军司令官（Magister militum）的阿斯帕尔（Aspar），但其在叛乱前夕便被处死；芝诺曾被叛军赶出都城，并遭遇了两次小亚细亚的起义，但每一次他都战胜了叛军，并成功处决了叛军领袖；阿纳斯塔修斯一世则被一个名为维塔利安的伯爵（Count Vitalian）困扰多年，多瑙河对岸的蛮族是维塔利安部队的主要兵源，其行动遍布色雷斯省。但是，尽管叛乱客观存在，拜占庭帝国却从来没有陷入严重的混乱之中，也没有像西罗马帝国那样，成为新的、非罗马的帝国。阿纳斯塔修斯一世在 518 年离世时，更是为其继任者留下了一支 15 万人规模的忠诚之军、一笔 32 万磅黄金的财富和东西之间的完整边界。

5 世纪的拜占庭皇帝们能够成功掌控住军队的秘诀，在于其对军队进行了重组，使军队吸收了大量的本土士兵。利奥一世是第一个利用伊索里亚人①（Isaurian）军事力量的统治者，其将几个伊索里亚人的军团纳入拜占庭军队之中，但该计划则

---

① 伊索里亚人生活在小亚细亚南部山区。——原注

是由利奥一世的女婿兼继任者芝诺制订的。芝诺本人也是伊索里亚人，其在军队中招募了大量同胞，并组建起了一支伊索里亚帝国卫队。此外，芝诺还组建了由亚美尼亚人（Armenians）和生活在拜占庭帝国东部边境的其他部族所组成的军团，并将一支由本地人控制的蛮族雇佣军（由人数大致相等的日耳曼人和匈奴人组成）交给了他的继任者阿纳斯塔修斯一世。

　　拜占庭帝国最后一次"日耳曼人危机"发生于芝诺统治时期。在 90 年前的瓦伦斯时期，西哥特人逃到了拜占庭帝国，东哥特人则成为匈奴的附庸。但当 453 年，阿提拉离世后，匈奴帝国解体，东哥特人解放了自己并取代了他们已故的主人，成为拜占庭帝国在多瑙河上的主要威胁。东哥特人中的大部分向西南迁徙，并定居在西罗马帝国的边境省份潘诺尼亚①（Pannonia）。东哥特人很快便与芝诺发生冲突，领导者为两位同名为狄奥多里克（Theodoric）的东哥特首领，分别为狄奥多米尔（Theodemir）之子和特里阿里乌斯（Triarius）之子，在巴尔干半岛制造了 20 多年的灾难。当他们的大部分成员在多瑙河上游和中游区域定居后，两位狄奥多里克又随即开启了对马其顿和默西亚的无休止袭扰。芝诺通过先给两位东哥特首领中的一位以"统帅"称号及大笔赏金的价码，然后又对另一个许以同等条件的方式，试图挑拨他们间的关系。但同阿拉里克和斯提里科时代一样，"同类不相残"的景象再次出现——两位狄奥多里克在经过短暂的争执后，又很快将刀尖共

---

① 潘诺尼亚位于拜占庭帝国达西亚（Dacia）和默西亚边界。——原注

同对准了芝诺。关于两位东哥特首领间的和解故事极为离奇：

狄奥多米尔的儿子狄奥多里克曾是拜占庭帝国的盟友，在巴尔干半岛的石山峡谷之处包围了另一位狄奥多里克。当两位狄奥多里克对峙之时，特里阿里乌斯的儿子狄奥多里克（通常被称为独眼狄奥多里克）骑马来到敌人阵前并喊道："你们这些疯子，为何看不出拜占庭人的挑拨离间之计？无论我们之间谁输谁赢，获利的一方都将会是拜占庭人。拜占庭人开出的种种条件，不过是想要激起我们同族之间的矛盾，使我们共同葬身于这大漠之中。"听罢，所有的哥特人都喊道："独眼所言非虚，我们都是哥特人。"于是，479 年，两位狄奥多里克达成和解。芝诺不得不同时对付两股狄奥多里克的势力。尽管在两年后的 481 年，独眼狄奥多里克意外身亡——他在骑马时，被马甩在了固定于帐篷门口的长矛上，但直到 488 年，他的名字仍然被拜占庭帝国视为眼中钉、肉中刺。

同年，面对东哥特人不断入侵所造成的人口下降局面，芝诺想到了一个摆脱困境的办法——西引。476 年，日耳曼将军奥多亚塞（Odoacer）废黜了罗慕路斯·奥古斯图鲁斯（Romulus Augustulus），并没有再让其他的傀儡来继承皇位。于是，意大利昙花一现的短命皇帝统治结束了。奥多亚塞派出了一个罗马元老院的代表团前往君士坦丁堡，告知芝诺意大利不再需要皇帝来施以统治，但其将承认芝诺的东西罗马统治者身份。同时，他们要求芝诺将奥多亚塞提名为皇帝在意大利的代表。芝诺的回答是建议元老院代表团回去说服奥多亚塞将朱利乌斯·尼波斯（Julius Nepos）立为西罗马帝国的新皇帝——朱利乌斯·尼波斯曾是李希梅尔提名的皇帝人选，虽在之后又被废黜，但他也因此得以保住性命。奥多亚塞拒绝了芝诺的建议，并将自己封为意大利国王，但其仍在表面上承认拜占庭帝国的宗主地位。

488 年，芝诺突然想到，若狄奥多里克能从奥多亚塞的手中夺得意大利，那他可以把意大利交给狄奥多里克管理。东哥特人曾在巴尔干半岛的内陆地区大肆掠夺，但最近则在与拜占庭的冲突中遭遇战败，于是，他们接受了芝诺关于意大利的提议。在经过了与奥多亚塞及其雇佣军的鏖战后，东哥特人最终征服了意大利，兼具日耳曼国王及罗马贵族身份的狄奥多里克随即开始了他在拉文纳（Ravenna）的统治。理论上，狄奥多里克对意大利的征服意味着东西罗马的统一，他也总是声称自己是君士坦丁堡皇帝的臣子与助手，但西罗马的实际疆域已经收缩至意大利和伊利里库姆（Illyricum），芝诺在西罗马也仅仅拥有着名义上的权力。

随着东哥特人的离去，巴尔干半岛上再无日耳曼人的踪迹。488 年之后，斯拉夫人（Slavs）接替了此前东哥特人所扮演的角色，成为拜占庭帝国多瑙河边境上的袭扰之源。

第六章

查士丁尼一世
（519—532 年）

阿纳斯塔修斯一世于518年离世，享年88岁。禁军统领查士丁（Justinus）接过了皇位，元老院和军队也均认为其是继承皇位的最佳人选。阿纳斯塔修斯一世从未指定过其侄子们为皇位继承人，这些侄子们均在其叔父死后退出宫廷。同之前的三位皇帝类似，查士丁在登基成为查士丁一世时已到垂暮之年。但与利奥一世、芝诺和阿纳斯塔修斯一世的不同之处在于，查士丁一世是行伍出身而非文官出身，其受教育水平极其有限，据说连自己的名字都不会写。除了将拜占庭帝国自君士坦丁大帝死后最伟大的统治者推上皇位外，查士丁一世的9年统治在历史上几乎无足轻重——既没有率领帝国而战，也没有为帝国积累财富。

　　查士丁一世无儿无女，但其收养了侄子，是其已故兄弟塞巴提乌斯（Sabatius）之子——查士丁尼（Justinian），并将查士丁尼钦定为其继承人。查士丁尼是在父亲和叔父身居军中要职后出生的，因此，他并未同父辈一样目不识丁，而是以豪门继承人的身份接受了当时所有的教育。查士丁尼从一开始便展现出了敏锐才智，并对公共生活中的几乎每一个部分都充满热情，喜爱法律、金融、行政、经济、神学、音乐、建筑、城防等多个方面，军事则似乎成为查士丁尼了无兴趣的唯一。查士丁一世几乎把所有政务都托由查士丁尼处理，并在最后将其推上皇位。

查士丁尼被指定为拜占庭帝国继承人时，年龄已经超过35 岁。在同辈人的认知中，查士丁尼是稳重且务实之人，据说"没有人记得他年轻时的样子"，因其稳重好似与生俱来的。因此，查士丁尼的婚姻令世界为之震惊——526 年，查士丁尼宣布，其要迎娶拜占庭的知名舞女狄奥多拉（Theodora）为妻——这让所有尊敬他的人感到恐惧，亦让所有等待看他出糗的人备感兴奋。

狄奥多拉名字的背后流传着许多史话，所以我们很难界定她早年生活究竟有多么不光彩。一本由查士丁尼与狄奥多拉的敌人提笔并命名为《秘史》（Secret History）的诽谤性作品，[①]记录了狄奥多拉职业生涯中诸多丑闻的具体细节，但其中内容的过分恶毒，反倒令其真实性存疑。然而，狄奥多拉的舞女身份毋庸置疑，且拜占庭舞女道德欠佳的名声也是众所周知之事。拜占庭帝国曾有禁止元老院成员与舞女通婚的法律，但查士丁尼为了使其婚姻合法化，废除了这条法律。在拜占庭帝国

---

① 尽管该书写明为普罗科皮乌斯撰写，但实际撰写人则并非其本人。——原注

的过往历史上，曾有几十个粗鄙之人得到过皇位，但他们之中也没有谁敢于像沉稳却古怪的查士丁尼那样，做出令世界为之震惊的举动。查士丁尼的母亲用尽浑身解数来使查士丁尼放弃与狄奥多拉成婚的想法，查士丁一世也以剥夺继承权相威胁。尽管如此，查士丁尼还是默默坚持，并在查士丁一世离世前，终于让养父承认了他的婚姻，而且授予狄奥多拉贵族的身份。

狄奥多拉皇后及其随从
（来自拉文纳的圣维塔莱教堂镶嵌画）

狄奥多拉具有非凡的美貌，就连她的敌人也承认她是那个时代最美丽的女人。彼时最好的历史学家普罗科皮乌斯对此评论道："她的美丽是常人无法用语言来形容的，人世间的任何艺术表达手法，亦无法绘制出她的美貌。"诋毁狄奥多拉之人所能诋毁的，只不过是她的身高在中等偏下，肤色虽谈不上病态但也相当苍白。不幸的是，除了拉文纳圣维塔莱教堂（San Vitale）的那幅著名镶嵌画外，我们再无任何关于狄奥多拉生前的画像资料，而镶嵌画却恰恰是所有艺术形式中最不适合展现美的。

无论狄奥多拉的早年生活究竟如何，其所拥有的精神与智慧都使其能够完全胜任皇后的角色。婚后，关于狄奥多拉生活的诋毁之言逐渐消失不见；她的政治地位，在一次凭借勇气挽救了查士丁尼一世的皇位后，也随即达到顶峰。狄奥多拉皇后亦一直是查士丁尼一世最能干、最受信任的"顾问"。

然而，查士丁尼一世与狄奥多拉皇后并不是富有同情心之人。查士丁尼一世极端且多疑，对那些忠心耿耿的臣民从未心怀感恩之情。他在宗教上排斥多元化，在政治上奉行绝对极权，当决心做某件事时，完全不会考虑这件事为帝国百姓所带来的牺牲与毁灭。如果仅仅考虑查士丁尼一世所征服的领土范围、兴建的宏伟工程，他无疑是拜占庭帝国历史上最无与伦比的皇帝。但查士丁尼一世的伟大纯粹只考虑个人：在他的统治下，帝国的资源随着不断地对外扩张而日益走向枯竭。如果罗列出历史上的所有伟大君主并进行比较，查士丁尼一世最接近于法国的路易十四（Louis XIV），但在这个比较中，他们两人间仍存在巨大差异：一方面，路易十四在法律方面的建树寥寥，而查士丁尼一世则留下了《学说汇纂》（*Compilation of Doctrines*）与《法学阶梯》（*Institutes*）；另一方面，与路易十四不同的是，查士丁尼一世在生活中一贯克勤克俭——他整夜读书，一个人坐在房间里批阅文件，或在黑暗的大厅中一边走一边思考朝政。

查士丁尼一世不眠不休，始终保持警觉的状态，这令其臣民震惊。在其离世前，坊间亦流传着诸多古怪传闻：有传闻说皇帝不是一个人，而是一个不需要休息的恶灵；也有传闻说，人们在午夜时分看到无头皇帝穿过宫殿的走廊。

如果说查士丁尼一世在畏惧他的人眼中几乎不像"人"，那狄奥多拉皇后则被描绘成一具完全由傲慢与野心所充斥的躯体。狄奥多拉皇后从不宽恕冒犯之人，哪怕对方仅仅因微不足道之事而冒犯她，她也会判其杀头或流放之罪。可能正是由于狄奥多拉受过羞辱，所以她沉溺于帝国的浮华与虚荣中——这似乎是出身低微之人的共性。宫廷之中的高官抱怨，狄奥多拉皇后在政治问题上的话语权和她丈夫一样大。但总体而言，狄奥多拉皇后的影响似乎并不是邪恶的。历史学家承认，她慷慨好施，有自己的宗教信仰，也经常帮助受压迫者。历史中特别记录的是，受自身在年轻时的负面经历影响，狄奥多拉皇后大胆地建立了一些专门机构，以帮助那些深陷泥沼的女性获得重生。

年迈的查士丁一世于527年离世，查士丁尼成为唯一的继承者，并随之开始了其为期38年的统治。查士丁尼一世的统治不足半个世纪的时间，其个性却似乎贯穿了整个世纪——尽管其前任及继任者的统治，占据了公元500—600年的剩余时间，但历史中关于他们的记载仅有寥寥几页。

查士丁尼一世从查士丁一世手中接过拜占庭帝国时，帝国的繁荣程度正处于自君士坦丁大帝离世以来的最高水平。自

488年东哥特人从巴尔干半岛迁出以来，拜占庭帝国从未遭受过长期且极具破坏性的外敌入侵。此时，拜占庭帝国首次听闻的斯拉夫部落，与保加利亚人越过多瑙河发起袭扰，但他们还没有像哥特人那样，表现出在帝国内的定居迹象。斯拉夫部落与保加利亚人此时的入侵，对拜占庭帝国而言仅是"烦恼"，还谈不上"危险"。然而，帝国的欧洲行省比亚洲行省情况更糟，其远没有从菲列迪根、阿拉里克和阿提拉的蹂躏中恢复。亚洲行省几个世纪以来几乎没有遭到过外敌入侵，[①]除了帝国与波斯间的边境外，其他地区几乎没有面临什么危险，且帝国与波斯间的战事近来也很少发生。小亚细亚南部曾经有过一两次伊索里亚人的内部叛乱，但叛乱并没有像蛮族入侵那样在帝国领土上留下永久性创伤。总体而言，博斯普鲁斯海峡以东的省份近乎完整无缺。

查士丁一世统治时期，拜占庭帝国所处的状况相对平和，很少或根本没有花费阿纳斯塔修斯一世所留下的巨大财富。因此，在查士丁尼一世继位之时，拜占庭帝国拥有30余万磅的黄金储备（约合1340万英镑）。正如我们在上一章中所说，帝国军队秩序井然，军队中本土士兵的比例正处于自阿德里安堡战役以来的最高点。当时帝国的兵力规模为15万—20万人，但由于疆界辽阔，查士丁尼一世从未派出过一支超过3万人的军队，且采取军事行动时所动用的兵力也仅有这个数字的1/3，如在进攻非洲或保卫亚美尼亚边境时。拜占庭军队的主

---

① 395年，除匈奴人孤军深入巴勒斯坦外，其他入侵者均未抵达安条克附近。——原注

力从步兵更换为配有长矛、弓箭的圣甲骑兵（Cataphract），与古代帕提亚（Parthian）骑兵相类似。较重装部队而言，步兵中要配有更多的弓箭兵与标枪兵，而来自伊索里亚和其他小亚细亚山区行省的兵源则构成了其中的精兵部分。此外，骑兵与步兵体系中，仍有大量扮演着辅助角色的雇佣部队，如由匈奴人和阿拉伯人（Arab）组成的轻骑兵，以及来自多瑙河对岸的日耳曼赫卢利人（Herule）和格皮特人（Gepidae）组成的重装兵。

查士丁尼一世继位时，财政体系是拜占庭帝国最为薄弱之处。作为政治经济学基本准则，税收应该以对纳税人压迫最小的方式增加，然而卡帕多西亚的财政部部长约翰（John）是一个极其精明的敲诈勒索者，即使在帝国处于最严峻的战争与饥荒状态之时，国库也不会面临空虚的窘境。然而，查士丁尼一世的财政体系注定不可持续，在其统治时期内的严厉税收政策，导致各行省长期处于贫困状态，继任者亦再无法筹集到如此多的税款。从这一点上来看，在税收政策上，查士丁尼一世还是可以与路易十四相提并论的。

查士丁尼一世的政策，可以分为内政与外交两个部分。关于查士丁尼一世作为立法者、行政官、神学家和建设者的所作所为，我们会在适当的篇幅中予以讨论，而外交方面则是其统治时期内的政策关注重点。查士丁尼一世决心完成一项伟业，一项自阿卡迪乌斯和霍诺留统治下的帝国分裂以来，其前任们甚至不敢考虑的伟业：将西地中海的日耳曼诸王国重新统一在他的权杖之下——这些日耳曼王国于霍诺留统治时期分裂。尽管查士丁尼一世被承认为亚得里亚海西部皇帝，但这个称号只是名义上的，所有的权力都掌握在以"皇帝代理人"为名号的日耳曼统治者手中。查士丁尼一世的目标是重新征服意大利、非洲和西班牙，最好还有旧帝国的其他省份。我们将看到，查士丁尼一世在实现其意图方面做出了很大努力。

但在查士丁尼一世统治的头 5 年里，其他事务分散了他的注意力。其中，第一次注意力的分散，是因为与波斯国王科巴德一世（Kobad Ⅰ）为期四年的战争。双方爆发战争的直接诱因是查士丁尼一世在美索不达米亚边境上加强防御工事，而深层原因则在于拜占庭帝国与波斯帝国对靠近黑海北部的边境小国，即拉齐卡（Lazcia）王国和伊比利亚（Iberia）王国的宗主权之争。当查士丁尼一世在靠近波斯边境城镇尼西比斯（Nisibis）的达拉（Dara）一侧修建防御工事时，科巴德一世以此为由挑起争端，并于查士丁尼一世登基一年后的 528 年，正式向拜占庭帝国宣战。

波斯战争尽管血腥，却并未产生任何根本性影响。查士丁尼一世击退了敌人的所有进攻，并于 530 年在激烈的达拉之战中战胜了科巴德一世。但双方均未从对方手中夺取到任何一座重要城市。科巴德一世离世后，其儿子库思老一世（Khosrow Ⅰ）以恢复旧有边境为条件，选择同拜占庭帝国讲和。这场战争的唯一重要之处在于，查士丁尼一世考验了他的军队，并发掘出了麾下的一名优秀军官——在达拉之战中成为取胜关键的贝利萨留斯（Belisarius）。

贝利萨留斯生长于色雷斯内陆地区，自幼参军，军职日转千阶，23 岁时便已经担任达拉总督，25 岁时则升任拜占庭帝国军事统帅。[①] 因迎娶了狄奥多拉皇后的知己安东尼娜（Antonina），贝利萨留斯在宫廷中的影响力巨大。事实上，由于同样源于妻子的权势，其地位与马尔伯勒（Marlborough）公爵在安妮（Anne）女王宫廷中享有的地位并无差别。与马尔伯勒公爵相同的是，贝利萨留斯也被其聪明伶俐且不择手段的妻子所控；与萨拉（Sarah）公爵夫人不同的是，安东尼娜从不试图干涉皇后的生活。但狄奥多拉皇后离世后，安东尼娜与其丈夫随即失势，并于晚年经历了同马尔伯勒公爵夫妇相似的不幸。

532 年，波斯战争结束，一场严重威胁到查士丁尼一世的政权及生命的危机随即而起。正如前文所述，拜占庭竞技场上存在着"蓝"与"绿"两大派系。5 世纪，两大派系的实力愈发强大，并逐步深化了对政治的干涉，甚至涉足宗教领域。在 530 年，成为一名"绿派"成员，即意味着成为已故皇帝阿纳斯塔修斯一世的家族成员，并同时成为"一性论"[②]（Monophysitism）的宗教主张支持者。"蓝派"自称是查士丁尼家族的支持者，在宗教事务上则属于严格的正统派。作为政治集团的"蓝""绿"两派几乎都是从竞技场小团体演变发展而来，仍保留了诸多源于低级运动的"底色"，即偏向于制造

①　贝利萨留斯的侍卫官普罗科皮乌斯曾说："贝利萨留斯出生于日耳曼尼亚（Germania），一个位于色雷斯和伊里库姆（Illyricum）之间的地区。"我们不清楚这个地区的具体位置，其大概是日耳曼人的聚居区。——原注
②　持"一性论"的人认为，耶稣基督的人性与神性并非真实存在。——原注

恐慌与暴乱。532年的事件亦进一步证明，"蓝""绿"两派对拜占庭帝国国家安全所构成的严重威胁。

532年1月，街头发生严重骚乱。查士丁尼一世虽通常偏向于"蓝派"，但此次公正地下令将双方的暴乱首领处死。共有七人被宣判死罪，其中四人在围满愤怒暴民的圣科隆修道院（St.Conon）前被斩首，另外三名暴乱者则被判以绞刑。由于刽子手的疏忽大意，其中一名"绿派"和一名"蓝派"的罪犯行刑后仍然活着。卫兵随即抓住了他们，并又将他们送上绞架。但刽子手因刑台下暴徒的威胁而感到恐惧，绳子又再次滑落，暴民们随即在骚乱中将卫兵冲散，并将脖子上还挂着绳子的罪犯送进了邻近修道院避难。

这一令人震惊的事件，成为一场为期六天的大骚乱的开始。"蓝""绿"两派联合起来，以"尼卡"（Nika，意即"征服"）为口号，横扫全城，并要求罢免不得人心的财政部部长卡帕多西亚的约翰和对处决负直接责任的城市总督尤德米乌斯（Eudemius）。君士坦丁堡中的普通士兵完全无法控制骚乱，查士丁尼一世也采取了妥协立场，答应免除卡帕多西亚的约翰及尤德米乌斯的官职。但这群暴民已经完全失控，不愿解散。这场骚乱由阿纳斯塔修斯一世的党徒挑起，他们开始竭力要求罢免查士丁尼一世，并主张让希巴提乌斯[1]（Hypatius）登基。由于驻军被调去参加波斯战争，君士坦丁堡城中的守备空虚，皇帝所能依靠的仅有4000名禁卫军、少许日耳曼雇佣

---

[1]　希巴提乌斯为阿纳斯塔修斯一世的侄子。——原注

军，以及 500 人规模的圣甲骑兵团——他们还是在贝利萨留斯
的率领下刚从前线返回的。

贝利萨留斯被任命为平叛总指挥，但暴民们对军队的平
叛活动进行了顽强抵抗，表现出了同 100 多年前市民们针对盖
恩斯及其部队时的勇气。主要的战斗发生在奥古斯都广场周
围，以及皇宫和竞技场之间。战斗最激烈时，叛乱者们放火烧
了元老院旁的金色门廊。元老院着火后，火势继续向东和向北
蔓延，并一直蔓延到圣索菲亚大教堂广场。暴动的第三天，大
教堂被烧为平地，并由此继续蔓延到桑普森（Sampson）医院
和圣艾琳（St.Irene）教堂，将两座建筑也悉数烧毁。大火为
战斗按下了暂停键，叛乱者此时已占领了城市的大部分地区，
但他们找不到他们所推选的领袖。因为多舛的希巴提乌斯不愿
冒生命危险，于是便选择在皇宫中同皇帝一起避难。查士丁尼
一世因害怕波及自己，将这位前任皇帝之侄赶出皇宫，希巴提
乌斯便不由自主地落在了其拥护者手中。暴动的第六天，叛乱
者们将希巴提乌斯带到竞技场，并把他推到竞技场中的皇帝之
座上。因为实在找不到合适的皇冠，叛乱者们便为希巴提乌斯
戴上了其妻子的金链，以行加冕。

与此同时，沮丧情绪充斥着宫廷，意见分歧也开始显现。
其中包括卡帕多西亚的约翰在内的诸多大臣，努力劝说查士丁
尼一世择海路逃离君士坦丁堡，并在赫拉克勒亚（Heraclea）
集结大军。面临城中己方势力仅剩宫殿一隅的窘境，劝说皇帝
逃离都城的大臣们坚持认为，如果查士丁尼一世继续留在此
地，会被叛乱者们团团包围，直至无处可逃。此时，狄奥多拉

皇后挺身而出，拒绝了逃离都城建议的同时，敦促查士丁尼一世向敌人发起最后的攻击。普罗科皮乌斯记录下了狄奥多拉皇后当时的言论：

狄奥多拉皇后
（选自瓦尔·普林塞普的画作）

"在此危急存亡之时，已经没有必要再去遵守女性不能在议会发言的陈规了。利害相关之人最有权力决定事情的走向。每个人都将迎来必然的死亡，然而，对于一个国家的最高统治者来说，死亡的结局要远远优于被废黜或流放。希望我永远不会看到那一天的到来，我的紫袍被脱下，再也不被世人称呼为皇后！皇帝若想要保全性命，最简单的方式已经摆在了面前：登上那艘在不远处已经为您准备好的船只。但我仍信奉那句古语所言：为国而死，才是真正的无上光荣。"

在妻子的语言激励下，查士丁尼一世下令对叛乱者发起最后一次进攻，贝利萨留斯随即率城中全军发起攻击。"蓝""绿"两派都聚集在大竞技场，向他们刚刚加冕的皇帝致敬，高呼"希巴提乌斯万岁"，并准备对宫殿发起最后的冲击。

贝利萨留斯率军攻击大竞技场的三座大门，由于卡迪斯马门的进攻受阻，士兵们强行攻入了两边的侧门。苦战过后，叛乱者们被彻底击溃。叛乱者们挤进仅有五个出口的大型建筑中，成千上万的人倒在了胜利者的剑下。据说，在这场规模宏大的"尼卡暴动"（Sedition of Nika）所持续的六天时间里，有 3 万多人被杀。

令人奇怪的是，即便是如此规模的可怕屠杀，也未能彻底摧毁"蓝""绿"两派。相关资料记载，在接下来的 50 年里，"蓝""绿"两派仍在各种场合制造骚乱。但这些骚乱的规模有限，两派再也没有像 532 年的暴乱那样，差一点改变历史的进程。

第七章

查士丁尼一世的对外征服
（533—553 年）

波斯帝国的撤军，标志着其征服美索不达米亚的企图已经挫败；"尼卡暴动"的平定，成功震慑住了君士坦丁堡的暴民。两个事件的成功，使查士丁尼一世终于能够有精力着手实施他心中的伟业——重新夺回罗马帝国失去的领土。

　　从查士丁尼一世即位到其首次尝试执行伟大计划，时间长达 6 年。对查士丁尼一世而言，这 6 年的时间是有利的。6 年的时间里，他首先要对付的两个日耳曼王国的皇位都落入了软弱无能之人的手中。非洲方面，汪达尔人（Vandals）的首领希尔德里克（Childeric）被其堂兄盖利默（Gelimer）夺权，而盖利默是一个好战且极具野心，但极度无能的统治者。意大利方面，东哥特人的伟大国王狄奥多里克于 526 年离世，其孙子阿塔拉里克（Athalaric）继位，但时隔不久，阿塔拉里克又于 534 年离世。年轻的阿塔拉里克死后，其母亲阿玛拉逊莎（Amalasuntha）随即掌权，但迫于舆论压力，阿玛拉逊莎草率地与其近亲狄奥达哈德（Theodahad）成婚，让狄奥达哈德代表她进行统治。狄奥达哈德残忍、狡诈、多疑，在阿玛拉逊莎把东哥特王国作为嫁妆送给他的一年后，[①] 他便谋杀了妻子。此外，狄奥达哈德也是一个懦弱、贪婪且忘恩负义的人，而他的这些品性又恰恰都是其好战臣民们最为蔑视的。因此，当战争发生时，狄奥达哈德注定无法得到其臣民们的尊重与忠诚。

　　当时，非洲的汪达尔王国和意大利的东哥特王国均处于国力水平的低谷期，以至于其受到秉持"扩张"政策的邻国攻击已成为情理之中之事。事实上，汪达尔人及东哥特人所征服的领土面积，已经远远超过其人数所能控制的合理范围。他们征服非洲和意大利的原始部落人员，将士兵家眷计算在内，也仅五六万人——如果这些兵力集中于一处，足以清除所面对的一切阻碍，但领土扩张的不断深化，使他们必须将兵力分散在数以万计的地区中，力量也被迫随之弱化。放眼整个意大利，东哥特人仅在拉文纳、维罗纳（Verona）和帕维亚（Pavia）三座城市中占主体人口地位。一支伟大的军队仅能造就一个小国，东哥特人和汪达尔人的数量太少，使其无法占领像意大利、非洲这样广阔的土地——他们仅仅构成一个规模很小的贵族阶层，依靠其父辈赢得的权力来统治他们所征服的厌战人民。与其所占领之地的人口进行融合，是东哥特人和汪达尔人权力延续的唯一出路——如同处在更有利位置的法兰克人

―――――――――――

① 对阿玛拉逊莎的谋杀，发生在拜占庭帝国攻击非洲之后，而同汪达尔人的战争打响时，狄奥达哈德已然在位。——原注

（Franks）与被其征服的高卢人之间的融合一样。意大利的征服者狄奥多里克看到了人口融合的重要价值，其在哥特人和罗马人之间秉持严格公正的原则，在政府系统中既聘用罗马人，也聘用哥特人，以尽力调和两者间的关系。但一代人的努力终究不能平息意大利征服者与被征服者间的宿怨。狄奥多里克的后继者先是一个孩童，然后是一个品行不端的恶棍，狄奥多里克在人口融合上的努力随他的肉身一起进入了坟墓之中。但即使是狄奥多里克也无法从根本上调和其同胞与意大利人之间的巨大分歧：哥特人在4世纪时受基督教阿里乌教派的传教士影响，选择了阿里乌教派作为信仰，而被其征服的臣民们则几乎都是正统的天主教徒。当宗教仇恨与种族仇恨相叠加时，几乎没有任何希望将两个民族相融合。

汪达尔王国和东哥特王国的另一个弱点：第三代汪达尔人和第二代哥特人在南方定居后，似乎勇气与耐力都发生了退化。究其退化原因，或许是气候条件不利于多瑙河沿岸地区的种族，又或许是罗马文明中的"无限奢侈"诱惑，令他们士气低落。一位哥特圣贤当时观察到这样一种现象："当哥特人富有的时候，其习惯通常与罗马人相似；而罗马人贫穷的时候，其习惯则通常与哥特人相似。"这位哥特圣贤之言是对当时现象的一种客观概括，但这种现象的出现对东哥特王国的永续而言，则为不祥之兆——假若统治者软弱而臣民强硬，两者间的地位角色则将会随之转化。

汪达尔王国的情况要比东哥特王国更为糟糕。在人口构成方面，汪达尔人在其臣民中的比重低于哥特人；在宗教信仰方面，汪达尔人不仅是异教徒，而且狂热、倾向于迫害他人，哥特人则相反；在领导人方面，汪达尔人的领袖从不具备与狄奥多里克一般的组织与管理才能，不过是一批北欧海盗般的君主——仅仅专注于战争。

在同波斯帝国和解后，查士丁尼一世立即向盖利默宣战，理由是盖利默罢黜了作为"皇帝盟友"的希尔德里克，而不是明确重申帝国对非洲的主权，以避免激怒意大利及西班牙的统治者加入汪达尔一方。533 年 7 月，因成功平定"尼卡暴动"而声名鹊起的贝利萨留斯率领 1 万名步兵和 5000 名骑兵从博斯普鲁斯出发。普罗科皮乌斯以贝利萨留斯文书的身份随军出征——这是历史的幸运，普罗科皮乌斯是一位才华横溢的作家，其完整记录下了贝利萨留斯的战斗过程。贝利萨留斯在汪达尔势力范围最东端的的黎波里（Tripoli）登陆，城中的罗马居民随即开城投降。自的黎波里出发，贝利萨留斯率军沿海岸继续稳步推进，途中未遇到任何抵抗——无能的盖利默对此措手不及，还在忙于召集散布在各地的兵卒。直到推进到距迦太基不到 12 公里的地方时，贝利萨留斯才遭到汪达尔人的反击。苦战过后，贝利萨留斯击败了汪达尔人，迦太基于第二日落入贝利萨留斯之手。当地人因汪达尔人的溃败十分兴奋，并欢快迎接拜占庭军队进城。接收城市的整个过程没有暴乱与掠夺，迦太基丝毫没有显现出被征服之城的样子。

盖利默召集了他的最后一支预备队，以做困兽之斗。在向迦太基进军，并在通往布拉（Bulla）途中的特里卡梅伦（Tricameron）时，盖利默遇到了贝利萨留斯。时运不济，盖

利默的军队再次溃败，其所拥有的最后堡垒也随后陷落，汪达
尔王国自此灭亡。自 429 年盖萨里克（Genseric）进入非洲以
来，汪达尔王国仅存在了 104 年。

拜占庭手绘稿上的侦查骑兵

战败后，盖利默逃往居住在阿特拉斯山（Atlas Mountains）
的摩尔人（Moro）部落避难，但不久后，便决定向以道义与
勇气而闻名的贝利萨留斯投降。于是，他派人前往迦太基，告
知其准备投降的打算，且只要求三件东西：一架竖琴，用来演
奏他为自己和汪达尔人命运所写的挽歌；一块海绵，用来擦去
他悲伤的眼泪；一条面包，这是自他被迫吃摩尔人难以下咽的
食物以来，再不曾尝过的美味佳肴。贝利萨留斯亲切地接待了
盖利默，并将他带到了君士坦丁堡。与盖利默一道前往君士坦
丁堡的，还有迦太基宫殿中的珍宝，其中包括 86 年前汪达尔

人洗劫西罗马帝国时掠夺来的大量战利品——据说在这些战利品中，有一些是耶路撒冷圣殿的金器皿，由蒂图斯（Titus）在胜利时带到罗马，盖萨里克又将它们从罗马带到了迦太基。

贝利萨留斯带着他的俘虏和战利品进入君士坦丁堡——此次凯旋激励了查士丁尼一世，他随即下令准备进攻帝国西部的第二个日耳曼王国。535 年夏，查士丁尼一世以谋杀阿玛拉逊莎王后为由，向狄奥达哈德宣战。如前文所述，阿玛拉逊莎之死是其丈夫一手造成的，结婚后狄奥达哈德先把她囚禁起来，一年后又将她掐死。

或许是出于良心的不安及脾性中的怯懦，狄奥达哈德在拜占庭帝国宣战时表现出极大的恐惧。他写信并派人送往君士坦丁堡，表示如果查士丁尼一世能保证其生命和私人财产安全，那他便愿主动请辞；同时他还让占卜师和巫师测算其命运和前途，充分展现了其迷信且无能的一面。普罗科皮乌斯笔下记录了一个关于犹太巫师的奇特故事——狄奥达哈德也正是让这位巫师测算自己的命运和前途的：

这位巫师找来了 30 头猪，把它们分成 3 组，每组 10 头。其中，第一组被称为"哥特人"，第二组被称为"意大利人"，第三组被称为"拜占庭人"。在接下来的 10 天中，犹太巫师要让这些猪保持"不吃不喝"的状态，并请国王于 10 天后前来观察，以从这些猪的状况予以测算。当 10 天后狄奥达哈德前来查看时，他发现"哥特人"仅剩 2 头存活，"意大利人"死了一半，而"拜占庭人"虽显憔悴，但都得以存活。犹太巫师将这个现象的预兆解释为：在即将到来的战争中，哥特人将面临严重失败，意大利人则被大幅削弱，而拜占庭人尽管会面临苦战，但仍会取得最终的胜利。

正当狄奥达哈德忙于"算命"之时，哥特人和达尔马提亚（Dalmatia）总督已经在伊利里亚的边境开战，因此再向查士丁尼一世提出和议已无济于事，狄奥达哈德不得不竭尽所能来应付战争局面。

535年夏，贝利萨留斯于西西里岛登陆，此次的领军规模要小于其出征非洲时——仅有3000名全部由伊索里亚人组成的拜占庭士兵，以及4500名蛮族混编的雇佣部队。与盖利默交战时的幸运又重现在了贝利萨留斯身上，除拥有大量哥特驻军的巴勒莫（Palermo）外，所有西西里的城镇都敞开了城门。随后，巴勒莫在贝利萨留斯的短暂围攻后也被攻破。仅6个月的时间，整个西西里岛便都插满了贝利萨留斯的军旗。

狄奥达哈德无力组织自卫战，陷入了绝望的状态之中，这激怒了他好战的臣民们。当贝利萨留斯率军攻入意大利并占领利基翁（Rhegium）的消息传来时，东哥特人掀起了暴乱，杀死了狄奥达哈德。随即，东哥特军队推选维蒂杰斯（Witiges）为国王——一位以个人勇气及正直而闻名的中年将士。

不过，新国王在面对将至的暴风雨时，亦无法力挽狂澜。贝利萨留斯攻克利基翁后，迅速率军向那不勒斯（Naples）挺进，途中没有遇到任何抵抗——哥特军队分散在意大利南部，导致驻守卢卡尼亚（Lucanian）和卡拉布里亚（Calabrian）要塞的兵力不足。拜占庭军队通过一条废弃的渡槽潜入那不勒斯城中，实现了突袭。攻克那不勒斯后，贝利萨留斯继续向罗马进军。尽管贝利萨留斯的军队因需要驻防于所征服的城镇，出征人数大幅减少，但维蒂杰斯国王仍无力阻止。维蒂杰斯收到"法兰克人要出兵攻打意大利北部"的消息，便随即率军向北挺进，以对抗阿尔卑斯山脉（Alps）的假想敌，而其本应坚守台伯河防线。为避免同法兰克人交战，维蒂杰斯把普罗旺斯（Provence）割让给了提乌德里克（Theuderic）国王。但当维蒂杰斯返回时，发现罗马已落入贝利萨留斯之手。维蒂杰斯命哥特将军莱达里斯（Leudaris）领 4000 名士兵，负责罗马的防御工作，但当贝利萨留斯兵临城下时，其军队表现得懦弱且愚蠢，不加抵抗便落荒而逃。536 年 12 月，贝利萨留斯仅率5000 兵马便攻克了世界古都——罗马。

第二年春天，维蒂杰斯率 10 余万人的哥特主力部队进攻罗马。贝利萨留斯对罗马的防御策略，以及他捉襟见肘的兵力，构成了意大利战争中最有趣的一幕。东哥特军队在罗马城墙下驻足一年有余，并想尽一切办法来攻入城中：开展大规模进攻，贿赂罗马城中的反叛分子，以及通过废弃的渡槽潜入——如同一年前贝利萨留斯在攻克那不勒斯时所采用的方法。尽管东哥特军队士兵的数量是城中拜占庭军队的 20 倍，并展现出同其祖先在百年前入侵西罗马帝国时所赋予的不惧死亡之勇，但一切努力也均是徒劳的。

最令人难忘的一幕，发生在 537 年 3 月 21 日：东哥特军队同时对城墙上的五个方位发起进攻，其中三个方位的攻击被拜占庭军队轻松击退；但在城市东南部的普雷内斯丁城门（Prenistin Gate）附近，一支东哥特部队强行进入了城内，拜

占庭军队随即与其进行激烈的战斗；城市西北方的哈德良陵墓
（Mausoleum of Hadrian），则爆发了另一场激烈的战斗。哈
德良陵墓是一座采用四边形结构的巨大白色大理石建筑，长宽
均为 90 米，高度为 25 米，陵墓上方筑有古罗马最为宏伟的雕
像群之一，其中包括四座皇帝骑马像。哥特人携带梯子，成群
地聚集在陵墓之下，以至于守卫此处的拜占庭军队所配备的弓
箭与投镖都不足以将其击退。无奈之下，拜占庭军队拆掉了装
饰陵墓的几十尊雕像，将它们砸成碎片，当作武器向东哥特军
队袭去，最终将其击退。

陈列于现代画廊中的两件著名古艺术品——佛罗伦萨
（Firenze）的《跳舞的农牧神》（*Dancing Faun*）和慕尼黑
（Munich）的《巴贝里尼牧神》（*Barberini Faun*），于 1000
年后在哈德良陵墓的沟渠中被发现。这两件古董一定是当时拜
占庭军队用来对付哥特人的武器之一，尽管它们在战争中被粗
暴地使用过，但也正因如此，才得以保存，供后世欣赏。

在对罗马围攻的 374 天后，维蒂杰斯不得不放弃围攻。
进攻中的死伤及军营中的饥荒，导致维蒂杰斯军队的人数骤
减、士气低下。正是此时，维蒂杰斯收到最新军情：拜占庭帝
国已经向东哥特首都拉文纳派出了新的部队。实际上，贝利萨
留斯刚刚得到六七千人的增援，并委派军官约翰率领规模尚可
的部队，向亚得里亚海海岸挺进。

战争之火蔓延到了更远的北方，但其展现出的画面仍然
相同——拜占庭军队一路凯歌，哥特人则落荒而逃。在攻克安
科纳（Ancona）、里米尼（Rimini）和奥西莫（Osimo）后，

贝利萨留斯逐渐逼近拉文纳，并于 540 年对其实现了包围。

维蒂杰斯被贝利萨留斯围困在了其都城之中，他并不具备贝利萨留斯三年前在罗马时所展现出的防守才能。雪上加霜的是，法兰克人于此时南下意大利北部，威胁要征服哥特人的最后堡垒——波谷（Po）。随后，维蒂杰斯提出投降。

尽管查士丁尼一世已经准备承认维蒂杰斯为意大利波河北岸（Transpadane Itlay）的附庸国王，但贝利萨留斯表示仅接受维蒂杰斯无条件投降。

饥荒从内而外地推开了拉文纳的城门，哥特人对他们的愚蠢国王愤怒至极，而对贝利萨留斯的勇气与慷慨则表示钦佩，并提出要让贝利萨留斯成为西方之帝。但忠诚的品行使贝利萨留斯拒绝了这一请求，同时他还让哥特人返回家中，以帝国臣民的身份安享生活。540 年 5 月，贝利萨留斯带着被俘的维蒂杰斯，以及狄奥多里克宫中的大量哥特式珍宝，返回君士坦丁堡，将其获得的战利品悉数上交给查士丁尼一世。

目前，意大利看起来就像非洲一样，只有帕维亚和维罗纳有哥特军队驻守。贝利萨留斯认为他已经完成了任务，其副手们足以扑灭战争的余烬——东部边境此时更需要他，帝国与波斯的冲突正在升级，一场与科巴德一世之子库思老一世的战争即将爆发。但事情注定不是以此收尾的：在最后一刻，哥特人找到了一位英雄般的国王来拯救他们——促使拜占庭帝国对意大利的征服推迟了 12 年。两位国王在帕维亚仅维持了几个月的统治，便以血腥结局收尾。继任者是 6 世纪最高贵的人

物，被称为"中世纪第一骑士"的巴杜伊拉①（Baduila）。当
查士丁尼一世的将军们向维罗纳和帕维亚发起进攻以结束战争
时，巴杜伊拉率领哥特人赢得了自敌人登陆意大利以来的第一
次胜利，并在此后又赢得了两次胜利。在巴杜伊拉的旗帜下，
维蒂杰斯四散的军队重新集结起来，哥特人重新夺回了意大
利中部和南部的城市，如同其被贝利萨留斯征服时一样迅速。
事实上，这场战争对意大利而言是一种残酷的折磨，对于拜占
庭帝国的统治者，尤其是帝国的财政代理人或内务大臣而言，
亦是一种难以应对的压力。意大利曾经热情地欢迎拜占庭军队
的到来，而现在却又分外怀念狄奥多里克统治下的"黄金时
代"。意大利的大部分城市很快便落入了巴杜伊拉之手，仅剩
罗马、那不勒斯、奥特朗托（Otranto）、拉文纳及周边地区
还在拜占庭军队的控制范围内。那不勒斯也行将失守——在该
城面临饥荒的背景下，巴杜伊拉于543年对其进行了援助，迫
使该城于不久后选择投降。巴杜伊拉以仁慈与体贴待民——这
是除贝利萨留斯外，没有一个拜占庭将领所能做到的。在拿下
那不勒斯后不久，巴杜伊拉对其军官们发表了一场值得予以记
录的演讲，这场演讲充分展示了其个人性格。一个哥特战士因
侵犯了一名罗马人的女儿，被巴杜伊拉判处死刑。军官们纷纷
恳求巴杜伊拉饶这个士兵一命，但他回答说："你们现在必须
考虑清楚，在挽救一人之性命和挽救整个种族之品性之间，究
竟哪个更为重要？"在战争开始时，哥特人拥有勇敢的士兵、

① 国王的真实姓名为巴杜伊拉，部分历史学家对此也有所记载，但拜占庭帝国
的文人们则称其为"托提拉"（Totila）——似乎是一个昵称。——原注

著名的将军，无数的宝藏、马匹、武器，以及意大利所有的堡垒。然而，在视金钱胜于正义的狄奥达哈德统治下，哥特人的不义之举激怒了上帝，以致过去 10 年的一切苦难都降临在他们身上。如今，上帝对哥特人的惩罚似乎已经结束。巴杜伊拉的到来，使其在哥特人之中开启了一条新的道路，哥特人也必须在这条新的道路上与巴杜伊拉共同前行，此路正是公平正义之路。至于这名对罗马人之女行以不轨的士兵，虽然其曾经是一名勇敢的战士，但需要明确的是，不正义之人与强奸之人在战斗中永远不会成为真正的英雄。对于一个人而言，能够参与战争已经是其荣幸之所在。

以上便是巴杜伊拉的正义之所在，他的梦想即将实现——重获新生的哥特人将赢回他们失去的一切。没过多久，巴杜伊拉便率领 1 万多名士兵兵临罗马城下——这是维蒂杰斯率领 10 万余人都未能完成的任务。为避免失去在意大利所取得的所有战果，查士丁尼一世不得不将贝利萨留斯派回意大利——除贝利萨留斯外，没有人能够阻挡住哥特人的步伐。但贝利萨留斯已经失宠，朝中大臣限制了其兵员和军饷配额，使其面临着人手不足的窘境。由于无法解救罗马，贝利萨留斯不得不在台伯河口的波图斯（Portus）驻扎，以待进入罗马之机——但他从来没有等到过这个机会。饱受饥荒之苦的罗马人，对残忍且贪婪的守军指挥贝萨斯（Bessas）感到不满，开始渴望哥特人能够获胜。一天夜里，罗马城中的叛徒打开了阿萨里亚的城门（Asinarian Gate），巴杜伊拉及其哥特将士得以由此进入城内。巴杜伊拉认为困难已经解决，他召集众将领，让他们仔细思考一个问题：在维蒂杰斯时期，7000 名拜占庭士兵是如何击败 10 多万名装备精良的哥特士兵，并夺走了他们的王国与自由的？而现在，哥特军队的人数远少于当年，且贫穷又可怜，但为什么仍能击败 2 万有余人的拜占庭军队？答案是自古以来哥特人从未将关注点放在正义之上，他们不仅在内部树敌，而且还与罗马人为敌。因此，从今以后，他们必须做出选择：是做正义之人，与上帝同在，还是做不义之人，与上帝为敌？

550 年，巴杜伊拉下定决心，要做一件自汉尼拔（Hannibal）以来没有任何一位将军考虑过的事：连同这座世界古都的所有传统一道，摧毁罗马这座城市。在巴杜伊拉看来，这些传统不过是用来腐蚀哥特人思想的陷阱。在围城期间的恐怖饥荒后，罗马城中仅剩几千人，在把这些人毫发无伤地遣送走后，巴杜伊拉推倒了城墙，拆毁了宫殿及军械库——几个星期后，狼和猫头鹰就成了罗马城中的主要"居民"。

勇敢且公正的巴杜伊拉统治意大利长达 11 年，在这段岁月中，他一直与贝利萨留斯对抗，直至这位伟大的将军被卑鄙的宫廷阴谋所召回。但不久后，查士丁尼一世又向意大利派出一支规模更为庞大的军队，由宦官纳尔塞斯（Narses）指挥。让宦官领兵作战是一个奇怪的选择，但这个选择换来了成功的结果。纳尔塞斯率军绕过亚得里亚海的岬角，从意大利北部侵入。553 年，巴杜伊拉率军前往亚平宁（Apennines）的塔吉纳（Tagina）迎战纳尔塞斯。在漫长的一天里，东哥特骑兵一次又一次地冲进拜占庭士兵的军阵之中，但均以失败告终。到了夜里，哥特军队开始溃退，巴杜伊拉在战斗中也受了致命伤。

随着巴杜伊拉的死亡，东哥特人的一切归于尘埃，骑士般的英雄之勇，以及巴杜伊拉所带来的正义之气，并没有使他们免遭汪达尔人的厄运。一位名为特亚（Teia）的军官率领溃败的哥特军队在坎帕尼亚（Campania）进行了最后的抵抗，但他死在了努凯里亚（Nuceria）战役中。

东哥特人随后选择了投降，东哥特的将士对纳尔塞斯说，上帝也在反对他们，他们注定要离开意大利，向北回到他们祖先的土地上。于是，可怜的东哥特人带领着残余军队踏上了离开意大利之路，越过波谷和阿尔卑斯山，逐渐消失在北方的无尽黑暗中。查士丁尼一世的计划完成了，意大利被纳入了他的权杖之下，但得到的是一个荒芜且人烟稀少、古罗马痕迹几乎完全消失不见的意大利。一位当代编年史家说："这片土地，已经沦落成为原始的孤独之地。"——战争与饥荒已经使意大利变成一片荒野。

奇怪的是，查士丁尼一世在与哥特人的殊死战争中并未产生疲惫之意，战争一结束，他便立即着手另一场"西方征服"。当时的西班牙陷入内战之中，拜占庭帝国的非洲总督利贝里乌斯（Liberius）抓住这一机会，在安达卢西亚（Andalusia）登陆，迅速占领了半岛南部的多座大型城市——哥多华（Cordova）、卡塔赫纳（Cartagena）、马拉加（Malaga）和加的斯（Cadiz）。

面对威胁，西哥特人各派系选择了搁置彼此间的争议，在阿塔纳吉尔德（Athanagild）国王的领导下联合起来，阻止拜占庭军队的进一步行动。但西哥特人长期以来都没有能力从拜占庭帝国手中收复失地，直至 623 年，查士丁尼一世及其继任者都长期统治着西班牙南部沿海的大部分地区。

第八章

查士丁尼一世统治的落幕
（556—566 年）

查士丁尼一世麾下的军官们，在540年至553年，即贝利萨留斯在拉文纳取得胜利至最终实现对意大利的征服的这段时期内，一度在与哥特人的战争中有所懈怠。究其懈怠之原因，即拜占庭帝国在攻克拉文纳的那刻，又同时卷入了一场与东方邻国间的新斗争。波斯国王库思老一世对查士丁尼一世在非洲和意大利所取得的战果深感震惊，他与汪达尔人、哥特人一样，也占领着一些曾属于拜占庭帝国的行省。因此，他认为查士丁尼一世的剑有朝一日终会指向自己。于是，库思老一世决定在查士丁尼一世从意大利战场脱身前发起进攻，以抓住拜占庭帝国精锐部队还在西部的关键机遇。

　　于是，库思老一世以分别隶属于波斯和拜占庭帝国的两个阿拉伯部落间的争执为由，于540年春正式向拜占庭帝国宣战。库思老一世的战略预判奏效了，查士丁尼一世措手不及——拜占庭帝国在幼发拉底河的兵力薄弱，根本无法抵御波斯人的进攻。这场战争从一开始，便给拜占庭帝国带来了自 160 多年前阿德里安堡战役以来再未有过的巨大灾难。

　　库思老一世亲率军队避开美索不达米亚的要塞，直扑叙利亚北部。他此次军事行动的主要目标是作为东方大都市的安条克，这座富庶城市在近 3 个世纪里一直没有遭受过任何进攻，且其距离边境较远，长期被认为是可免遭战争之灾的"安全之城"。安条克的防卫力量尚可，城中驻有 6000 名守军，且竞技场中的"蓝""绿"两派也已经拿起武器以策应帝国军队。但城中指挥官玩忽职守，忽视了对防御工事的加强。激战过后，波斯军队占领了安条克，城中守军杀出一条血路，许多居民也跟随守军撤离。整座城市被洗劫一空，成千上万的俘虏被波斯人押走。如同古时尼布甲尼撒二世（Nebuchadnezzar II）对犹太人（Jews）所做的那样，库思老一世将这些俘虏带至幼发拉底河边，并为其建立了一座新城市。库思老一世将自己的名字与"安条克"之名相融合，将这座新建之城命名为"库思老安条尼亚"（Chosro antiocheia）。

　　这场发生在拜占庭帝国东部第二大城市的可怕灾难，转移了查士丁尼一世的全部注意力，他不顾意大利战争，将其所有可动用的军队都派往幼发拉底河边境，并委任贝利萨留斯为总指挥。

　　自此之后，库思老一世再未取得同安条克战役般的胜利。在波斯人进攻北部科尔基斯边境要塞时，贝利萨留斯攻入亚述（Assyria）并围攻尼西比斯的消息传到了库思老一世耳中，他被迫率军返回。而当库思老一世即将到达之时，贝利萨留斯则选择了退兵——这一计谋，使波斯人一整个夏天的准备都付诸东流。在541年的余后时间里，两国间均未再发生任何大型战斗。542年春，贝利萨留斯利用同样的方式，成功守住了幼发拉底河防线，让波斯军队在攻占一座美索不达米亚的要塞后便选择撤退。

战争又持续了2年多，库思老一世的心态发生了变化，他对在安条克取得首次胜利以来的所有努力均以失败告终的结果感到厌恶，并为埃德萨（Edessa）城墙下的失利感到羞耻。545年，库思老一世最终选择与拜占庭帝国讲和——波斯帝国放弃了在战争中取得的轻如鸿毛之地。但库思老一世仍认为战争为其带来了荣誉，因为查士丁尼一世在条约中同意付给他2000镑黄金（约108000英镑）。拜占庭帝国与波斯帝国此次签订的双边条约中有一项奇怪的条款——尽管其他地方的敌对行动均已停止，但两位君主对位于科尔基斯边境、紧靠黑海的拉齐卡王国的宗主权没有做出明确界定。在超过7年的时间里，拉齐卡王国均处于战争状态，而波斯—拜占庭边境的其他地区则一片和平。直至556年，在双方都因这场无利可图的战争浪费了大量人力、物力后，库思老一世才放弃占领拉齐卡的企图，并以拜占庭帝国每年提供给波斯帝国约合18000英镑赔偿款为条件，将拉齐卡交到了查士丁尼一世手中。

尽管查士丁尼一世在其第二次波斯战争中获胜，但拜占庭帝国在这场战争中也受到严重打击。556年，拜占庭帝国陷入了初期的混乱与衰败之中，初期混乱与衰败的部分原因来自皇帝不可持续的财政政策，他前所未有地采取了绝对严厉的方式对各省征收税款，以同时维持与波斯、意大利的战争。

拜占庭帝国的衰败则并非人为造成。542 年，帝国暴发了一场 300 年来从未有过的大型瘟疫，上一次类似的瘟疫还要追溯到 3 世纪时的特雷博亚努斯·加卢斯（Trebonianus Gallus）统治时期。与英国历史上的黑死病一样，这场瘟疫对拜占庭帝国的历史具有划时代意义。普罗科皮乌斯笔下关于这场瘟疫过程及结果的详细情况，更进一步证明了在 6 世纪下半叶的帝国衰落过程中，这场瘟疫起到了其他因素均无法比较的作用。据说，当瘟疫扩散至君士坦丁堡时，每天都会有至少 5000 人染病或因此死亡。城市里一切活动几乎都停止了，市场上仅能看到送葬之人的身影，许多房子因无一人存活而空置，政府不得不采取特殊措施来处理这些尸体。

编年史家对此形容道："此次瘟疫并不袭击任何特定的种族或阶级，也不在任何特定的地区流行，更不局限于一年之中的任何时期。无论是夏季还是冬季，北方还是南方，希腊还是阿拉伯，接受洗礼的还是未接受洗礼的，都被瘟疫肆虐——瘟疫并不考虑这些区别。不管人们躲到山顶，还是逃至山洞深处，也均无法摆脱。""不论是偶然还是天意使然，这场瘟疫还是放过了那些至奸至恶之人。"①

查士丁尼一世也染上了瘟疫，尽管他后来得以康复，但再也不是原来的自己了。虽然直到生命的最后一刻，查士丁尼一世都坚定不移地推行着他重建罗马帝国的伟业，但是他的精

---

① 引自伯里《后罗马帝国史》（*Later Roman Empire*）。——原注

力似乎有所下降，并失去了其最为突出的组织能力。编年史家对此抱怨道，他不再对未来的种种充满热情，其性格也不同往日般专横。查士丁尼一世在其精力充沛的日子中，取得了诸多成就，但当他进入生命的最后阶段时，似乎不再热衷于自己的事业，宁愿选择在敌人间制造不和，或用礼物来予以安抚，也不愿选择动用他的军队，以让帝国面临战争的危险。查士丁尼一世进行了裁军，因为他不再需要军队去征战。同时，那些收税、维持军队运转的大臣们，在朝中的地位也因此严重下降。

对神学争论的兴趣愈发浓厚，是查士丁尼一世晚年的又一大特点，甚至因此而忽视了国家事务。彼时教会的争论围绕一性论而展开—— 一性论否认基督同时拥有人性与神性，将其斥为异端邪说。查士丁尼一世本人并不是一性论派，但他希望通过制定禁止讨论这一问题的法令，将一性论派与教会主体相统一，于是查士丁尼一世花费了大量精力来推动正统派和一性论派达成和解。但受制于罗马主教，两派间的和解注定难以达成。554 年，查士丁尼一世命令教皇维吉利（Vigilius）前往君士坦丁堡，并将他囚禁数月，直至教皇签署了所有要求他签署的文件。不过，查士丁尼一世此举取得的唯一结果，是为维吉利带来了"异教徒"的名声，并导致东西罗马间的日益疏远。

查士丁尼一世晚年的忧郁在其妻子离世后更加明显。狄奥多拉皇后于大瘟疫暴发后的第六年，即 548 年离世。狄奥多拉皇后的离世与查士丁尼一世自身身体情况的下降，造成了他精力的衰竭。统治的前半段，每当查士丁尼一世处于危急存亡之时，狄奥多拉皇后无所畏惧、破釜沉舟般的精神总会鼓舞他迎难而上。而狄奥多拉皇后死后，查士丁尼一世似乎不再信任任何人，他指定的继任者——皇后妹妹之子查士丁也被置于幕后。似乎没有一位大臣能得到他的信任，即便是作为帝国最忠诚战士的贝利萨留斯：在第二次与哥特人的战争中，皇帝削减了贝利萨留斯的军队配额，并与其他大臣们一道阻碍其行动。549 年，查士丁尼一世解除了贝利萨留斯的职务，直至帝国于558 年遭遇军事危机时，贝利萨留斯才被再次起用。

　　这场军事危机是查士丁尼一世晚年治国不善的一个突出案例。在拜占庭帝国认知中最不可能发生敌对行动的隆冬时节，一支来自俄罗斯南部草原的匈奴游牧部落，越过封冻的多瑙河河面，向色雷斯省挺进。当时拜占庭帝国的军队规模达 15 万人，但均分散在海外，其中的大部分在意大利，其余零星分布在非洲、西班牙、科尔基斯、底比斯（Thebes），以及美索不达米亚边境。色雷斯省的守军规模十分弱小，匈奴人如入无人之境般在多瑙河到马尔马拉海间烧杀劫掠。当这支仅有 7000人的部队抵达离君士坦丁堡城门几公里处时，城中居民均为之恐慌，并开始将其钱财与教堂捐款运往亚洲。查士丁尼一世随后召回了已被撤职的贝利萨留斯，让其指挥现有军队——一支由 300 名意大利战场的退伍老兵所组成的兵团，以及由 3500名本地士兵组成的"斯科尔斯卫队"。其中，斯科尔斯卫队并非由职业军人组成，兵士均拥有自己的生意或副业，仅在需要时轮流承担"军人"角色，以负责城门的日常守卫工作。这样的军队构成，使君士坦丁堡居民并不抱取胜的信心，但贝利萨留斯仍带领着这支几乎毫无战争经验，甚至军纪涣散的军队击败了来犯之敌。

贝利萨留斯率领这支军队来到一个由其精心选取的伏击位置——此处唯一能受到攻击的地方，被两边的树林和树篱所覆盖。贝利萨留斯将不靠谱的斯科尔斯卫队安排在不会遭受重点攻击的侧翼位置，而300名意大利战场的退伍士兵则被安排在易受攻击之处。匈奴人刚发起进攻，便被埋伏在树林中的拜占庭士兵击倒，以400人伤亡的代价撤离，而拜占庭方面只有几个人受伤，且没有一个士兵阵亡。因此，贝利萨留斯的最后一战使君士坦丁堡之郊免受骚扰——其在壮年之际保卫了老罗马，又在晚年之际拯救了新罗马。

即便贝利萨留斯在此战中功勋卓著，也无法避开查士丁尼一世怀疑的目光。4年后，一个暗杀查士丁尼一世的阴谋被发现，其中有人指控贝利萨留斯直接参与了这个阴谋。查士丁尼一世相信了指控，没收了贝利萨留斯的财产，并派人对其进行长达八个月的监视。贝利萨留斯随后被无罪释放，重获恩宠，并在此后又度过了2年时光，于565年3月去世；[①]九个月后，他曾服侍的忘恩负义之主——查士丁尼一世，也随他进入了坟墓之中。

关于作为征服者与统治者的查士丁尼一世，我们已经说了很多。除此之外，查士丁尼一世还扮演过其他两个值得注意的角色——建筑师、法律编撰者。我们称之为"拜占庭式"的

---

① 据民间传说，贝利萨留斯晚年生活在贫困与耻辱之中，向路人乞讨，并横死街头。令人欣慰的是，该传说并不真实，但这位多疑皇帝的所作所为依然是不可原谅的。——原注

建筑风格，是自戴克里先时代起由古典形式逐渐发展而来的。四五世纪的许多皇帝都致力于兴建建筑，但没有一位皇帝能像查士丁尼一世那样，将建筑作为意志与权力的"符号"来展示。查士丁尼一世拥有阿纳斯塔修斯一世留下的大量财富，其建筑品味与奥古斯都、尼禄（Nero）和哈德良（Hadrian）这几位早期帝国的伟大建设者一样高雅——整个帝国的几十座教堂、司法大厅、修道院、堡垒、医院和柱廊，都好似其财富与品味的纪念碑。历史学家普罗科皮乌斯的著作详细记录了查士丁尼一世统治时期的建筑，其中许多建筑留存至今，有些以完好无损的形态展现，但更多的则已成一片废墟。即使在帝国的偏远之地，发现的所有建筑中，也有近三分之二是查士丁尼一世的作品，不仅君士坦丁堡、耶路撒冷这样的大型中心城市，就连卡帕多西亚、伊索里亚这样的偏僻之地，也到处都是查士丁尼一世的建筑。即便是新纳入帝国版图的拉文纳，其中的建筑也比 5 世纪的拜占庭皇帝和狄奥多里克的作品更引人注目，如圣维塔莱教堂——这座教堂中有著名的查士丁尼一世及狄奥多拉皇后的马赛克肖像，还有位于克里斯迪（Christi）郊区的圣阿波利纳雷教堂（St.Apollinare）。

　　教堂在查士丁尼一世兴建的诸多建筑中最为著名，在东方教堂建筑中，查士丁尼一世的统治形成了一个里程碑。在他的时代启幕之前，基督教建筑师长期使用直接从古罗马建筑中复制的两种模式：第一种是圆形穹顶教堂，其建筑语言源于罗马原始教堂，维斯塔神庙（Temple of Vesta）、圣墓教堂（Church of the Holy Sepulchre）均可以归为此类；第二种是带有半圆形后殿的长方形教堂，这一建筑模式是出于满足古罗马法庭的宗教活动需求演变而来的，并借用"巴西利卡"（Basilica）来为这种教堂命名，罗马城外的圣保罗大教堂（St. Paul's Cathedral）属于这一类型。查士丁尼一世则大规模地将"十"字形地面和巨大圆顶相结合，圣索菲亚大教堂便属于这一建筑风格的代表。正如前文所述，这座位于君士坦丁堡的教堂曾被两度烧毁：第一次是在圣约翰·克里索斯托被流放前夕；第二次是在 532 年的"尼卡暴动"中。在圣索菲亚大教堂被摧毁的 40 天内，查士丁尼一世便着手准备重建工作，以作为其在内战中取得胜利的纪念。查士丁尼一世选择特拉勒斯的安特米乌斯（Anthemius of Tralles）作为建筑师来负责重建工作，此人既是拜占庭最伟大的建筑家，也是少数名传至今的建筑家之一。与圣索菲亚大教堂的前两次建设相比，此次建设在规划上完全不同，充分展现出了刚刚所言的新型建筑风格：采用希腊十字架形二结构（长 73 米、宽 68 米），中间筑有距地面 54 米的巨大圆顶，并配有超过 40 个的窗户，使得大厅光线充足且通风良好；中殿位置，由青色大理石构成的宏伟柱廊，将过道和侧廊与中央大厅隔开；[①] 包括屋顶和穹顶在内的内部区域，均被镀金或马赛克画作装点。[②] 普罗科皮乌斯对圣索菲亚大教堂予以相对客观的热情描绘：

---

① 青色大理石原料基本都是从亚洲的异教寺庙中掠夺而来，并非产自查士丁尼一世时代，这些异教寺庙是基督教教堂建造者们取之不竭的"采石场"。——原注

② 为掩盖那些与穆斯林信仰相抵触的人物形象，土耳其人在圣索菲亚大教堂内部涂上了一层白色颜料。——原注

圣索菲亚大教堂的建筑细节

"这座建筑呈现出了人世间最辉煌的景象，对于那些亲眼看见的人而言，这座建筑是非凡的；对于那些仅仅听说过的人来说，这座建筑则是难以置信的。它的高度直冲云霄，明显超越周围的其他建筑，好似一艘停泊在云中的船。它高耸于它所装饰的城市之上，站在顶端便能够将整座君士坦丁堡收入眼底。它的宽度和长度经过精心设计，使其看起来既宽又长，却没有不成比例。世间没有任何一座建筑能与之相提并论——普通建筑无法在规模上与之相比，而规模与其相当的建筑，则无法在精美度上与之相比。建筑内部充满了丰富的光线，光线之多则会让人误以为其是这座建筑本身形成的，而不是从天空照射下来的。没有任何人能用语言形容出这座建筑的壮丽，镀金天花板的反光与大理石装饰的反光融为一体，使人会产生置于花丛之中的错觉，紫色的、绿色的、红色的和白色的光线，形成了人类艺术史上最美的色彩对比。此外，要准确计算出皇帝赠送给这座教堂的金银和宝石的数量绝非易事，仅圣殿一处，就装点有大约4万磅的白银。"

与建造教堂相类似，查士丁尼一世在兴建要塞方面也做出了巨大贡献，但其中的大部分已经消失在了历史的风霜之中。查士丁尼一世在边防上投入大量精力，仅伊利里亚行省一处，便设有294个要塞。普罗科皮乌斯罗列的清单也显示，从

圣索菲亚大教堂的艺术装点

多瑙河到塞萨利丘陵（Thessalian hills）的四条路线上，均筑有要塞——要塞群中既有单独的塔楼，也有许多配有防御工事的中大型碉堡，且所有要塞都有驻守部队。

查士丁尼一世作为建造者的事迹如此之多，导致有限的篇幅里仅能列举其无数作品中的十分之一。关于他在法律方面所取得的伟大成就，我们必须用更短的篇幅来加以概述。查士丁尼一世从其前辈那里继承下来的罗马法，充斥着大量的判例和决定，原始版本还被 5 个世纪以来历任皇帝以各种各样的、有时甚至是相互矛盾的改写所覆盖。尽管查士丁尼一世的几位前任皇帝，特别是狄奥多西二世曾致力于将混乱的条例编撰成整齐有序的法典，但他们之中没有一人制定出完全符合时代精神的法典。从《十二铜表法》的时代一直到查士丁尼一世的时代，要使古罗马法律同君士坦丁大帝时代以来占统治地位的基督教思想间建立紧密且合乎逻辑的联系，绝非易事。由基督教所带来的道德观念转变，使得许多旧法律早已过时，但令人惊讶的是，尽管如此，许多帝国早期的法律仍被沿用至 6 世纪。查士丁尼一世在这样的背景下开始编撰新法典，并任命聪明却不受欢迎的特里博尼安（Tribonian）律师担任委员会会长，主要负责新法典的编撰工作。查士丁尼一世的《法学阶梯》和《学说汇纂》是对古罗马法律的最后一次修订，也是欧洲所有法律系统的起点。600 年后，随着中世纪文明从黑暗时代的混乱中逐渐发展起来，人们对习惯法之外的民权需求更为强烈。如果拜占庭帝国在查士丁尼一世后的世纪中，能够像在其之前的那个世纪一样繁荣，那么其他法律的修订者可能会编纂出一些法典，以取代《学说汇纂》。但事实上，在查士丁尼一世的统治落幕后，腐败和混乱一直从内而外地袭扰着帝国，后来的皇帝们认为没有必要，因此也没有主观意愿来效仿查士丁尼一世进行法律编撰工作。因此，查士丁尼一世的名字，永远与罗马法的最后一次重大修订联系在一起。作为流传于历史之中的伟大立法者，查士丁尼一世注定要被但丁（Dante）置于《神曲·天堂篇》（*Divine Comedy*：*Paradise*）中的星光宝座上，文艺复兴时期的所有法学家亦将其奉为"法律之父"。

第九章

斯拉夫人的到来
（568—602 年）

查士丁尼一世离世后的 30 年里，一共有过三任皇帝，分别为 565—578 年在位的查士丁二世（Justinus Ⅱ）、578—582 年在位的提比略·君士坦丁 ①（Tiberius Constantinus），以及 582—602 年在位的莫里斯。这三位皇帝的性格与查士丁尼一世的前任们几乎相同：他们三人中的每一个曾经都是经验丰富的成熟官员，且均被在位皇帝选为最合适的继承人。查士丁二世是查士丁尼一世最宠爱的侄子，曾长期担任禁卫军首领一职；提比略二世为夜巡营伯爵，是查士丁二世宫中的高级将领；莫里斯是提比略二世在位期间的契约军团伯爵，即蛮族雇佣军首领。三任皇帝均是能力突出之人，且均为帝国鞠躬尽瘁，查丁尼二世的公正、提比略二世的慷慨仁慈及莫里斯的虔诚受到历史学家的广泛赞扬。尽管如此，他们统治下的拜占庭

① 提比略·君士坦丁即提比略二世。——译者注

帝国却依然每况愈下。查士丁尼一世统治所产生的负面影响正在逐步显现，莫里斯统治末期，混乱与灾难如乌云一般笼罩在帝国上空，在其继任者接过权杖之后，暴雨则开始泻下。

这次灾难的潜在内因是 544 年大瘟疫对帝国的削弱，而决定性内因则是查士丁尼一世极度苛刻的财政制度；灾难的外因在于北方新兴游牧民族的入侵，以及与波斯间漫长且令人疲惫的战争。皇帝们的美德似乎没有对帝国产生效用：查士丁二世的公正没有让其受到爱戴，反而令人产生恐惧；提比略二世的慷慨使他广受欢迎，但国库日趋空虚；莫里斯则秉持节俭原则，以填补其前任们造成的财政漏洞，却因此被斥为贪婪、吝啬之徒。

6 世纪的最后 30 年里，意大利的伦巴第人（Lombards）、巴尔干半岛的斯拉夫人和阿瓦尔人（Avars）及东方的波斯人，成为拜占庭帝国边境的"麻烦之源"。

553 年，在驱逐东哥特人后，拜占庭帝国完全占领意大利的时间不超过 15 年。尔后，新的敌人沿着阿拉里克和狄奥多里克曾经的足迹从北方袭来。新敌人为伦巴第人，其曾一直居住在位于多瑙河中游的匈牙利地区，长期被视为拜占庭帝国的朋友而非敌人。但伦巴第人好战且极具野心的国王阿尔博因（Alboin），在征服了所有的近邻后，便开始垂涎意大利的肥沃平原。在观察到东哥特人离开，意大利守备力量严重不足后，阿尔博因占领意大利的动机更进一层。568 年，阿尔博因和其部落带着家眷和牛羊翻越阿尔卑斯山，他们在多瑙河上的故土则流转到了阿瓦尔人手中。伦巴第人毫不费力地占领了意大利北部的肥美土地，其势力范围一直延伸到波河流域。据相关记载，受大瘟疫和东哥特战争的双重影响，该地几乎已经荒无人烟。伦巴第人在这片曾经富饶、人口众多，但如今已一片荒芜的土地上定居下来，他们用自己的名字将这片土地命名为"伦巴第平原"。

整个地区只有一座城市对伦巴第人的入侵进行了长期抵抗，即配有坚固城防的帕维亚城。571年，在经历了三年的防守后，阿尔博因最终攻破了帕维亚的城门。阿尔博因没有选择将米兰（Milan）、维罗纳这两座历史悠久、规模巨大且名气非凡的城市定为首都，而是选择了这座抵抗了其三年的帕维亚。在彻底征服了伦巴第平原后，阿尔博因率军向伊特鲁里亚（Etruria）挺进，并占领了亚诺河（Arno）河谷。据传，在这场战争中，阿尔博因被其妻子罗莎蒙德（Rosamund）王后杀害。罗莎蒙德王后弑夫的动因在于为父报仇，作为格皮德（Gepidae）国王库尼蒙德（Cunimund）的女儿，阿尔博因杀死了她的父亲，并下令将库尼蒙德的头骨镶金，以做成器皿。多年后的一次酒宴狂欢中，阿尔博因将这具头骨制成的器皿装满了酒，并让罗莎蒙德王后将其带到他选中的战士们面前；王后照办了，但发誓要用阿尔博因的生命来为父报仇。573年，罗莎蒙德王后不惜牺牲自己的声誉，贿赂了阿尔博因的卫兵，让他杀死了躺在床上的主人，并同他一起逃往君士坦丁堡。

阿尔博因之死并不等同于伦巴第人对意大利征服的结束。伦巴第曾一度分裂为几个独立的公国，但这些公国的国王们并未停下夺取拜占庭帝国领土的步伐。其中的两位国王分别在意大利中部和南部，建立了斯波莱托（Spoleto）和贝内文托（Benevento）两个大型公国。在尔后的统一进程中，这两个公国作为"独立力量"得以保存，而其余的伦巴第领土则在584年被奥萨里斯（Autharis）国王纳入权杖之下，这也标志着奥萨里斯及其继任者最终完成了对意大利北部的征服。

查士丁二世的十字架

因此，在查士丁二世、提比略二世和莫里斯三位皇帝统治期间，查士丁尼一世在意大利获取的大部分领土都丢失了，并再次形成了日耳曼国家。至此，拜占庭皇帝在意大利仅剩下了两块领土：一块位于意大利中部，所涉区域横跨整个半岛，从亚得里亚海的拉文纳和安科纳，一直延伸到第勒尼安海（Tyrrhenian Sea）的罗马；另一块则位于最南端——意大利靴子的"脚趾"和"脚跟"部分，包括布鲁提乌姆（Bruttium）和卡拉布里亚 ①（Calabria）的塔兰托（Taranto）、布林迪西（Brindisi）及奥特兰托（Otranto）。伦巴第人从未成功组建过水上力量，撒丁岛（Sardinia）和西西里岛也因此免受攻击。横跨意大利中部的帝国领土将伦巴第人一分为二，伦巴第国王统治着托斯卡纳（Tuscany）和波河河谷的主要地区，而斯波莱托和贝内文托公国则彼此间在南部保持着孤立存在。

意大利在伦巴第人和拜占庭帝国间的分裂值得铭记，因为很长一段时间内，整个半岛再也没有统一成一个国家。直至1870年，罗马被征服，统一的意大利王国才建立起来，从阿尔卑斯山到墨西拿（Messina）海峡之间的所有土地才均归于一个统治者的管辖之下。在维克托·伊曼纽尔 ②（Victor Emmanuel）之前，没有人能够像查士丁尼一世那般，将意大利统一。

伦巴第人征服意大利后，拜占庭帝国在该地区的统治权由一名总督行使，总督府则位于帝国最北端、最坚固的要塞——拉文纳。名义上，意大利的所有行省都在总督的管辖之

---

① 此处的"卡拉布里亚"为旧有意义，意指"南阿普利亚"（South Apulia），而非意大利最南部的"雷吉奥"（Reggion）和"斯奎拉切"（Squillace）。——原注

② 维克托·伊曼纽尔即维克托·伊曼纽尔二世，1849年继位成为撒丁王国国王，后成为意大利统一后的首任国王，被尊称为意大利的"祖国之父"。——译者注

下，但实际上，其管辖权的真正范围仅限于总督府周边地区，在那不勒斯和雷吉奥，抑或更为遥远的西西里岛和撒丁岛，其下达的命令很难得到执行。罗马主教们从总督权力的缺失中获益颇多。虽然管辖意大利的总督贵为公爵，且身居军中要职，并居住于罗马，但从一开始，罗马的主教们便在精神领域占据着绝对主导地位。东哥特人统治时期，罗马主教作为意大利人与日耳曼人之间相往来的官方代表，其地位已然相当重要。而在此时此刻，面对意大利国王的退场及受君士坦丁堡命令束缚的总督上台，带来了世俗权力约束的缩小，使其话语权相较以往更具自由度和分量。590—604年任教皇的格列高利（Gregory），是第一个开始采取独立态度，并懈怠于拉文纳行政命令的教皇，他是一个能力较强且精力充沛之人，无法忍受罗马因统治者缺位而产生的波动。因此，他不顾名义上的上级总督反对，欣然承担起了自己的行政职能。如592年，在拜占庭帝国与伦巴第的斯波莱托公国正交战的情况下，格列高利私下与后者休战。

对此，莫里斯怒斥格列高利的愚蠢与违令行为，但并未冒险将其废黜，因为帝国正在被与波斯和阿瓦尔人之间的战争所困，无力向罗马派兵。还有一次，格列高利跳过拉文纳总督，直接任命了一位那不勒斯总督。599年，他担任伦巴第国王和拉文纳总督府的调解人，其好似一位秉持着中立立场的独立君主。从这些表现上来看，格列高利并没有断绝与拜占庭帝国间关系的意愿，但他似乎传递出其将拜占庭皇帝视为宗主，而非直接统治者的信号。

格列高利从不在有争议的问题上让步，时常发布与帝国诏书相矛盾的命令，并与莫里斯所青睐的君士坦丁堡历任大教长发生激烈的争吵。当约翰被封为全基督教主教（Cecumenical Bishop）时，格列高利写信给莫里斯称，约翰的自以为是是反基督时代即将来临的标志，并敦促他用军事手段来压制这种自命清高的行为。这是"中世纪教皇观"的最初表现，中世纪教皇观认为教皇有责任在所有可能的话题和场合中，对国王或皇帝进行谴责或劝告。格列高利的继承人并非聪明能干之人，否则，教会与帝国间的决裂则行而将至；也正是出于同样的原因，罗马教皇对君士坦丁堡皇帝权力的掠夺被推迟了近 200 年的时间。

拉文纳总督与伦巴第国王间的战争几乎没有受到君士坦丁堡方面的影响。在 6 世纪的最后 30 年里，拜占庭皇帝们更专注于其与波斯人和斯拉夫人之间的战争。在查士丁二世、提比略二世和莫里斯统治期间，与东方国王的角力持续了不下20 年。战争于 572 年爆发，并一直持续到 592 年，如同 30 年前查士丁尼一世与库思老一世间的角力一样，战争没有分出输赢，劫掠要多于战争，帝国边境省份都呈现出人口骤减、一派荒凉的景象。波斯军队出现在安条克城下，而拜占庭将军们则推进至米堤亚（Media）和科杜内（Corduene）——帝国旗帜已经 200 年没有在这两块土地上出现过了。

长达 20 年的战争仅产生了两败俱伤的结果，没有一方在战争中取得明显优势。迫于内战压力，库思老二世（Chosroes Ⅱ）被迫选择议和，将 20 年战争中的战利品——边境城市达拉和马特罗波利斯（Martyropolis）归还给莫里斯，并割让了一块亚美尼亚领土。但这些微不足道的收获远不能弥补拜占庭帝国因波斯的数十次入侵而产生的巨大损失。

拜占庭帝国虽在波斯战争中耗费了大量精力，但好在最终以胜利收尾；而在北部边境，拜占庭军队的处境却糟糕得多，大量领土落入敌人之手。北部边境之敌是两个新的部族，他们是在伦巴第人离开并开始入侵意大利后出现在多瑙河上的——截至目前，帝国的北部边境已经没有日耳曼人了，取而代之的是鞑靼人和斯拉夫人。阿瓦尔人与其祖先匈奴人极其相似，是一支来自亚洲的游牧民族，草原上的生活使其具备了狂野善战的骑士特性。为躲避此时在中亚建国的突厥人（Turks），阿瓦尔人向西逃往距离多瑙河口不远的俄罗斯南部平原。渡河劫掠默西亚于阿瓦尔人而言，是一个不容忽视的诱人选项，不久后，阿瓦尔骑兵便开始频繁出现在巴尔干半岛和黑海沿岸。在查士丁尼一世离世前的562年，阿瓦尔人第一次突袭拜占庭帝国；此后更一发不可收，长期袭扰帝国边境，并呈现出明显的波动特性——只要给阿瓦尔人钱财，他们便愿意讲和，而一旦将钱财挥霍一空，他们便撕毁协议，再次出现在多瑙河以南。

斯拉夫人对拜占庭帝国产生的威胁远非阿瓦尔人所能比，后者只是为了掠夺而来，而前者则如同2个世纪前的日耳曼人一样，致力于为自己建立新的家园。起初，拜占庭人对斯拉夫人的认识，仅限于其分为斯洛文尼亚人（Slovenes）和安特人（Antes）两支，但除此之外，还有诸如克罗地亚人

（Croation）、塞尔维亚人等其他分支缓步向南推进，让人们逐渐知晓了他们的存在。斯拉夫人是雅利安人（Aryan）在欧洲最东部的一支，也是此时所有雅利安人中最落后的一支。直到哥特人和伦巴第人的迁移消除了日耳曼人所控制的空间壁垒，他们才开始与拜占庭帝国接触。在文明程度上，斯拉夫人远远落后于日耳曼人，甚至可以用"野蛮"来加以形容：他们几乎还没有掌握最简单的技艺，对防御盔甲一无所知，只会用火烧空的树干来造船；他们没有学会在国王或酋长的统治下生活，而是住在由几个家族族长进行管理的村庄里；他们的住所是泥屋；除了小米，他们不种任何谷物；当他们进行战争时，他们可以派出成千上万的长矛手和弓箭手，但野战部队在开阔的田野上既无法抵抗骑兵，也无法抵抗训练有素的步兵，仅能在森林和狭窄的山谷中发挥战斗力——他们在那里设伏，以出其不意的攻击战胜敌人。通过相关记载可以确定，斯拉夫人最喜欢的一种作战方式，是通过芦苇进行呼吸，将自己隐藏在池塘或河流里长达几小时。如果我们没有在相关记录中看到应用这种作战方式的实际案例，或许真的无法相信这种作战方式是客观存在的。

斯拉夫人在 6 世纪便开始出现在了拜占庭人的认知中，但直到查士丁尼一世离世后，"斯拉夫威胁"的急迫性才开始显现在帝国的主观认识中。当伦巴第人向西转移后，斯拉夫人开始大批来到多瑙河，并试图在帝国河岸建立永久定居点。斯拉夫人、阿瓦尔人对拜占庭帝国的攻击情况极其复杂，鞑靼部落的汗王将其附近的许多斯拉夫人收为附庸，斯拉夫人有时选择服从鞑靼汗王的命令，但更多时候则是试图通过占领帝国领土来摆脱其控制。因此，经常出现的情况是，斯拉夫人与阿瓦尔人既会联合作战，也会分别采取行动，更会彼此间发生矛盾——很难想象出比此更为混乱的战争景象。

直到此时，巴尔干半岛内陆一直居住着色雷斯人和伊利里亚人，其中的少数人依然使用古老的原始语言，[①] 而大多数人则以拉丁语为主要语言——他们是帝国在意大利以外唯一使用旧统治语言的庞大群体，约占帝国总人口的四分之一。他们投入大量精力来保持罗马特性，以防止自身被希腊化或亚洲化；他们对自己的拉丁语倍感自豪，如出生在该地区中心位置的查士丁尼一世，便钟爱强调其母语为拉丁语。

在这片拉丁化的色雷斯人和伊利里亚人的居住区域，斯拉夫人和阿瓦尔人入侵的严重程度，是此前所有入侵均无法比的。哥特人以前也入侵过这片区域，但他们至少是半文明的基督徒，而斯拉夫人和阿瓦尔人则极其野蛮。可以毫不夸张地说，570—600 年，巴尔干半岛北部的大部分地区，即现代塞尔维亚和保加利亚地区，原住民几乎被消灭殆尽，即使是在保障条件更好的马其顿和色雷斯省，原住民的数量也在减少。说拉丁语的行省几乎消失不见，仅剩下达尔马西亚（Dalmatian）岛民和后来分散在斯拉夫人中间的弗拉赫人（Vlachs）两支。

当代编年史家以弗所的约翰（John of Ephesus）很好地描述了入侵所造成的影响："公元 581 年，被称为'斯拉夫'的

---

① 阿尔巴尼亚人是他们的后裔，阿尔巴尼亚语是古代伊利里亚语所流传至今的唯一脉络。——原注

民族侵入并占领希腊、塞萨洛尼基及色雷斯全境。他们占据着无数的城市和乡村，肆意烧杀劫掠，以残忍的武力方式，将民众贬为奴隶，并将自己封为统治者。四年过后，他们仍居住在这片土地之上，四处扩张，并予以同样的烧杀劫掠。"

一马平川之地的乡村被斯拉夫人洗劫一空，城镇的防守工作相较而言更为出色，因为斯拉夫人和阿瓦尔人不擅攻城。莫里斯任命的普里斯库斯（Priscus）将军，以这些设防的城镇为基地，成功守住了多瑙河防线，并取得了诸多战果。他甚至越过多瑙河，在斯拉夫人和阿瓦尔人的后方发起攻击——其率军烧毁了斯拉夫人和阿瓦尔人的村庄并杀死了其战士——但这并未对战局的总体走向产生任何影响。普里斯库斯无法保护帝国边界内开阔地带的臣民，多瑙河沿岸的要塞很快遭到废弃，斯拉夫人在此零星居住。拜占庭帝国的人口界线已经收缩至巴尔干沿线，甚至退至巴尔干半岛以南。尽管从辛吉杜努姆〔Singidunum，即贝尔格莱德（Belgrade）〕到多罗斯托鲁姆〔Dorostolum，即锡利斯特拉（Silistria）〕的沿河要塞仍有驻军部署，但越过多瑙河的斯拉夫人依然越来越多。

在与阿瓦尔人和斯拉夫人间的战争中失利，是莫里斯倒台的动因之一。他对蛮族入侵的抵抗无力，叠合其所做出的无情之举，使其民心尽失，并在 599 年被判有罪。阿瓦尔汗王俘虏了 15000 名拜占庭人，并要求帝国提供一大笔赎金来交换俘虏，但面临国库空虚窘境的莫里斯对此表示拒绝，阿瓦尔汗王随即杀死了所有俘虏。导致莫里斯倒台的直接原因则是其对待军队的方式。莫里斯虽然为行伍出身，但在军队内部并不受欢迎，士兵们对他既不尊敬也不信任。但其作为一名颇有才华的军官，曾撰写过一部名为《战略》（*Strategicon*）的长篇军事著作，此书在之后的 300 年来一直是拜占庭军队的官方手册。

602 年，莫里斯命令军队在多瑙河北岸的斯拉夫荒地过冬——此举改写了他的命运。部队心生不满，拒绝服从命令，并赶走了他们的将军，然后推举了一个名为福卡斯（Phocas）的无名百夫长为首领，将剑指向君士坦丁堡。

莫里斯武装了城市里的"蓝""绿"两派，以保卫自己。但他迎来的结果是无人为他而战，于是莫里斯随即携妻带子绕过博斯普鲁斯海峡，在亚洲各省寻求庇护，但在亚洲各省，莫里斯亦不受欢迎。不久，莫里斯被军队拥为皇帝的福卡斯下令追捕，并在卡尔西登被捕。这个残忍的篡位者将莫里斯和他的五个儿子全部处决，而其中年纪最小的仅有 3 岁。莫里斯死时的勇气和虔诚令人感动，甚至他的敌人也为之震撼，他在临刑前高喊："主啊，你是公正的，你的审判也是公正的！"

第十章

至暗时刻
（610—628 年）

自君士坦丁堡开始担任帝国首都以来，福卡斯是第一个通过武装叛乱和谋杀合法统治者而获得皇位之人，他的篡位标志着过去和平有序的继承制度被打破，并在埋下一个罪恶先例的同时，带来了一场直接的灾难。事实证明，作为皇帝，福卡斯要比不幸的莫里斯糟糕得多。莫里斯虽并非十全十美之人，且运气欠佳，但一直勤奋、温和、虔诚、节俭；福卡斯则仅仅是一个野蛮士兵，性格残忍，且无知、多疑、鲁莽。在福卡斯的统治下，帝国以极快的速度走向崩溃。福卡斯以一系列残酷处决开启了他的统治，并再未放下过他的屠刀。被福卡斯处决之人，几乎都是前任皇帝的党羽，其中，最严重的是处决身为莫里斯遗孀、提比略二世之女的康斯坦丁娜（Constantina），她的三个女儿也死在福卡斯的屠刀之下。福卡斯下令处决她们的原因则在于避免有人借她们之名予以造反。但更可怕的似乎是，他活活烧死了在上次波斯战争中领军有方、战功显赫的纳尔塞斯①将军。纳尔塞斯在得到福卡斯安全允诺的前提下来到君士坦丁堡，以摆脱叛国罪的指控。但是，皇帝不仅制定了自帝国改信基督教以来从未有过的惩罚措施来对待纳尔塞斯，也违背了他自己许下的诺言。

福卡斯一登上皇位，波斯的库思老二世便声称自己与莫里斯间有着深厚的私人友谊，并以"为莫里斯报仇"为由，向帝国宣战。与查士丁尼一世和查士丁二世统治时期的拉锯战形式不同，此次与波斯的战争，波斯人连续两年突入叙利亚北部，并一路攻至沿海地区。战争的第三年，波斯人转向北方，横扫了迄今为止未受战争影响的小亚细亚各省。608 年，波斯主力部队穿过卡帕多西亚和加拉太（Galatia），直抵卡尔西登城下。君士坦丁堡的居民可以清楚地看到亚洲海岸上燃起浓烟的村庄——这是一种既新鲜又可怕的景象：色雷斯被劫掠的场面曾多次映入城市视野，但比提尼亚还从未燃起过战火。

在首都，推翻福卡斯统治的尝试接连不断，但均被福卡斯所压制，并对密谋者施以酷刑。在他统治的 8 年间，君士坦丁堡被酷刑充斥，亚洲各省不断经历着劫掠，欧洲的军队被转移至博斯普鲁斯海峡对岸以对抗波斯军队，导致色雷斯和伊利里亚行省越来越多地落入斯拉夫人之手。然而，福卡斯仍然把持着君士坦丁堡。其因军事叛乱而生，亦注定要因军事叛乱而亡。

在福卡斯统治时期，非洲是拜占庭帝国唯一没有受内乱

---

① 与查士丁尼一世时代的纳尔塞斯并非一人。——原注

或外患而影响的地区。年迈的老希拉克略（Heraclius）作为总督，在该地区深得人心，以至于皇帝不敢轻易罢免他。在君士坦丁堡各方"将帝国从怪物的枷锁下相解救"的强烈恳求下，老希拉克略终于同意承担起打击福卡斯的责任。他秘密筹建了一支舰队，并将其交给与他同名的儿子指挥。他在派遣这支舰队进攻君士坦丁堡的同时，其侄子尼西塔斯亦率大批骑兵沿非洲海岸向埃及发起进攻。

当小希拉克略率领舰队抵达达达尼尔海峡时，君士坦丁堡城内的所有显赫人物，都秘密地逃到他这里避难。当他接近首都时，福卡斯的军队爆发了兵变：暴君的舰队在一场小型战役后便被冲散，君士坦丁堡随即敞开了城门。一个曾被福卡斯冤枉的官员在皇宫中将福卡斯抓住，并将他带到了小希拉克略的战舰之上。小希拉克略向福卡斯问道："你为什么要如此残暴地治理国家呢？"篡位者福卡斯对此讥讽道："难道你能治理好？"随后，小希拉克略将福卡斯踢开，水手们在甲板上将他砍成碎片。

大教长和元老院推举小希拉克略为皇帝，其于 610 年 10 月 5 日在圣索菲亚大教堂加冕，正式成为"希拉克略一世"。

希拉克略一世接管了正处于混乱无序之中的帝国，他一定很快就感觉到福卡斯垂死时的讥讽并非毫无道理。资源匮乏，将国家治理得更好似乎已是无稽之谈；领土尽失，除非洲、埃及及首都附近的地区外，波斯人、阿瓦尔人和斯拉夫人几乎占领了其余的所有省份；国库空虚，且在小亚细亚的多次溃败，导致军队的有生力量几乎荡然无存。

　　起初，希拉克略一世似乎对在这种混乱中重建秩序的可能性感到绝望，尽管他正值壮年、精力充沛——"中等身材，体格健壮，胸膛宽阔，灰色眼睛，黄色头发，肤色非常白皙。初登皇位时留着浓密的胡须，后又将其剪短"。在统治的头12年里，希拉克略一世一直留在君士坦丁堡，努力重组帝国，并致力于捍卫色雷斯和小亚细亚的边界。而对那些更为遥远的省份，他似乎并不抱拯救之希望，其统治早期的编年史中列满了关于帝国损失的内容。美索不达米亚和叙利亚北部在福卡斯执政之时已经丢失。613 年，当帝国军队正全力保卫卡帕多西亚时，波斯将军沙赫巴勒兹（Shahrbaraz）转而南下进攻叙利亚中部，大马士革（Damascus）随即落入其手。更糟的事情还在后头。614 年，波斯军队出现在耶路撒冷城下，在遭遇短暂抵抗后便将这座城市占领，并派军驻扎。而当沙赫巴勒兹率领主力部队离开后，耶路撒冷的民众奋起杀死了城中的波斯驻军。

　　这件事令沙赫巴勒兹异常愤怒，他随即率军返回，并血洗了这座城市——9 万名基督徒被杀，只有犹太居民得以幸免。耶路撒冷的大教长扎卡赖亚斯（Zacharias）被掳去，与他一起被掳走的还有当时所有基督徒眼中的至尊之宝——木制"真十字架"（True Cross）。根据著名传说，君士坦丁大帝之母海伦娜在摩利亚山（Mount Moriach）上挖出了这件圣物，并为它建造了一座辉煌的神殿。现今，沙赫巴勒兹亵渎了基督教神殿，并将"真十字架"带到了波斯。

　　这一损失令拜占庭帝国的民众陷入绝望，他们认为，"真十字架"是他们的守护神，其被掳走将使帝国气运尽失，末日已经行而将至，库思老二世也是基督徒之公敌。波斯人在胜利时对希拉克略一世所使用的傲慢与侮辱之言，也可以解释他们的信仰。库思老二世在其信中亵渎神明的话语似乎是对《列王纪》（*SKings*）第二卷中亚述王西拿基立（Sennacherib）书信的呼应。信中写道：

"最伟大的神明、全世界的主宰者库思老二世，写给他那卑鄙且麻木不仁的奴隶希拉克略：难道我真的不能将拜占庭人尽数歼灭吗？你说你信任你的上帝，那为什么他没有从我的手中拯救凯撒利亚（Caesarea）、耶路撒冷和亚历山大？摧毁君士坦丁堡对我而言也绝非难事，但如果你带着你的妻儿投奔于我的帐下，我会宽恕你的所有罪过，我会仁慈地给予你土地、葡萄藤和橄榄树。不要对基督抱有虚妄的希望，他甚至连自己都拯救不了，犹太人将他钉在十字架上，并杀死了他。"

"真十字架"的丢失和库思老二世的亵渎所激起的恐惧与愤怒，带来了拜占庭帝国历史上第一次真正的民族情感爆发。人们感到基督教世界已然命悬一线，从最高层到最底层的所有人都必须拼尽全力，从巴勒斯坦击退以拜火教为信仰的波斯人，并夺回圣地。希拉克略一世发誓，他将御驾亲征以收复失地——自狄奥多西一世于395年离世以来，帝国再没有任何一任皇帝亲自率军征讨过了。教会以最高贵的方式挺身而出——在大教长塞尔吉乌斯（Sergius）的号召下，君士坦丁堡的所有教会都把财宝和饰品送到铸币厂铸造货币，以作为一笔巨额国债，皇帝击退波斯人后再行偿还。自君士坦丁大帝时代以来，首都居民一直免费领取谷物的制度被废除了——民众毫无怨言地忍受着这种贫困的状态。这一措施不仅节省了国库开支，同时也将成千上万身强体壮的游手好闲之人招入军队之中。这些游手好闲之人曾是竞技场上各派的力量，也曾是城市的"祸害"，此时则找到了适合自己的地方。如果继续实行免费发放谷物的制度，希拉克略一世便永远也无法筹足战争的预算资金。作为帝国粮仓的埃及，在 616 年便已被挪出帝国版图，这导致政府的谷物供应被完全切断，政府因此不得不动用财政款来购买谷物以满足需求，但此方法的成本极其高昂。

在教会提供的国债帮助下，希拉克略一世装备了一支新部队，并加强了他的舰队。他同时还提升了君士坦丁堡的驻军规模，以作为必要性的预防措施——617 年，波斯人再次强行进入博斯普鲁斯海峡，并占领了卡尔西登。如果不是因为阿瓦尔人的袭扰，希拉克略一世极有可能在第二年便率军征讨波斯了。阿瓦尔人长期以来一直在近乎无人防守的色雷斯地区肆意劫掠，但现在他们承诺要与拜占庭帝国和平共处。希拉克略一世在阿瓦尔汗王的盛情邀请下，前往赫拉克勒亚附近去见他。但这次会面是阿瓦尔汗王所设下的陷阱，其在希拉克略一世的必经之路上设下重重伏兵。得益于座下快马，希拉克略一世得以侥幸逃脱；为了加快马匹的速度，他甚至脱下了披风。在暴露于阿瓦尔先锋部队的视野之时，他及时地冲入城内并关上了城门。此后，希拉克略一世不得不将全部精力放在了与阿瓦尔人之间的战争上，直至 622 年，其才有精力与波斯人交战。

从精神层面而言，希拉克略一世的此次远征实际上可以形容为"第一次十字军东征"。这是拜占庭帝国第一次本着宗教热情而进行的战争，因为皇帝及其臣民所期待的不仅仅是实现政治需求，军队出征的目标是拯救基督教世界，收复圣地并找回"真十字架"。军人们被战争布道激起高度热情，皇帝则随身携带一幅圣像——拜占庭教会一向喜爱的圣像之一，人们普遍认为其并非出自凡人之手——以激发自己的热情。

622—627 年，希拉克略一世在其英勇而成功的尝试中，至少进行了六次战役，拯救了已经濒临毁灭的拜占庭帝国。他因此赢得了当之无愧的震古烁今之名，如果不是因晚年的不幸遭遇，他将会以"世界上最伟大的勇士之王"的名号而永垂青史。

第一次战役中，希拉克略一世通过巧妙策略而非直面攻击的方式，清除了小亚细亚的波斯势力。他没有正面攻击卡尔西登，而是乘船在敌人后方的西里西亚（Cilicia）登陆，并在此地对叙利亚和卡帕多西亚形成了威慑。正如他所料，在君士坦丁堡对面的波斯军队回身向他发起攻击。经过多次交锋，希拉克略一世彻底击败了沙赫巴勒兹，将波斯军队逐出了小亚细亚。

在接下来的战役中，希拉克略一世试图通过类似方式来收复拜占庭帝国的其他失地：他决心攻击波斯帝国内部，迫使库思老二世召回其在叙利亚和埃及的部队，以保卫波斯行省。623—624 年，希拉克略一世率军翻越亚美尼亚山脉冲进米堤亚，为了报安条克和耶路撒冷之仇，拜占庭军队烧毁了米堤亚首都的甘萨卡（Ganzaca）火神庙和波斯先知琐罗亚斯德^①（Zoroaster）的出生地底巴姆斯（Thebarmes）。不出所料，库思老二世从西部召回了他的军队，并为守住泰西封（Ctesiphon）而进行了两场殊死之战。波斯军队在两场战斗中均以兵败告终，但拜占庭军队也遭到重创。冬天即将来临，希拉克略一世被迫撤至亚美尼亚。在下一次战役中，其收复了美索不达米亚，以及阿米达（Amida）、达拉和马丁洛波利斯（Martyropolis）要塞，并再次击败了沙赫巴勒兹。

对于整个战争而言，626年具有决定性意义，顽固的库思老二世决定联合阿瓦尔汗王，做击败希拉克略一世的最后努力。当波斯主力部队在亚美尼亚牵制希拉克略一世时，沙赫巴勒兹率领一支大军南下小亚细亚，向博斯普鲁斯海峡进军。与此同时，阿瓦尔汗王带领其部众及其斯拉夫兵团的全部兵力冲入巴尔干半岛，从欧洲一侧围攻君士坦丁堡。波斯人与阿瓦尔人隔海相望，彼此间甚至能够直接交换信息，但拜占庭舰队在海峡上的不断巡航，使两者无法合兵一处。

626年6—8月，首都被围困，危险迫在眉睫，而皇帝却远在幼发拉底河。但君士坦丁堡的守军力量十分强大，贵族出身的守备司令博努什（Bonus）精明强干，城中守军士气高涨，622年曾鼓舞君士坦丁堡人的十字军热情至今仍存。7月底，8万名阿瓦尔人和斯拉夫人带着各种攻城器械，同时从城市陆地处的多个方位发起攻击，但均以失败告终且死伤惨重。接着，阿瓦尔汗王大举建造木筏，试图帮助波斯军队横渡海

① 琐罗亚斯德是波斯国教拜火教的创始人。——译者注

峡。但拜占庭的战舰击沉了这些笨拙的工具，并杀死了成千上万乘小船来攻击舰队的斯拉夫人。后来，阿瓦尔汗王放弃了围攻，退至多瑙河附近。

希拉克略一世对君士坦丁堡守军的力量与勇气充满信心。他在派兵支援君士坦丁堡守军的同时，也并未减缓对波斯的进攻。当沙赫巴勒兹和阿瓦尔汗王围攻君士坦丁堡时，他却亲自率军进攻米堤亚和美索不达米亚。他效仿库思老二世，从北方召集鞑靼盟友，将4万名卡札尔（Khazar）骑兵派往波斯北部，并让其肆意行动，以对阿瓦尔人在色雷斯的劫掠施以报复。希拉克略一世的攻势无人能挡，波斯人开始感到绝望。

第二年，波斯拿出了国库中的最后一笔税款，令拉扎茨（Rhazates）将军挂帅出征，库思老二世还对其下达了"要么战胜，要么战死"的命令。与此同时，库思老二世亦给沙赫巴勒兹去信，令其撤离卡尔西登并尽快回国，但这封信件被希拉克略一世截获，沙赫巴勒兹因此并未返回。

在尼尼微（Nineveh）附近，希拉克略一世与波斯军队展开了一场遭遇战，并取得了决定性胜利。希拉克略一世亲自冲锋陷阵，用长矛将敌将挑下马背后刺死。而库思老二世在战场上已无兵可用，他在达斯塔格德（Dastagerd）的皇宫于圣诞节那天被希拉克略一世占领，宫中宝藏亦被悉数瓜分——对于拜占庭帝国而言，波斯宫中的宝藏规模是其自亚历山大大帝占领苏萨（Susa）以来再未见过的。

库思老二世近乎疯狂的虚荣终于以报应收尾。10年之前，他曾给希拉克略一世写过一封自吹自擂的信件；10年之后，他则发现其处境远比希拉克略一世当时更为糟糕。达斯塔格德被攻破后，他撤退至波斯首都泰西封，但即使在那里，他也不得不在敌人逼近时逃跑。最后的结局是：库思老二世被其子西罗斯（Siroes）和其手下的贵族抓住，并被铁链捆绑；几天后，库思老二世便与世长辞。有传言称，其死于愤怒和绝望；亦有传言称，其死于饥饿。

波斯新国王西罗斯以最谦虚的言辞向作为胜者的拜占庭人传达了信息——他将希拉克略一世称为"父亲"，并对库思老二世为世界带来的所有灾难而致歉。希拉克略一世亲切接待了西罗斯的使臣，并答应双方正式停战，但条件是波斯军队需要撤离帝国领土，释放所有的拜占庭俘虏，支付战争赔款，以及悉数归还包括"真十字架"在内的耶路撒冷战利品。西罗斯欣然接受所有条件。628年3月，双方正式签订和约，结束了长达26年的战争状态。

同年夏天，希拉克略一世率军回到君士坦丁堡，与军队一同回到首都的还有无数战利品和"真十字架"。古罗马的胜利仪式在君士坦丁堡城内上演，元老院授予了他"新西庇阿"（New Scipio）称号①，全体市民也都手握桃金娘枝来迎接这支凯旋之师。仪式以在圣索菲亚大教堂的圣坛前展示"真十字架"而结束，希拉克略一世随后将"真十字架"隆重带回耶路撒冷。

①　西庇阿（Scipio）即普布利乌斯·科尔内利乌斯·西庇阿，古罗马著名军事家，因在扎马战役中击败迦太基将军汉尼拔·巴卡而闻名于世，"西庇阿"因此也成为"战神"一词的代名词。——译者注

希拉克略一世所取得的胜利，或许是罗马帝国有史以来最伟大的胜利。希拉克略一世超越了图拉真（Trajan）和塞维鲁在东方所取得的成就，其率军深入东方的距离，是任何罗马将军都未曾达到的。希拉克略一世的任务也是罗马帝国历史上最为艰巨的，其前任中没有一人在首都被围困，且在四分之三的省份落入敌人之手的情况下发动战争。自尤利乌斯·恺撒（Julius Caesar）以来，没有人同希拉克略一世这样连续不断地战斗过——皇帝在战场上连续征战了 6 年。同时，也没有人同希拉克略一世这般，取得过如此胜利。

希拉克略一世回到君士坦丁堡，希望余生在和平中度过。他此时已经 54 岁了，接连不断的战事使他疲惫不堪。但他所期望的和平却被剥夺，他统治的结束几乎和开始一样，均是灾难性的。

撒拉逊人的大举入侵迫在眉睫。在希拉克略一世取得胜利的那刻，穆罕默德（Muhammad）向全世界的统治者发出了那封极为著名的通函，邀请他们改信伊斯兰教。如果希拉克略一世能够提前预知，他那被波斯人和阿瓦尔人破坏了长达 10 年、满目疮痍的领土，将遭到比旧敌人更为可怕的新敌人入侵，那他便会祈祷他在胜利之日的欢呼声中死去。

第十一章

社会与宗教生活
（320—620 年）

希拉克略一世的统治是拜占庭帝国历史上最为重要的分界线,分界线的两端分别对应着帝国的古代史与中世纪史。在君士坦丁大帝和希拉克略一世之间的 300 年中,尽管帝国的疆域、特性、社会生活和宗教都发生了巨大变化,但两者仍同属一个时代。当君士坦丁大帝在博斯普鲁斯建立帝国新首都时,新秩序便开始井然有序地发展起来。3 个世纪的时间中展现出了一个具有连贯性的历史特征,即权力在不受干扰的和平条件下实现交接。自瓦伦斯离世至 602 年福卡斯加冕,没有任何军事篡位者打破这一历史特性——皇帝要么由先帝指定,要么由高级官员和元老院选出。当我们注意到在这段横跨 300 年的时期中,子承父位的案例仅有 3 个时,便更会惊讶于这种历史特征的连贯性。除君士坦丁大帝、狄奥多西一世和阿卡迪乌斯外,其他皇帝均没有留下子嗣。然而,帝国习惯中强烈的"世袭"本能,使得皇帝的侄子、女婿和兄弟都能够成为合法的皇位继承人。鉴于这种趋势，在长达 300 年的时间里，帝国没有产生出任何绝对意义上的暴君：尽管君士坦丁二世阴郁残酷，瓦伦斯愚蠢贪婪，阿卡迪乌斯软弱无能，查士丁尼一世冷酷无情，但他们通常都具备某项突出且可敬的能力；道德品质方面，他们亦不逊于任何其他国家的同期君主。

320—620 年，拜占庭帝国的特性发生了显著变化，变化源于 3 个世纪以来的两个渐进过程。第一个渐进过程，是统治阶级及平民大众的"去罗马化"。4 世纪时，罗马在东方仍具有强大的影响力，每一个受过教育的人都将拉丁语作为自己的习惯用语，各行政机构亦将拉丁语作为通用语言，所有法律术语、官员头衔、税种及机构名称，也均以拉丁语标明。生长于希腊或亚洲的作家经常以拉丁语写作，熟练程度并不亚于对希腊母语。以生于希腊的阿米亚诺斯·马尔切利努斯为例，其使用作为统治语言的拉丁语而不是自己的母语进行写作。此外，亚得里亚海以东的土地上仍有数量庞大的拉丁语人口，包括巴尔干半岛内陆地区的所有居民。除希腊本土、马其顿和色雷斯沿海的少数城市外，整个帝国都学会了作为罗马征服者语言的拉丁语。

7 世纪时，这种罗马元素迅速消失。皇帝仍被尊称为"伟大且受神明钦点，为天下苍生提供庇护的奥古斯都"，但其后来放弃了旧称，称自己为"以基督为尊的罗马帝国大皇帝"。"保民官""贵族""伯爵""执政官"等罗马官职称号仍在沿用，但除名字外，再无任何罗马传统得以保留。早在 6 世纪时，拉丁语即使在受过教育的人中也成为"难得的存在"，如作家约翰内斯·吕德斯（Johannes Lyus）所言，其能够在无数官员中获得提拔的关键原因，便在于对拉丁语的掌握。就算是普罗科皮乌斯这般最优秀的作家、学富五车和慧眼独具之人，亦对拉丁语一无所知，甚至连最简单的短语也没有掌握。查士丁尼一世是最后一任以拉丁语为母语的皇帝，其之后的所有继任者都更精通希腊语。

拉丁语的逐渐废弃源于帝国分裂后维持连续性统治的实际所需——这种需求始于帝国在君士坦丁大帝之子执政期间的分裂，并在 476 年奥多亚塞自立为意大利国王后变得更为突出。在一个半世纪的时间内，东方拉丁语与作为本源的西方拉丁语间的隔绝，使得拜占庭帝国所使用的拉丁语必然屈服于其所辖区域内占主导地位的希腊语。同时，蛮族入侵也加速了拜占庭帝国拉丁语的废弃进程。西哥特人和东哥特人对色雷斯人、伊利里亚人、默西亚人予以骚扰与屠杀，斯拉夫人又在一个世纪后将他们近乎灭绝。400 年，拉丁语覆盖了亚得里亚海以东约四分之一的帝国行省，而到 620 年，这个数值下降至不足十分之一。巴尔干半岛的罗马化土地彼时已成为斯拉夫公国，仍然使用拉丁语的只有达尔马提亚海港和巴尔干半岛的一些零星幸存者。尽管非洲和意大利两个地区，还有相当多的拉丁语人口听从皇帝的命令，查士丁尼一世的征服也使他们重归君士坦丁堡治下，但他们距离生活中心及政治中心过于遥远，施加的影响对他们微乎其微，以至于无法延缓帝国东部的去罗马化进程。最后一位以拉丁语为母语的著名作家是诗人弗莱维厄斯·科利普斯（Flavius Corippus），他曾给查士丁二世写过一首长篇赞美诗，但不出所料，他是个非洲人。

在逐渐失去其罗马特色的同时，拜占庭人的内心也越来越信奉基督教，这是第二个渐进过程。在君士坦丁大帝和其直接继任者的统治下，政府机构才刚刚开始受到皇帝宗教信仰变化所产生的影响。虽然皇帝本人是基督徒，但帝国的整个体系系统与之前并无差异，许多高级官员仍是异教徒，行政及法律事务的形式、精神也与3世纪时相同。直至君士坦丁大帝离世40年后，我们才发现基督教完全从精神领域进入了物质生活领域。自狄奥多西一世起，国家对违背道德的打击力度几乎与法律犯罪持平，其讨伐违反道德行为的严厉程度，即便是最优秀的异教皇帝也难以理解。作为罗马人生活中兼具最有特色、最令人反感两重属性的古角斗士表演，不久后便遭废除。古角斗士表演在罗马持续了60年，但信奉基督教的君士坦丁堡对此毫不知情。因此，表演的废除并非国家所为，而是源于个人奉献。404年的一天，竞技表演如期开始，在角斗士们正准备交战之时，修士忒勒玛科斯（Telemachus）跳进竞技场，挡在斗士之间，并恳求他们不要自相残杀。角斗士们对教士的话充耳不闻，并愤怒地相互扭打起来，善良的修道士也在混乱的扭打中被杀害了；但是他的死带来了抗议无法达成的效果，古角斗士表演此后未再举办。

在社会生活的其他领域，基督教的作用也同样引人注目。它终结了古代世界普遍存在且令人憎恶的杀婴行为，这种行为建立在广受认可的父亲有权决定是否抚养其子女的假设之上。君士坦丁大帝让国家承担起抚养贫困儿童的责任，以免他们

的父母按旧有方式将孩子杀死；瓦伦提尼安一世（Valentinian
Ⅰ）又在374年将杀婴与其他形式的谋杀归为一档，将其定为
死罪。

圣索菲亚大教堂全景图

奴隶制也深受基督教教义的影响。除少数哲学家外，古代
世界民众对奴隶极度轻蔑，认为他们是没有道德、没有权利的
一群人。但基督教与之相反，其教导说：与其主人一样，奴隶
也拥有着不朽的灵魂；在洗礼池周围和圣桌前，奴隶和自由人
是完全平等的。从一开始就有人教导说，谁释放了他的奴隶，
谁就能够赢得上天的认可，无论公开或私下的所有欢乐时刻，
均会对那些心怀慈悲、解放奴隶的人开放。虽然奴隶制在几个
世纪内都未被消灭，但其罪恶属性已然大大降低。查士丁尼一
世的立法表明，在他的时代，公众舆论已经对古代奴隶制的罪

恶持谴责态度。查士丁尼一世允许在奴隶主同意的前提下，奴隶和自由人之间相互通婚，并宣布这种混合婚姻的子女是自由的，同时也规定奴隶主使奴隶卖淫属于犯罪行为。世袭奴隶制几乎已经消失在了拜占庭人的脑海中，这一制度只能通过引入野蛮人、异教徒和敌人来延续，而这些人的地位对俘虏他们的人而言，吸引力很小。

妇女、婴儿、奴隶及刚才所有谈到的不幸阶层，他们境况的改善均可以直接追溯到一条基督教的基本教义。正是基于对个人灵魂在上帝眼中的重要性信念，皈依的拜占庭人意识到自己的责任，并改变了其以前轻视和忽视无助之人的态度。客观而言，在 5 世纪和 6 世纪的罗马世界，基督教义并不总是有益的。新思想的一些发展对国家有害，甚至产生危险。究其危险之原因，便在于其过分强调个人灵魂与天堂之间的关系，从而把个人对国家的责任抛之脑后。这些新思想的发展中，以"苦行修道"最具代表性，其源于埃及并迅速蔓延至整个帝国，其中，在东部行省最为流行。受这种思想的影响，人们放弃了公民义务，不再参与国家的公共事务，一心只想拯救自己的灵魂，进而导致其对社会不再有丝毫用处——假若持这种思想的人数量较少，其结果的危害性则处于可控状态；但实际的结果是，"苦行修道"思想的影响范围巨大，因此难免产生危险的结果。成千上万本应承担起国家重任的人，选择进入修道院或退入山林。5 世纪的苦行者们既非传教士也非学者，因此他们没有产出任何成果以为"苦行修道"注入正向能量。修道院自身同样也没有培养传教士与学者，更未储存与珍惜古代世界的文学瑰宝。530—540 年任狄奥多里克行政官员的卡西奥多罗斯（Cassiodorus），算得上是首位将苦行者的大量闲暇时间充分利用起来，让他们系统抄写书籍的修道院院长，而在他之前，修士和书籍之间并没有什么特别的联系。

当一个国家内部有大量将全部精力投入"拯救个人灵魂"这一可恶的自私尝试，并让周围世界尽可能自然而然发展的人，那么这个国家就是病态的。拜占庭帝国在与蛮族战斗中受到的阻碍，便有很大一部分是受这部分群体的影响。苦行者们没有将蛮族入侵看作一场需要每位公民联合抗争的民族灾难，而是将其视为上天对罪恶世界的公正审判。许多人得意扬扬地将帝国在 5 世纪所遭受的劫难解释为《启示录》（Apocalypse）中所预言的灾难，并带着喜悦的心情来看待这些灾难的发展，因为他们认为灾难预示着主的再次降临。

许多基督徒在帝国劫难中所持有的冷漠态度，使得那些得以幸存、受过教育的少数异教徒感到愤怒。他们严厉地指责基督教是国家的毁灭之源，其主张的反社会教义使人们忘记了公民义务。基督教作家奥罗修斯（Orosius）觉得自己不得不写一部长篇史书来反驳这种观点，而他的作品则选择了异教徒辛马库斯①（Symmachus）作为反驳基础，因为辛马库的作品长期致力于将世界上的所有灾难归结于君士坦丁大帝对基督教的皈依。

幸运的是，尽管每一次灾难都有人认为这是上天正义审

---

① 辛马库斯，曾担任罗马帝国非洲总督和罗马城市长官，在帝国皈依基督教时，呼吁保护罗马的传统宗教。——译者注

判及世界末日的即将到来，但拜占庭帝国的统治阶级仍继续保持着罗马时期的传统，顽强地同蛮族入侵、饥荒、瘟疫等所有时代中的不幸展开斗争，而不是选择屈服于枷锁的束缚。

　　5 世纪末，异教作为一股活跃力量实际上已经消失，仅有少数哲学家对此公开承认。作为异教知识传播最后壁垒的雅典学校，在 529 年被查士丁尼一世关闭，其教学活动也由此停止。但此时消失的仅是"公开的异教"，未公开之处则是受教育阶层中盛行着的冷漠主义思潮。许多 5 世纪的异教徒，其 6 世纪的基督徒身份仅仅停留在名义层面，基督教对其生活的影响微乎其微——这一现象集中体现在文人群体和官僚阶层中，许多 6 世纪的文人都具备这一特性。以普罗科皮乌斯为例，其本人拥有着基督教教会成员的宗教身份，但其作品并未展现出任何基督教的思想痕迹。类似的例子还可见于彼时的行政官员、律师和政治家，他们的宗教身份均是基督徒。随着时间的推移，这样的人越来越少，古老、严厉、非宗教的罗马性格逐渐变成了反复无常且极度迷信的中世纪思维。前基督教时代的情感在受教育阶层中表现为冷漠主义思潮，但在社会底层却表现出了截然不同的形式，通过魔法、巫术、算命、咒语及那些隐秘、琐碎或淫秽仪式等粗俗迷信行为予以显现。尽管帝国极力遏制这种做法，将其斥为不诚或异端之举，并对那些使用者们施加惩罚，但这些可鄙的异教残余仍一直延续到帝国末期。

　　自君士坦丁大帝至君士坦丁十四世统治期间的所有世纪里，拜占庭人几乎被一致斥为懦弱、腐败和没落的对象。莱基（Lecky）的着墨可以概括出人们对拜占庭生活的看法：

"拜占庭的历史，集满了天下的至贱与至鄙。这个国家缺乏任何能够称为伟大的形式与要素，世界上的任何文明在'卑鄙'一事上皆无法与拜占庭相比。这个帝国的历史，不过是一部牧师、宦官和女子的恶行录，整篇都充斥着关于投毒施蛊、阴谋诡计、背信弃义和手足相残的故事。"[1]

很难看出莱基先生是如何得出此番判断的。如果仅仅对被指控者的生活进行研究，并不足以得出此番判断。不过，他这番言论听起来更像在对 50 年前论点的重复"推销"，而这一观点则产自吉本。

如果一定要对拜占庭人及其文明特点进行概括，那我们得出的结论将大不相同。对于拜占庭帝国的不足必须予以客观承认：帝国之根建立在旧罗马世界的东方行省之上，而居住在这些行省的是叙利亚人、埃及人及希腊化的亚洲人，这些人长期以来被统治者污名化为无可救药、衰弱腐败的民族，甚至连 3 世纪时已经没落的罗马人也常常对这些民族持蔑视态度。拜占庭帝国从其诞生之时便显现出源自东方的弱点，这些弱点在实践过程中不断放大，令 19 世纪的现代人倍加厌恶，如有辱人格、卑躬屈膝的宫廷礼仪，将宦官和奴隶引入国家高层的行为，以及外交事务中充斥着背叛与谎言，等等。

---

① 引自莱基《欧洲道德史》第 2 章。——原注

拜占庭手稿上的装饰性首字母

　　总体而言，如果对帝国的起源予以考量，那么相较于其缺点而言，拜占庭文明的优点更令人感到惊讶。客观地说，基督教将拜占庭帝国的道德水平提升到了千年以来的最高高度。5 世纪的修士和隐士虽有种种缺点，但可以很好地替代 2 世纪时的西布莉（Cybele）和密特拉（Mithras）祭司。当时的政府和公众舆论，一致认为必须扫除达芙妮（Daphne）和卡诺普斯（Canopus）式的狂欢行为。查士丁尼一世统治时期，教会和国家联合起来，以精神和肉体上的死亡来惩罚非自然罪行——在帝国的头几个世纪里，此举亦是皇帝们的公开做法。

拜占庭人常被指责为胆小怯懦、道德沦丧与背信弃义之辈。其中的每一项指责，均是对拜占庭人的严重曲解。几个世纪以来，拜占庭帝国分别出现了狄奥多西一世和希拉克略一世这样的皇帝，阿塔纳修斯（Athanasius）和克里索斯托（Chrysostom）这样的高级教士，以及贝利萨留斯和普里斯库斯这样的公仆，因此，"胆小怯懦"一词不免存在使用过度之嫌。拜占庭民众击溃盖恩斯及其部队，并发动了"尼卡暴动"——这实则源于动荡，而非怯懦。如果说拜占庭帝国的军队缺乏军事美德，那东哥特人和汪达尔人为什么会被征服？波斯人和匈奴人又为什么会被驱逐？其又为什么能够与狂热的撒拉逊人进行了持续400年的殊死斗争，并直到哈里发政权的最后解体呢？

轻狂与奢侈在任何时代都会受到指责。从耶利米（Jeremiah）到尤维纳利斯（Juvenal），再到罗斯金（Ruskin），他们都认为自己所处的时代是世界历史上最令人憎恶、最值得鄙视的时代。拜占庭文学作品中记录了诸多关于君士坦丁堡礼仪的内容，从中可以判断出当时存在的一些弊端。其中，存在有许多苦行者们所厌恶的奢侈品——华丽的服装、奢华的器皿家具及招摇的马匹战车。奢侈和罪恶常常相伴而行，但当我们仔细审视拜占庭人所犯下的种种罪行时，我们会发现，这些罪行并没有达到想象中的严重程度。当克里索斯托怒斥阿卡迪乌斯时代的人时，他所诅咒的实际是使用化妆品和胭脂的时髦女士、嗜赌成性的丈夫、展现出不道德趋向的戏剧，以及节日里流行的酗酒作乐，包括我们当下时代在内的任何时代，也不免会遭到类似指控。在社会生活中，竞技场比赛发挥了超越于其自身意义的重要作用，吸引了成千上万民众的关注。但是，生活在对体育运动同样充满热忱时代的我们，肯定很难对 6 世纪的相关行为产生疑问。我们不必环顾四周便能发现，对于拜占庭人而言，赛马具有一种无法言喻的吸引力。当我们想起君士坦丁堡人是容易兴奋的东方人时，便很容易认识到著名"蓝""绿"暴动的起源，假若没有其他形式的运动来分散他们对竞技场的注意力时，他们便极易发生暴乱。

大城市从未摆脱过罪恶的黑暗，因此，并没有理由认为 6 世纪的君士坦丁堡与 19 世纪的伦敦有什么不同。可以客观地指出，基督教舆论和世俗政府均在全力打击包括卖淫在内的不道德行为。据记载，狄奥多西一世和查士丁尼一世承担起了一项艰巨的任务，即努力镇压所有违法乱纪的行为。查士丁尼一世更对嫖客和妓女施以流放的惩罚，并对那些极端的不道德行为处以死刑。我们也必须记住，即便君士坦丁堡充斥着诸多罪恶，其依然展现出了社会美德的光辉典范。弗拉西拉（Flaccilla）皇后经常出入医院去照料病人，前文中亦讲述了普尔喀丽娅皇后在宫中所表现出的修士式自律。

在胆小怯懦和道德沦丧之后，背信弃义也被普遍认为是拜占庭帝国的突出恶习。虽然别的国家和其他时代也存在有阴谋与叛乱，但君士坦丁堡阴谋和叛乱的数量实在太多。原因并不难找，那里的人才构成过于复杂。拜占庭帝国的用人方式秉持着"能力至上"的原则，使得各个种族或阶级的人均能够在军队和官僚系统中任职。系统中既不乏出身贫寒、才华横溢和志在千里之人，也不乏皈依的哥特人、变节的波斯人、伊索里亚半文明的山地人、科普特人（Copt）、叙利亚人和亚美尼亚人。但这也导致军队和官僚系统均缺乏鞠躬尽瘁、忠诚耿直等要素，使其容易通过阴谋或叛乱来谋求自身利益。令人惊讶的是，即便情况如此，350—600 年中，拜占庭帝国的合法统治者也从未因阴谋或叛乱而遭废黜。这段时期内的很多阴谋，都以失败而告终，这一历史事实也证明了拜占庭人除了背叛以外，亦有很多忠诚。当然，距离我们更近的时期内，也留有糟糕的历史记录。[①]一个例子便足以说明一切：在中世纪的 13—15 世纪，意大利上演的丧尽天良、不可理喻的阴谋数量，要远远多于横跨千年的拜占庭帝国。

---

① 莱基曾在笔下写到拜占庭皇帝的"永久自相残杀"。但有趣的是，自 340 年起，直至 1453 年，没有一位皇帝是因为兄弟的谋杀而亡，仅有一位皇帝被其兄弟废黜、两位皇帝被其子嗣废黜，但均未被杀害。——原注

第十二章

撒拉逊人[1]的到来
（628—685 年）

---

[1] 撒拉逊人狭义上指代如今叙利亚到沙特阿拉伯之间的沙漠牧民，广义上指代中古时代所有的阿拉伯人。本章所用概念是广义上的撒拉逊人。——译者注

628 年，拜占庭帝国与波斯帝国间恢复了和平，但由于战争蹂躏，双方的人力、物力均已消耗殆尽。在打击程度上，此前的任何一场战争，都无法与这最后一场战争相比。在此前的战争中，双方的较量均围绕边境堡垒展开，获胜一方的战利品不过是一小片边疆之地。但在此次战争中，库思老二世和希拉克略一世均对彼此帝国的核心腹地进行了致命打击，甚至直抵对方首都。波斯人把野蛮的阿瓦尔人驱赶到了色雷斯地区，而拜占庭人则把更为野蛮的可萨人（Khazars）驱赶到了泰西封城下。因此，在战争结束时，两个大国的国力都处于最低谷。如若将两个大国比作人，那他们的每个毛孔都在流血，且疲惫不堪，一心只想休养生息，以恢复体力。

正是此时，一个可怕的新敌人袭击了这两个刚刚从战火中脱身的帝国，对它们发动了猛烈的攻击，其似乎注定要摧毁古老的波斯帝国，并侵占拜占庭帝国的半壁江山。

　　无论对于拜占庭人还是波斯人而言，阿拉伯的政治此前都是无足轻重的。两国在阿拉伯部落中都有盟友，有时两国还会向南派遣探险队或使节，进入叙利亚沙漠以外的土地。两国谁也未曾想到，阿拉伯半岛上那些分散且分裂的部落会联合行动，并成为一个极具威胁性的存在。

　　当库思老二世和希拉克略一世彼此间纠缠不休、相互争斗时，阿拉伯半岛上发生了足以影响世界历史的大事。历史上第一次也是最后一次，阿拉伯人中产生了惊天动地的思想——这一思想注定要改变历史进程，也注定要改变整个世界的面貌。

　　兼具道德家、先知、预言家身份的穆罕默德，在整个波斯战争期间都致力于拓展他的事业。在他的影响下，阿拉伯的多神教徒变成了一帮狂热分子，急于用刀剑的力量向全世界传播他们的新口号："上帝归上帝，而穆罕默德是他的先知。"

　　在波斯帝国与拜占庭帝国大战接近尾声的628年，阿拉伯人向希拉克略一世和库思老二世发出了召唤，要求他们皈依伊斯兰教。波斯人带着威胁意味回复道，等他们有空的时候，便会给先知戴上镣铐。拜占庭人没有做出直接回答，仅给穆罕默德送去了一些小礼物，主观忽视了其话语中的神学倾向，而是只想将他纳入政治盟友序列。穆罕默德对两个帝国的回复大失所望，并决定要让两个帝国走向毁灭。第二年，即629年，一群穆斯林向死海（Dead Sea）附近的穆塔（Muta）发动了一次突袭——此次冲突亦是拜占庭人与阿拉伯人之间的首次冲突。但直到三年后，当穆罕默德本人已经去世时，风暴才开始席卷拜占庭帝国。按照已故先知的命令，哈里发阿布·伯克尔

（Abu Bekr）派出了两支部队，一支将刀尖对准巴勒斯坦，另一支则将刀尖指向波斯帝国。

在过去的七八年中，英国作家一直低估了伊斯兰教徒的战斗力。在目睹了塔玛伊（Tamaai）战役和阿布克莱尔（Abu Klea）战役的场景后，我们必须对这种"低估"做出改变——能够冲击满是马提尼–亨利步枪的英军方阵，这绝非易事。今后，我们不应该再去轻视早期哈里发的军队，也不应该同吉本那般，去嘲笑被哈里发击败的军队，并将战败的原因归为软弱。如果说维多利亚女王时代的士兵，仍认为狂热的阿拉伯人极为可怕，那么我们更不应该去责怪希拉克略一世时代的士兵，因为相较于现代火炮及步枪而言，他们在面对同样敌人时仅有长矛与刀剑。在早期的交战过程中，拜占庭军队的纪律严明、武器精良，但并不足以抗衡撒拉逊人的疯狂。穆斯林并不畏惧战争，战场上的死亡能够让他们在另一个世界收获殉道的果实；拜占庭人虽擅于征战，但他们不像其对手那样，渴望成为一名殉道者——而那些将生命看得更轻的一方，往往更具胜算。

撒拉逊人入侵之时，恰是希拉克略一世最脆弱之时。希拉克略一世在此时刚刚还清了欠教会的巨额债务，此举使他在耗尽国库的同时，亦促使他向那些饱经战争风霜的省份征收了诸多不合理的新税。此外，为节省开支，希拉克略一世还遣散了许多老兵。

叙利亚、埃及在波斯的压迫下分别度过了 12 年和 10 年的时间之后，还没有恢复到原来的秩序状态。两地均受宗教问题困扰：在波斯统治时期，一性论派和雅各派等异端教派纷纷抬头，摆脱了过去拜占庭政府对他们的镇压。在拜占庭帝国重新接管后，他们的信徒成了居民中的大多数，并对希拉克略一世重新推行正统教派的行为极为不满。强烈的不满情绪，带来了他们在撒拉逊人入侵期间袖手旁观的态度，他们拒绝帮助拜占庭军队，甚至偶尔帮助作为入侵者的撒拉逊人。

阿拉伯人征服叙利亚的种种细节，并没有被拜占庭历史学家保存下来，因为一方面这些历史学家似乎不喜欢记录基督教世界的灾难，另一方面穆斯林还没有开始进行相关方面的写作。在他们之中出现历史学家前，战争的史诗常常与浪漫传说相交织，使得这些内容更适合编排在《一千零一夜》之中，而不能作为编年史中的严肃篇章。

但精准重建关于战争的主线内容仍然切实可行。634 年春，由阿布·奥贝达（Abu Obeida）率领的撒拉逊部落踏出沙漠，在城中内应的帮助下，占领了叙利亚的东部边境城市博斯特拉（Bostra）。拜占庭方面召集了一支部队来对其进行驱赶，但在 7 月，这支拜占庭军队在以土利亚（Iturea）的艾因纳丁（Aijnadin）被击败。此次战败使希拉克略一世认识到了这一威胁的严重性，他命令东方军团的所有部队出征，6 万名士兵越过约旦河（Jordan），并收复了博斯特拉。阿拉伯人在约旦东部支流的雅莫科河（Yarmouk）渡口与拜占庭军队相遇，两者间随即发生了一场持续一整天的激烈战斗。胜利的结果似乎已在不远处，拜占庭人将阿拉伯人驱赶回了他们的营地；但在哈立德（Khaled）这位勇猛战士的率领下，阿拉伯人

的最后一次冲锋攻破了拜占庭人的阵线。希拉克略一世所有的
装甲骑兵、密集排列的步兵方阵，以及来自亚美尼亚和伊索里
亚的弓箭手，都无法抵挡住阿拉伯人的疯狂进攻。在将军"天
堂在你面前，幻鬼及地狱之火则在你后面"的号召下，狂热的
阿拉伯人一批又一批地向敌人扑去，并最终将拜占庭军队赶出
了战场。

在这场致命的战斗中，拜占庭帝国失去了约旦以东的整
个叙利亚。作为叙利亚重要据点的大马士革，曾拼死抵抗阿
拉伯人的进攻，但还是在 635 年初沦陷，城中大部分人口被
屠杀。这场灾难将年过 60 岁、身体逐渐衰弱的希拉克略一世
重新带回了战场，但他面对当下的时局却无能为力。他眼睁
睁地看着霍姆斯（Emesa）和赫利奥波利斯（Heliopolis）被洗
劫，并在堪称耻辱的战役后，匆匆赶到耶路撒冷拿走了"真十
字架"——五年前，他曾以战争胜利者的身份将"真十字架"
夺回，并将它放回圣所，隐退在君士坦丁堡。尽管大敌当前，
但当希拉克略一世刚走到那里，就传来消息说，其麾下充斥
着不满与低落情绪的部队发生哗变，并扶植了一个名为巴内
斯（Baanes）的皇帝。尽管以巴内斯为首的叛军力量被成功镇
压，但安条克、哈尔基斯（Chalcis）及整个叙利亚北部都落入
了阿拉伯人之手。

更糟的事紧随其后。第二年，即 637 年，在经过长达 1
年多的顽强抵抗之后，耶路撒冷宣布沦陷。城中居民表示，除
非见到哈里发本人，否则他们拒绝投降。年迈的奥马尔一世
（Omar）穿过沙漠来到耶路撒冷，随即自豪地占领了这座被

穆罕默德视为除麦加以外世界上最神圣的城市。大教长索弗罗尼乌斯（Sophronius）奉阿拉伯人之命，带领着他们在城中四处巡视，当他看到粗鲁的阿拉伯人站在圣墓教堂的祭坛旁时，他大声喊道："《但以理书》所载亵渎圣物一事，皆得以验明。"哈里发没有征用任何伟大的基督教圣殿，而是选取了所罗门神庙遗址，并在其上建立了一座此后被称为"奥马尔清真寺"的宏伟寺庙。

希拉克略一世的晚年故事是最令人长吁短叹的。身患水肿的皇帝躺在君士坦丁堡奄奄一息，其长子君士坦丁不得不代替他去应对阿拉伯人。但 638 年，这位年轻的王子在试图武装收复叙利亚北部时遭到了惨败。第二年，阿姆鲁（Amrou）率领阿拉伯人向东越过苏伊士地峡（Isthmus of Suez），向埃及发起进攻。经过 2 年多的战斗，阿拉伯人彻底征服作为拜占庭帝国粮仓的埃及。直至希拉克略一世于 641 年 2 月离世时，亚历山大港成了拜占庭人在埃及的唯一领地。

在阿拉伯人从希拉克略一世手中夺走叙利亚和埃及的十年战争期间，波斯帝国遭受了更为致命的打击。阿拉伯人在进攻叙利亚的同时，也向波斯帝国发兵，636 年、637 年在卡迪西亚（Qadisiyya）和亚鲁拉（Yalulah）的两场大战，使得波斯帝国的整个西部都落入穆斯林手中。萨珊王朝（Sassanid Empire）的末代君主伊嗣俟（Yazdegard）于 641 年组建了帝国的最后一支部队，并在纽豪德（Nehauend）战场上同阿拉伯人决一死战，但还是以惨败收场。战败后，伊嗣俟逃亡到一直延伸至印度边界的突厥人的领地，最终成为阿拉伯征服者的猎物。

希拉克略一世有过两次婚姻，他与第一任妻子欧多西亚（Eudocia）生下了独子君士坦丁①，君士坦丁本应是皇位的唯一继承人，但希拉克略后来又迎娶了第二任妻子——他自己的侄女马蒂娜（Martina）。

这场乱伦的婚姻激起了层层流言蜚语，希拉克略一世在其他方面无可指责，因此，这也成了其唯一可以被指控的罪行。马蒂娜是一个婀娜多姿却有着雄心壮志的女人，她说服年迈的希拉克略一世，让她的长子赫拉克洛纳斯（Heracleonas）与他同父异母的哥哥君士坦丁共同继承皇位。

不出所料，这种安排带来的是极差的效果。政府和军队立即以追随两位皇帝中的哪一位为立场，划分成两大阵营。抵御撒拉逊人入侵本应是拜占庭帝国在此时的唯一任务，但激烈的宫廷斗争分散了他们的注意力。两位皇帝之间的武装冲突似乎在所难免，但君士坦丁三世在位仅几个月便离世了，赫拉克洛纳斯立即宣布自己是帝国唯一的皇帝——有传言说是马蒂娜毒死了君士坦丁三世，以为其儿子扫清道路。元老院和拜占庭群众均对这种篡夺行为感到愤怒，因为已故的君士坦丁三世留下了一个名为君士坦斯②（Constans）的幼子，但他被排除在了皇位继承人之外。

赫拉克洛纳斯独自统治了不到几星期，东部军队和君士坦丁堡暴民要求将君士坦斯加冕为共治皇帝的愤怒呼声便传进

---

① 君士坦丁即君士坦丁三世（Constantine Ⅲ）。——译者注
② 君士坦斯即君士坦斯二世（Constans Ⅱ）。——译者注

了他的耳中。出于恐惧，赫拉克洛纳斯选择了顺从，但他的顺从也仅使他的皇位多延续了 1 年时间。642 年夏，元老院下令罢免赫拉克洛纳斯，君士坦斯的追随者抓住了他，并将他和他的母亲马蒂娜一起发配流放。获胜者残忍地割掉马蒂娜的舌头和赫拉克洛纳斯的鼻子——这是拜占庭帝国有史以来首次将可恨的东方做法用在皇室成员身上，但绝对不是最后一次。

从 642 年到 668 年，君士坦斯二世是帝国的唯一皇帝，其儿子即继任者君士坦丁四世（Constantine Ⅳ）则从 668 年统治到 685 年。作为英勇的希拉克略一世的后代，两位皇帝都是强壮、刚毅的勇士。两者的主要功劳在于他们不断地与撒拉逊人作战，除小部分区域外，几乎原封不动地维持住了希拉克略一世离世前的帝国版图。君士坦斯二世统治时期，帝国在埃及和叙利亚的最后两个港口——亚历山大港和阿拉德斯港（Aradus）沦陷。

但撒拉逊人没有再从陆路取得任何战果，非洲沙漠的漫天黄沙和托罗斯（Taurus）的险要关隘注定要阻挡他们多年。尽管拥有地理屏障，但在 656 年哈里发奥斯曼[①]（Othman）被谋杀前，拜占庭帝国的处境仍然极其凶险。之后由于阿里（Ali）和穆阿维叶（Muawiyah）争夺哈里发之位，穆斯林之间爆发了第一次内战，这给了拜占庭帝国一个喘息的机会。穆阿维叶的领地紧靠拜占庭帝国边境，为不分散对抗阿里的精力，他选择同君士坦斯二世讲和，甚至愿意每年付给君士坦丁堡一笔补

① 　哈里发奥斯曼即伊斯兰教历史上"四大哈里发"之一的奥斯曼·伊本·阿凡（Othman ibn Affan）。——译者注

贴，以维持两者间的休战状态。与穆阿维叶间的协议，对拜占庭帝国而言无法用普通价值来予以衡量，在 27 年不曾间断的战争后，这个支离破碎的帝国终于获得了短暂安宁。同样，撒拉逊人意识到，他们的征服不会立刻扩散至整个世界，因此停下了征服的脚步——当他们意识到胜利不会永远持续时，随即失去了最初那种使他们战无不胜的狂热勇气。

与撒拉逊人之间的战争不仅破坏了帝国的发展，更威胁到帝国的生存。从这场战争中解脱，君士坦斯二世才得以将注意力转移到其他事情上。据我们的发现和推算，似乎正是此时，帝国各省进行了重组。自戴克里先时代以来，一直沿用的古罗马名称和省份边界在此时已经消失不见，帝国以奇怪的名称将各行省重新划分。这种划分源于军事，每个行省都由庞大的军事系统组成，我们或许应将其称为"军区"。

军区由兵团及其所保卫的地区构成，兵团指挥官同时承担行省总督一职。亚洲共设有亚美尼亚、安纳托利亚（Anatolia）、色雷斯西亚（Thracesian）、布凯拉里安（Bucellarian）、基比拉奥特（Cibyrrhaeot）和奥斯奎安（Obsequian）六个军区。其中，亚美尼亚军区、安纳托利亚军区由亚美尼亚兵团和东方兵团构成；色雷斯西亚军区由色雷斯西亚兵团构成，在战事紧急的情况下，定位为被派往亚洲增援的东部军队；布凯拉里安军区由当地人和蛮族雇佣兵的混编兵团构成，君士坦斯二世根据对过往经验的总结，将两者进行混编，并统一安置在一个地区；基比拉奥特军区的名字源于一个小镇，即潘菲利亚（Pamphlyia）的基比奥特（Cibyra）港，该镇曾是西南军团最初的总部所在地，帝国的常备海军舰队驻扎于此；奥斯奎安军团驻扎在马尔马拉海沿岸，其因皇帝的私人卫队而得名。①

帝国的西半部似乎也设有六个军区，分别为色雷斯、海拉斯（Hylas）、塞萨洛尼基、拉文纳、西西里岛和非洲——这些名称听起来非常熟悉，同时也解释了他们所管辖的边界范围。在帝国两端，除大型的军区之外，帝国中的小型地区或边远聚点也有军事指挥官驻守，如托罗斯隘口、塞浦路斯和撒丁岛等，其中的一些地方后来发展成为独立军区。

至此，由奥古斯都发明、戴克里先革新的军政隔离制度结束。在撒拉逊人入侵的强压之下，行政总督消失了，以军事能力为选取标准的指挥官必须承担起行政职能。

在与穆阿维叶休战的背景下，君士坦斯二世最好的选择便是将战略方向调整至巴尔干半岛，将希拉克略一世统治时期渗透至哈伊莫司②（Haemus）以南地区的斯拉夫人驱逐。然而，君士坦斯二世却只是让斯拉夫人向其称臣纳贡，并将主要精力放在打击意大利的伦巴第人上。他向贝内文托公国发兵，占领了许多城镇，甚至包围了该公国首都。但他没能攻下贝内文托首都，于是转而前往罗马。皇帝已经在超过 200 年的时间里未曾出现在罗马了，但皇帝的出现也未能为罗马带来好运。664 年，君士坦斯二世拆下万神殿（Pantheon）的青铜瓦，将其运往君士坦丁堡，以此作为他此次来访的"纪念品"。

---

① 伯利在其《后罗马帝国》第二章关于"军区"的精彩章节中，对这些令人困惑的行省及其起源的叙述极具说服力。——原注
② 哈伊莫司即巴尔干半岛，为古希腊时期的旧称。——译者注

皇帝在帝国西部停留了超过 5 年的时间，近乎将全部精力都投入意大利和非洲的事务之中。君士坦丁堡的居民甚至开始担心，君士坦斯二世会迁都至罗马或锡拉库萨（Syracuse）。但在 668 年，君士坦斯二世死于一场诡异的暗杀，"当他正在一个名为达芙妮（Daphne）的浴所洗浴时，一个名叫安德烈亚斯（Andreas）的侍从，在用皂盒砸击他的头部后又迅速逃离"。安德里亚斯的一击极其致命，直接导致君士坦斯二世的死亡，他的儿子君士坦丁①则继承了他的皇位。

君士坦丁四世以其"大胡子"（Pogonatus）的绰号而闻名。在君士坦丁四世统治的 17 年间，他有超过一半的时间是在与撒拉逊人的战争中度过的。穆阿维叶自封为唯一的哈里发，并成为倭马亚王朝（Umayyad Caliphate）的开国皇帝，这标志着阿拉伯人的内战已经结束，随之而来的便是他们再一次将注意力转移至拜占庭帝国。君士坦丁四世统治时期的灾难篇章正式掀开，穆阿维叶麾下的陆军和海军同时袭击了非洲、西西里岛和小亚细亚，而这仅仅是一个开始。673 年，哈里发发起了一次撒拉逊人此前历史上从未有过的远征行动。

一支庞大的舰队和一支陆军部队从叙利亚出发，对君士坦丁堡发起围攻，他们的主帅由阿卜杜勒拉赫曼（Abderrahman）将军担任，哈里发之子兼继承人耶兹德（Yezd）也随军出征。阿拉伯舰队击败了拜占庭帝国海军，强行通过达达尼尔海峡，占领了基齐库斯（Cyzicus），并以该城为基地，开始对博斯

① 继承君士坦斯二世皇位的君士坦丁即君士坦丁四世（Constantine IV）。——译者注

普鲁斯海峡实施封锁。

君士坦丁四世的至高荣耀，便是他抵挡并最终击败和赶走了强大的穆阿维叶军队。君士坦丁堡的战斗持续了4年，守军的拼死抵抗似乎只能对城破之日的到来起到延缓作用。但是，用于喷射易燃液体火管的发明，使拜占庭舰队在一场具有决定性作用的海战中占据优势。这一在战场上具有重要价值的"火管"，或许就是我们此时首次听闻的著名"希腊火"。与此同时，与海战相呼应的是，拜占庭陆军也取得了巨大胜利，3万名阿拉伯士兵被歼灭。阿卜杜勒·拉赫曼也战死在围城战中，其继任者不得不带着残破的舰队和溃败的陆军回撤。

穆阿维叶因此战的失利而备受打击，心灰意冷。

此次战争是君士坦丁堡第二次被围，但遗憾的是，关于此次战争的具体细节无从知晓。没有一位优秀的当代历史学家能给我们提供所需要的信息。如果君士坦丁四世能够遇见他的"神圣的游吟诗人"，那他便会与希拉克略一世和利奥三世一起，以拜占庭帝国的"三大英雄"形象流传千古。

围攻君士坦丁堡失败后的第二年，穆阿维叶向拜占庭帝国求和，归还了其所征服的所有拜占庭土地，并在提供一笔巨额战争赔款的同时，承诺连续30年中每年向君士坦丁堡支付3000镑黄金。君士坦丁四世的胜利消息传遍了整个世界，甚至距离帝国遥远的法兰克人和可萨人也纷纷派出使臣，祝贺他从阿拉伯人手中拯救了东方基督教。

当君士坦丁四世正在其首都前线抵御阿拉伯人的进攻时，帝国北部边境的蛮族则趁机向欧洲各省发动突袭，而这些省份

位于塞萨洛尼基的十二使徒教堂

此时防备空虚，原有驻军被调往东部前线抵抗阿拉伯人。斯拉夫人从内陆袭来，对塞萨洛尼基进行了长达2年的围攻，直至君士坦丁四世与穆阿维叶间的战争结束后，塞萨洛尼基才得以解围。相较于斯拉夫人而言，巴尔干半岛东部的另一方敌人所发动的进攻更为危险。这方敌人即保加利亚人，其是具有芬兰血统的游牧部落族人，居住在普鲁特河和德涅斯特河地区。他们越过多瑙河，征服了默西亚的斯拉夫人，并定居于多瑙河和东巴尔干半岛之间的地区，直到今天，他们的名字依然留存在该地区。保加利亚人统一了该地区原本分散的斯拉夫部落，组建了强大的保加利亚第一帝国，其也注定要成为拜占庭帝国周边的威胁所在。679年是保加利亚第一帝国开国国王伊斯佩里奇（Isperich）的统治元年。由于拜占庭帝国深陷在与穆阿维叶的战争中，君士坦丁四世已无精力去将保加利亚人赶回多瑙河，而是对其定居行为予以默许。

君士坦丁四世在和平中度过了其统治的最后6年。这期间，唯一有记录价值的事件是680年1月在君士坦丁堡召开的第六次基督教大会。此次会议上，东西方教会均对一性论持严厉谴责的态度。持一性论信仰的人，无论是生或是死都被革出了教门，其中亦包括前罗马教皇洪诺留（Honorius），其曾对这种异端邪说表示认同。

君士坦丁四世于685年离世，死在了不到36岁的年华中，其年仅16岁的长子查士丁尼①随即继承了拜占庭帝国的皇位。

---

① 君士坦丁四世之子查士丁尼即查士丁尼二世（Justinian Ⅱ）。——译者注

第十三章

第一次无政府状态

（695—716 年）

查士丁尼二世是希拉克略王朝的最后一任君主。与我们在拜占庭帝国编年史上所遇到的任何一位皇帝都不同，查士丁尼二世是一个胆大、鲁莽、冷酷和自私之人，颇具个性且我行我素，总而言之，其是一位天生的暴君。查士丁尼二世正式登基时仅17岁，但年龄小并未阻止他的步伐，其很快便展现出了抛开客观规律，以个人喜好为准则来治理国家的倾向。

不到21岁，查士丁尼二世便与保加利亚人开战。他突袭了保加利亚第一帝国，数次将对方的国王击败，俘虏超过3万人，并将这些俘虏押往亚洲，强迫他们加入亚美尼亚军队。紧接着，他以轻率的理由与撒拉逊哈里发发生争执。根据679年签订的条约，阿拉伯帝国每年向拜占庭帝国的进贡，均以拜占庭货币"苏勒德斯"（solidus）支付。但在692年，阿卜杜勒马利克（Abdalmalik）改用其自己铸造的刻有《古兰经》（Koran）经文的新币来支付贡款。

　　查士丁尼二世拒绝接受阿拉伯新币，并因此向其宣战。但他在战场上的第二次冒险所带来的后果堪称"灾难"：在西里西亚的塞巴斯托波利斯（Sebastopolis）与撒拉逊人交战时，曾被强迫入伍的保加利亚俘虏选择了投敌，拜占庭军队被击溃，死伤惨重。随后的两次战役也同样以失败告终，哈里发的军旗插满了卡帕多西亚大地。

　　查士丁尼二世挑起的战争耗尽了帝国国库，大兴土木更令帝国国库雪上加霜。为同时维持战争与建造的花销，其肆无忌惮地在帝国境内行敲诈勒索之事。查士丁尼二世任命了两个无良之人负责勒索工作，分别为从修道院出逃的前修道院院长狄奥多图斯（Theodotus），以及负责管理皇帝私人金库的宦官斯特凡努斯（Stephanus）——如同拉尔夫·弗兰巴德（Ralph Flambard）之于威廉·鲁弗斯[①]（William Rufus），恩普森（Empson）、达德利（Dudley）之于亨利七世（Henry Ⅶ）——他们通过公然敲诈、滥用法律的手段为查士丁尼二世筹集资金。查士丁尼二世指派的两人暴力且残忍，据说，狄奥多图斯曾将抵制缴税的人用绳子吊在浓烟弥漫的火上，直至其几乎窒息，而落在斯特凡努斯手中之人，则会遭到鞭打，有传言甚至称，斯特凡努斯趁查士丁尼二世不在时直接鞭打了皇太后，皇帝返回皇宫后也并未施罚于他。

　　查士丁尼二世的财政政策不仅使他受到富裕阶层的仇视，也让他成为军队中的排斥对象。撒拉逊战争失败后，他处决或

---

① 威廉·鲁弗斯即英格兰国王威廉二世。——译者注

监禁了一批军官，并大量处死战败的兵卒——被查士丁尼二世聘为高级军官的危险系数，几乎与在罗伯斯庇尔（Robespierre）独裁时期担任总司令相当。

695 年，查士丁尼二世的罪孽之杯已经盛满。一位名为利奥提乌斯的军官被任命为海拉斯军区将军——这封任命书令他感到十分沮丧，他自此开始承担起了一名军事指挥官的责任与风险。当他和朋友们告别时，他直接感叹时日无多，任职后的每一天都可能收到印有其名字的处决令。一位名叫保罗的修士此时站起来嘱咐他要大胆自救，并分析说，如果他将矛头指向查士丁尼二世，那人民和军队便会纷纷揭竿而起。

利奥提乌斯听取了保罗的建议，率领亲信冲向国家监狱，并打开牢房，释放了数百名政治犯。一群暴民随即加入了他的队伍，并在占领了圣索菲亚大教堂后向皇宫进军。没有人愿意为查士丁尼二世而战，暴民们抓住了查士丁尼二世和他那两个令人憎恶的大臣，将三人送至利奥提乌斯面前。利奥提乌斯下令割掉了查士丁尼二世的鼻子，并将他流放至谢尔森（Cherson）；狄奥多图斯和斯特凡努斯则被交到暴民手中，在游街示众后被活活烧死。

利奥提乌斯篡夺皇位后，随之而来的是拜占庭帝国长达20 年的无政府状态。这位新皇帝并非能力出众之人，其造反并非出于野心，而是源于恐惧。利奥提乌斯在位的 3 年时间中，帝国内部动乱不止，对外战事节节失利。帝国的亚洲边境被阿卜杜勒马利克的军队蹂躏；而此时的帝国西部，也正在迎来一场巨大的灾难。希拉克略一世统治期间，拜占庭军队通过艰苦卓绝的战斗，使得帝国在非洲的势力得以保存。但此时，一支从埃及出发的撒拉逊军队强行进入非洲，一个接一个地摧毁了迦太基的堡垒，并最终于贝利萨留斯在此恢复拜占庭帝国统治的 165 年后，即 697 年，占领了该城。

迦太基陷落时，非洲军团中的大部分士兵择海路逃离。军官们乘船前往君士坦丁堡，并在途中商议着废黜利奥提乌斯的方案。他们将指挥爱琴海舰队的提比略·阿普西玛斯（Tiberius Apsimarus）视为同僚，并在双方会合后即刻宣布立阿普西玛斯为帝。利奥提乌斯的部队并未抵抗，而是为叛军敞开城门，阿普西玛斯随即占领了君士坦丁堡。他以"提比略三世"（Tiberius Ⅲ）为号称帝，并判处了利奥提乌斯曾经施加给查士丁尼二世的刑罚——对利奥提乌斯施以劓刑，并将其关进修道院。

相较于其前任而言，提比略三世的统治要更为幸运：在对撒拉逊人的战争中，他的军队取得了几场胜利，收复了查士丁尼二世统治时丢失的边境地区，甚至已经行军至叙利亚北部。但是这些军事上的成功，并未能将提比略三世从查士丁尼二世和利奥提乌斯的厄运中解救出来。民众和军队已经脱离了政府的控制，臣民的忠诚对于快速轮换的皇帝而言，已是可望而不可即之事，任何突发事件都足以推翻他那本已岌岌可危的统治。

现在，让我们将目光转移到被行劓刑后流放的查士丁尼二世身上。查士丁尼二世的流放地是克里米亚（Crimea）的希腊小镇谢尔森，靠近现代的塞瓦斯托波尔（Sevastopol），该地位于文明世界的最北端，在帝国的宗主权治下享有自治权。

查士丁尼二世在逆境中所展现出的能力，令其同代人大为震惊。他逃离了谢尔森，向居住在亚速海以东地区鞑靼部落的可萨可汗投靠。查士丁尼二世极力讨好这位可汗，甚至娶了可汗的妹妹为妻。这位可汗妹妹在接受基督教洗礼后，正式更名为西奥多拉（Theodora）。提比略三世为这位可汗送去了一大笔钱，以诱使他交出查士丁尼二世。这个奸诈的野蛮人决定接受贿赂，并秘密命令两位军官去对他的妹夫施以抓捕。查士丁尼二世从其妻子那里知晓了这个阴谋后，便随即展开了大胆的自救行动。他找到了其中的一位军官，提出要与他进行一次秘密会谈，并趁单独相处之时将这位军官勒死。然后又赶在可汗的密谋实施之前，以同样的方式勒死了另一位军官。

如此大胆的自救行动，为查士丁尼二世换来了宝贵的逃跑时间，他和几个跟随他流亡的朋友和仆人一起，乘坐一艘渔船逃到了黑海。逃离途中，海面忽起暴风，船只被灌满了水。其中的一个同伴向查士丁尼二世哭诉，希望他离世前能够在上帝面前忏悔，并选择原谅他的敌人。但这位流亡皇帝丝毫不惧风暴，回答道："愿上帝将我淹死于此地。否则我一旦登岸，誓不放过任何一个贼人。"船只经受住了风暴，查士丁尼二世活了下来，并履行了他发下的毒誓。他在保加利亚上岸，因保加利亚正在寻找对拜占庭帝国出兵的借口，查士丁尼二世很快便获得了保加利亚国王特贝尔（Terbel）的支持。打着"支持流亡君主"的旗号，保加利亚军队簇拥着查士丁尼二世出现在了君士坦丁堡城下，并于夜间在布莱克尼（Blachernae）城门附近找到了进城入口。君士坦丁堡的守军和民众并未与保加利亚军队发生战斗——提比略三世的追随者和705年时利奥提乌斯的追随者一样，并未做好为皇帝而战的准备。

同样出于人们对查士丁尼二世暴政的忘却，以及对希拉克略王朝治下帝国的怀念，查士丁尼二世未经任何战斗便夺回了皇位。但他们很快发现，他们向查士丁尼二世的屈服实乃大错特错，本应不顾一切地去反抗。查士丁尼二世心中的仇恨之种已经枝繁叶茂，为他那残缺鼻子和10年流放复仇的想法充斥着他的全身。他归来后的首个行动便是派人抓捕利奥提乌斯和提比略三世，前者在修道院被抓，后者则在逃往亚洲时被抓。查士丁尼二世用铁链将两人并排绑在竞技场皇家包厢的宝座前，而他则端坐在宝座之上，将两人的身体当作脚凳，他的信徒们吟诵着《圣经》第九十一篇中的诗句："你应该践踏狮子和毒蛇。"这句诗具有暗指意味，狮子、毒蛇分别指代利奥提乌斯和提比略三世。

在这次事件之后，两位前任皇帝均被斩首。他们的处决，标志着一段恐怖统治的开始，查士丁尼二世要履行他所许下的誓言，报复每一个与他所遭遇不幸的相关之人。他绞死了利奥提乌斯的所有主要军官、朝臣，对为其加冕的大教长行剜目之刑。然后，他开始清算那些地位相对较低的加害者。君士坦丁堡的许多杰出公民被装进麻袋丢进博斯普鲁斯海峡，淹死在茫茫海水之中；一批又一批的士兵被拉出来砍头。此外，查士丁尼二世也派出了一支部队沿海路去洗劫其曾被流放的谢尔森，他对那里的居民同样怀恨在心。

于是，谢尔森的首领们被押到君士坦丁堡，在皇帝面前接受火刑的折磨。

以上所述的暴行仅仅是查士丁尼二世暴行列表中的一隅。没过几年，对其厌烦之人便指数倍地递增。相对而言，他的第一次执政还比较得民心。

711年，趁查士丁尼二世在锡诺普（Sinope）之际，一位名为腓力皮克斯（Philippicus）的将军拿起武器占领了君士坦丁堡。当腓力皮克斯的部队到达锡诺普时，暴君的军队未经抵抗便放下了武器，并将查士丁尼二世带到阵前斩首——对这样一个怪物来说，被处死已经是他的最好结局。腓力皮克斯及其追随者们还找到并杀死了可萨可汗的妹妹在查士丁尼二世流亡期间为其生下的小儿子提比略。最终，希拉克略王朝在君士坦丁堡历经5代、长达101年的统治，正式宣告结束。

接下来的6年，帝国完全进入了无政府状态。查士丁尼二世的野蛮与邪恶助长了其复辟前帝国便已经存在的歪风邪气。军队和国家的一切皆处于混乱且无序的状态之中。帝国亟须一个英雄来恢复国家机制，并在混乱中重建秩序。但这位英雄迟迟没有出现，混乱愈发严重。

腓力皮克斯取代查士丁尼二世，不过是昏君取代暴君而已，并未带来任何实质性的改变。新皇帝是一个贪图享乐之人，他将大把的时间用于寻欢作乐，从不过问朝政之事。不到2年，作为其首席大臣的阿尔忒米俄斯·阿纳斯塔修斯[①]

---

① 阿尔忒米俄斯·阿纳斯塔修斯即阿纳斯塔修斯二世。——译者注

（Artemius Anastasius）便取代他坐上了皇位。腓力皮克斯被刺瞎了双眼，被迫放弃了皇宫中的欢愉生活，去往修道院开启苦行。但阿纳斯塔修斯二世的政变并未拉拢军队，他登基不到 2 年，便被奥斯奎安军区的士兵推翻。军队将阿德拉米狄翁的狄奥多西^①（Theodosius of Adrammytium）推上皇位。这位皇帝曾是一位受人尊敬但默默无闻的税务官。相较于其前任而言，狄奥多西三世要仁慈得多，其仅强迫阿纳斯塔修斯二世接受圣职，而并未加害于他。

　　与此同时，帝国的组织架构开始加速瓦解。"朝廷无暇顾及国家城邑之事，公共教育缺失，军队纪律松散。"保加利亚人和撒拉逊人在边境省份的劫掠活动重新上演，战线也距离帝国的核心区域越来越近。哈里发韦立德（Welid）认为此乃天赐良机，便开始在叙利亚港口集结部队，以期对君士坦丁堡发起围攻。没有人阻止韦立德，因为本应抵抗他的军队此时正在参与阿纳斯塔修斯二世和狄奥多西三世间的内战。撒拉逊人先后于 710 年、712 年、713 年攻克了泰纳（Tyana）、阿美西亚（Amasia）和安条克等大城市。716 年，满怀取得最终胜利期望的阿拉伯军队已经深入弗里吉亚，并包围了阿摩利阿姆（Amorium）要塞。正是此时，那个注定要将拜占庭历史延续下去的英雄人物终于出现了。

　　此人正是来自伊索里亚的利奥（Leo），其是过去 10 年中为数不多的享有盛誉的军官之一。此时他正在担任安纳托

———————————

① 阿德拉米狄翁的狄奥多西即狄奥多西三世。——译者注

利亚军区将军一职，管辖范围包括旧卡帕多西亚和利考尼亚（Lycaonia）地区。在通过策略而非武力解除了撒拉逊人对阿摩利阿姆要塞的围攻后，利奥随即放弃了对狄奥多西三世的效忠，挥师挺进博斯普鲁斯海峡。

狄奥多西三世并无争权之心，其认为皇位对于他而言仅是无关紧要之物，但他还是允许军队与利奥冒险交战。战败后，狄奥多西三世在召集了大教长、元老院和宫廷的主要官员后指出，撒拉逊人大规模入侵已然迫在眉睫，内战的战火则已经点燃，而他自己也无心再处理这些事务。经过他的同意，大会决定将皇位授予利奥。最终，利奥于717年春登上皇位，正式成为"利奥三世"。

狄奥多西三世安然无恙地回到了其曾居住过多年的以弗所。按照他最后的遗言，他离世后的墓碑上仅留下了"YTIEIA"一词，意即"为了自己"。

第十四章

撒拉逊人的折回

（717—739 年）

在撒拉逊人大举入侵前夕，利奥三世推翻了狄奥多西三世，以皇帝的身份担起了国家重任。彼时的拜占庭帝国，军队善于造反却不善战斗，士气低落，国库空虚，官场混乱。与30年前的君士坦丁四世相比，利奥三世面临的外部局势更为凶险。作为世袭统治者的君士坦丁四世，皇位稳固且深得军心；反观利奥三世，则仅是"冒险家"出身，更是在登上皇位仅几个月后，便要迎来战争的考验。

　　当时在位的哈里发是倭马亚王朝的第七代统治者苏莱曼（Suleiman），他动用了阿拉伯帝国的所有资源，武装出了一支舰队和一支陆军，以期完成他心中所构想的伟业。这支远征军的最高指挥官由苏莱曼的兄弟莫斯利玛（Moslemah）担任，其率领一支8万人的军队从塔尔苏斯（Tarsus）出发，穿过小亚细亚的中心向达达尼尔海峡进军，并在途中攻下了坚固的别迦摩（Pergamus）城。与此同时，与哈里发苏莱曼同名的维齐尔^①苏莱曼率领一支由 1800 艘战舰构成、人数不亚于陆军的海军舰队，从叙利亚向爱琴海驶去。阿拉伯海军和陆军于达达尼尔海峡的阿拜多斯（Abydos）会师。利奥三世则集结了帝国所有的海军和陆军以保卫君士坦丁堡。

717 年 8 月，即利奥三世加冕的五个月后，他看到撒拉逊的舰船在马尔马拉海面上航行，而陆军部分也已越洋进入色雷斯，自西侧向君士坦丁堡逼近。莫斯利玛在海上到金角湾一带建立战线，以切断君士坦丁堡与色雷斯间的所有通道；苏莱曼则在封锁了博斯普鲁斯海峡南口后，又试图关闭其北口区域，以切断君士坦丁堡的黑海补给线。然而，利奥三世率领着他的单层甲板帆船和装备有"希腊火"的舰船从金角湾冲出，对试图封锁博斯普鲁斯海峡北口的撒拉逊舰队予以重创。因此，撒拉逊舰队一直未能对海峡北口进行封锁。

相较于直接武装攻入君士坦丁堡而言，撒拉逊人更倾向于通过制造饥荒来打开城门。有鉴于此，撒拉逊军队带着足够维持数月的物资，在君士坦丁堡的城墙下驻扎下来；但君士坦丁堡的物资储备规模更为庞大，城中的每个家庭都被要求储存至少满足 2 年需求的粮食。随之而来的，是饥荒先出现在了围攻者的营地之中。同时，莫斯利玛和苏莱曼也没有考虑到气候因素。英国军队曾在克里米亚战争中遭受过黑海沿岸偶尔出现的严冬天气，并为此付出了巨大代价；而撒拉逊人在 717—718 年冬天遇到的情况更为糟糕，霜冻持续了 12 个星期。利奥三

---

① 维齐尔即宫廷大臣或宰相。——译者注

世可能会与沙皇尼古拉一世（Nicholas Ⅰ）持相同看法，即十二月、一月和二月是他们最好的"将军"——这几个月给撒拉逊军队造成了严重损失，衣着单薄的东方人无法承受这样的天气，包括苏莱曼在内，一批又一批的士兵因痢疾和寒冷而倒下。与此同时，拜占庭人则几乎未受影响，他们在自己温暖的房屋中度过了整个冬天。

第二年春天，如果不是海陆两军得到重兵增援，莫斯利玛就不得不解除对君士坦丁堡的包围了。撒拉逊人方面除从埃及派出一支后备舰队外，亦从塔尔苏斯派出了一支规模庞大的陆军部队，并占领了博斯普鲁斯海峡的亚洲一侧。

但利奥三世并未因敌人的增援而心灰意冷，反而在夏季发起反攻。装备有"希腊火"的舰船，趁埃及舰队停靠时对其进行了偷袭，并将其烧毁；陆军部队则在比提尼亚海岸快速登陆，以迅雷不及掩耳之势击溃了海峡对岸的撒拉逊军队。饥荒很快便在撒拉逊军营中蔓延开来，军中粮库在此时已经见底，他们陷入了两难的境地：一方面，此前对周边地区的猛烈搜刮，导致他们如今已无法从驻地附近获得粮草；另一方面，如果派出队伍在远离军营的地方找寻粮食，则会遭遇当地农民的袭击。最后，一场灾难的降临迫使莫斯利玛放弃了攻下君士坦丁堡的打算。保加利亚军队南下巴尔干半岛，击溃了驻扎在阿德里安堡的阿拉伯侧翼部队，此举也间接减轻了君士坦丁堡西侧的拜占庭守军压力。根据阿拉伯历史学家记录，至少有 2 万名撒拉逊人阵亡，幸存者们则倍加恐惧。面对如此局势，莫斯利玛只能下令撤退。海军舰队将陆军运回亚洲一侧后，两支部队便开始分别回撤。跟随莫斯利玛返回塔尔苏斯的陆军部队仅剩下 3 万人，叠合前期出发与后期支援的两部分，这支部队本应有 10 万余人。海军方面的情况更糟，其在爱琴海遭遇了一场风暴，战舰几乎被摧毁殆尽，整个舰队据传仅有 5 艘战舰完整地回到了叙利亚。

这样的结局，标志着撒拉逊人攻陷君士坦丁堡的努力以失败告终。阿拉伯帝国再未进行过类似尝试：尽管在未来的 350 年中，皇帝与哈里发间仍不断爆发冲突，但战争的范围仅局限于边界地区；哈里发放弃了直插拜占庭帝国心脏的打算，也不再致力于为伊斯兰教征服欧洲。相较于同时代的查理·马特①（Charles Martel），利奥三世做出的贡献更为重要，前者击退了阿拉伯帝国派往边境省份的掠夺大军，而后者则将基督教从穆斯林的威胁中解救出来。

---

① 查理·马特即法兰克王国官相，其曾在普瓦提埃战役中大败阿拉伯军队。——译者注

第十五章

圣像破坏运动
（702—802 年）

在文明日趋衰落所带来的种种迹象中，宗教界兴起的粗鄙迷信之风最为严重。基督教已经开始被那些怪异的中世纪幻想所渗透，这些幻想无论是在 4 个世纪以前的古罗马思想中，还是在 19 世纪的现代思想中，都会被斥为荒诞。彼时，围绕"宗教核心价值"这一问题，涌现出了大量幼稚的传说、仪式和庆典。神学家们对这些现象视若无睹，也并未设防，而是将全部精力都投入一性论派和一志论派间毫无意义的论战之中。对圣像和古物崇拜情绪的发展尤其迅速，人们认为每一幅古代圣像及雕塑都被赋予了神奇力量，并将之奉为圣物。拥有任何一件圣物便能使教堂或修道院日进斗金，有形圣物与其背后所涉及的圣人一样，受到了人们同等的尊敬。对有形圣物的崇拜也催生出了不少怪诞行为。例如，人们会在洗礼中选择一幅画来作为受洗儿童的教父；在仪式上，人们刮下画上的一点儿颜料来代表圣人——这些情况并不罕见，甚至连教长和主教也都大胆断言，在一幅著名的圣母画像中，人们可以从其中的手部位置提取出绝佳的香脂。这些庸俗之人甚至将希拉克略一世在波斯战争中所取得的成功，归因于其随身携带的一小幅圣母画像，而并非源于其所具备的军事才能——人们认为这幅画从天而降，充满祥瑞。

所有这些由神职人员灌输、为暴民所深信的虚妄信仰，均令受过教育的上层阶级世俗分子感到厌恶，伊斯兰教的影响更加剧了这些人的厌恶情绪。100 多年来，拜占庭帝国的亚洲臣民一直在接触着伊斯兰教，而伊斯兰教的最大特点便是坚决谴责各种形式的偶像崇拜行为。一个拜占庭人被一个穆斯林嘲笑还在坚持那腐化且盲目的信仰时，不免会感到愤怒，但当他环顾周围同胞们的日常行为时，便不得不承认穆斯林所言并非主观臆测。

因此，当时占主流的虚妄信仰中间，产生了一种强烈的反迷信倾向。相较于神职人员和欧洲地区，这种倾向在世俗之人和亚洲地区中更为明显、普遍。在利奥三世身上，这种倾向则以最激进的形式体现，他的后代也继承了这种激进。在君士坦丁堡从撒拉逊人围困中解脱出来的 7 年后，利奥三世开启了一场"十字军东征"式的反迷信运动。他的主要做法是攻击圣像崇拜和把神圣的荣誉归于圣徒的行为——尤其是对圣母玛利亚的崇拜。到了君士坦丁五世执政，相较于父亲利奥三世，他更为大胆、激进，认为修士是最热切的圣像崇拜捍卫者，于是便极力打压修道行为，而利奥三世的打压更多还只是停留在压制相关行为的层面。

主教、修士、君主、普通教徒和妇女均崇拜圣母玛利亚

　　725 年，利奥三世正式开启了其反迷信运动，下令清除首都内的所有圣像。骚乱随即爆发，在宫殿门上取下耶稣受难像的官员们被暴徒撕成碎片，而皇帝则以一系列的处决作为回应，并通过武装力量继续推行他的政策。

　　以修士为首的民众，对利奥三世所推行的政策进行了反抗，反抗力度在欧洲各省尤为激烈。他们四处散布关于皇帝的谣言，如称犹太人收买了利奥三世，因此其同意对圣像进行破坏，又称哈里发叶兹德（Yezid）已经秘密地使利奥三世改信伊斯兰教等。虽然利奥三世在教义上的正统性毋庸置疑，也不反对十字架的象征意义，但他还是被指控为破坏基督教之基础的元凶。在皇帝眼中，阿里乌教派是最不具有攻击性的。皇帝的敌人除抵制圣像破坏运动外，亦在希腊和意大利掀起了叛乱，尽管两地的叛乱未经激烈战斗便被镇压，但帝国在意大利的权威于这场叛乱中被彻底动摇，且再未重建。教皇们对圣像破坏运动一贯持反对立场，并通过谴责这一运动使自己成为反帝党领袖。同时，他们亦毫不犹豫地选择与伦巴第人结盟，而伦巴第人依然致力于将拜占庭军队逐出拉文纳与那不勒斯。

如果没有军队的誓死效忠，那圣像破坏运动所激起的仇恨对利奥三世而言则将极具致命性。但他击败撒拉逊人的显赫战绩为其在军营中赢得了巨大声望，让他能无视民众的愤怒，将计划贯彻到底。除了教会改革外，利奥三世还忙于各行政部门的工作。在查士丁尼一世之后，利奥三世推出了帝国的首部法典，该法典由希腊语写成——拉丁语此时在巴尔干半岛已经绝迹。695—717 年的无政府状态，已然使拜占庭帝国的财政体系崩溃，利奥三世因此也对财政体系进行了重组。他将主要注意力放在了军队事务上，但其行政管理方面的作为尤其显著。

帝国从查士丁尼一世时代开始，历经 300 年的渐进衰败过程，似乎在利奥三世的统治下宣告结束。重组后的拜占庭帝国迸发出一种力量与活力，令人感到惊讶，如果还考虑到帝国在 7 世纪所经历的种种劫难后，仅用"惊讶"一词或许已经无法形容其难得的程度。在抵挡住了撒拉逊人的威胁后，直至 11 世纪土耳其人到来前，拜占庭帝国重新在东方确立起了其古老的统治地位。更多关于利奥三世改革的细节，是我们乐于去了解和知晓的，但不幸的是，那些修士出身的编年史家在描述他的所有善行时都含糊不清，以便突出其掀起圣像破坏运动的罪孽。对于利奥三世功绩的评判，则必须将他离世后拜占庭帝国井然有序的状态与其登基前帝国的无政府状态进行比较，才能够得出客观结论。

圣母玛利亚加冕圣像
（拜占庭象牙雕刻）

利奥三世于 740 年离世，其子君士坦丁五世随即继承了皇位。利奥三世在世时，便一直教育儿子要追随自己的脚步，因此，君士坦丁五世深受父亲的影响。

新皇帝是一名骁勇善战且精明能干之人，但他将生活的关注点几乎全部放在与圣像崇拜的斗争中。对圣像崇拜者的惩罚工具，利奥三世使用的是鞭子，而君士坦丁五世则使用蝎子。他是一个真正的迫害者，在采用其父亲的方式处决暴民和叛徒之外，还处决了所有激怒他的反对者。因此，君士坦丁五世招致的仇恨要比利奥三世更大，其在史册中被附上了意为"臭虫"的"科普罗尼穆斯"（Copronymus）之称。

尽管身强体壮、脑子灵活，但君士坦丁五世的能力不及其父。尽管总体意义上的统治还算成功，但他也经历了一两次灾难。与保加利亚间的两次战败并未造成严重影响，但 750 年伦巴第人对拉文纳及拜占庭帝国在意大利中部所有领地的占领，虽谈不上危险却影响巨大。教皇斯蒂芬（Stephen）在遭遇伦巴第人袭击时，并未派人向君士坦丁五世求援，而是去寻求法兰克人丕平①（Pepin）的援助。实际上，教皇此后的所有行动均依赖于法兰克人开展，而非拜占庭帝国。然而，失去遥远的拉文纳，对于帝国而言似乎是不值一提之事，君士坦丁五世成功抵挡住了撒拉逊人、斯拉夫人和保加利亚人的入侵，并给这些敌人造成了巨大伤亡。

但在君士坦丁五世本人和其同时代人的眼中，这段统治以处理宗教事务为主要特点。761 年，君士坦丁五世在首都召集 338 名主教召开了一次宗教会议。此次会议对圣像崇拜进行

---

① 丕平即丕平三世，法兰克国王，加洛林王朝的开国君主。——译者注

了猛烈抨击，认为其不仅仅是一种迷信行为，更是对所有基督教义的违背，并将之定为异端。会后第二年，他发现修士群体是圣像崇拜最为狂热的支持者，于是开启了一场反修道主义运动。他先是禁止有任何新人成为修士，而后又开始大批关闭修道院。据相关记载，君士坦丁五世采取了以武力威胁的方式强迫修士结婚，将以"百"为单位的人流放至塞浦路斯，对不少人施以鞭打或监禁，将其中的一些知名人士处死，等等。

但这些措施产生了南辕北辙的效果，四散各地的修士均被人们视为殉道者，对修士所推崇的圣像崇拜的欢迎，反而达到了前所未有的程度。

君士坦丁五世在他那高涨的迫害热情下，于775年离世，儿子利奥四世继承了皇位。和家族的所有人一样，他也是一个反对圣像崇拜之人，但在具体举措上，选择了其祖父利奥三世的温和路线，而不是其父亲的暴力之举。利奥四世在位仅4年出头便驾鹤西去，其间除776年取得对撒拉逊人的胜利外，再无重要功绩。作为利奥四世之子的君士坦丁六世成为新帝，但他仅是一个10岁的孩子。于是，利奥四世的妻子伊琳娜（Irina）成为唯一的摄政王，在以后所有的国家事务中，她的名字都与她儿子的名字联系在一起。

伊苏里亚王朝注定要以可怕且反常的悲剧告终。伊琳娜精明强干、盛气凌人且广受欢迎，但无须担责的摄政王之权使她的野心也日趋膨胀。她通过停止对圣像崇拜者的迫害以博取民众和神职人员的好感，并在行政和军队的所有部门中安插党羽。10年来，没有任何人和任何事能威胁到她的权力，于是她变得骄傲自负，以至于每每想到她的儿子在长大成人后将拿回权力，便觉万分沮丧。在君士坦丁六世成年后，她仍然不让儿子参与国家事务，并强迫他违背意愿娶了一个她喜欢的人。

君士坦丁六世并非早熟与不孝之人，但 22 岁那年，他还是违背了伊琳娜的命令，成为国家的实际掌权者。伊琳娜曾试图通过武力夺权，但君士坦丁六世原谅了母亲，并在短暂的软禁后，恢复了她以前的尊严。

尽管如此，这位怪诞不经的母亲也没有承认儿子的权力，而是仍梦想着重新确立自己的地位。一方面，她利用君士坦丁六世因与保加利亚之战中战败而背负的骂名，以及在与妻子离婚问题上同教会的争执大做文章；另一方面，君士坦丁六世继续贯彻着其家族一贯坚持的反圣像崇拜倾向，她就依靠自己在摄政期间停止对圣像崇拜者的迫害而赢得的声望，来弱化其儿子的统治之基。

797 年，伊琳娜认为取代儿子的时机已经成熟，发动了政变。按照她的命令，麾下的反叛势力抓住了年轻的君士坦丁六世，刺瞎了他的双眼，并在他的支持者前来援助前，将他囚禁到修道院之中。至此，伊苏里亚王朝的统治宣告结束，但君士坦丁六世本人以盲人修士的身份安然度日，直接见证了不下五位继任者的结局。

黑心的伊琳娜终于坐上了她梦寐以求的皇位，尽管其皇位不具合法性，且饱受国际动乱不止和国内阴谋不断的困扰，但她仍在位长达 5 年。究其原因，或许是在许多臣民眼中，伊琳娜的宗教正统性政策已然弥补了她因篡夺皇位而犯下的滔天罪行。直到 802 年，她的大司库尼基弗鲁斯 ①（Nicephorus）将部分宦官和朝中大臣拉拢至自己阵营，对伊琳娜施以秘密抓捕，并将她囚禁在迦勒克（Chalke）岛的一座修道院中。没有人站出来为伊琳娜而战，尼基弗鲁斯因此在平和的环境中登上了皇位。

　　虽然伊琳娜的统治本身并没有铭记之必要，但必须指出的是，其统治是罗马与君士坦丁堡之间分裂的标志，这种自拜占庭帝国成立之初便存在的联系自此割断。800 年，教皇利奥三世将法兰克国王查理（Karl）大帝加冕为罗马皇帝，并将其长期以来对君士坦丁堡名义上的效忠转移给了法兰克王国。自君士坦丁五世统治时期意大利发生叛乱以来，罗马对君士坦丁堡的效忠不过幻影而已，教皇实际上已深受法兰克人的影响。直到 800 年，罗马与君士坦丁堡之间的分裂发生了质变。圣像破坏运动所引起的冲突已然为教皇的分裂行动铺平了道路，而女性成为皇帝又加剧了这种分裂。教皇利奥三世宣称，女性当政反常且可憎，因此，他对结束这种统治具有不可推卸的责任——单就意大利而言，他要去创造一个新的西方皇帝。当然，这一行为并不具备合法性，查理大帝并非罗慕路斯·奥古斯图鲁斯的正统继承人，但法兰克王国的疆土涵盖了原西罗马帝国的大部分，查理是少数能在势力范围上与伊琳娜形成对峙状态的存在。自 800 年起，历史上再一次出现了分别存在的西罗马帝国与拜占庭帝国。当我们讨论以君士坦丁堡为中心的

---

① 大司库尼基弗鲁斯即尼基弗鲁斯一世。——译者注

帝国的余下历史时，用"拜占庭"来代替"罗马"将会更为
方便。

第十六章

圣像破坏运动的终结
（802—886 年）

圣像破坏运动所引发的冲突，远没有随着利奥家族或伊苏里亚王朝的覆灭而消失。在君士坦丁六世被废黜后的半个多世纪里，这种冲突注定要以一种温和的形式持续下去。冲突的阵营划分仍然相同：官方和亚洲行省支持圣像破坏运动，神职人员和欧洲行省则与之相反。[①] 因此，出现了一个有趣的现象，9世纪的大部分时间中，生于东部的皇帝掌权时，利奥家族的观点则依然盛行，只有当来自欧洲的马其顿巴西尔（Basil）家族掌权时，圣像崇拜者的胜利才得以实现。

　　尼基弗鲁斯一世生于东部，其在推翻伊琳娜的统治后，便轻而易举地登上帝座。他的祖先是一位信仰基督教的阿拉伯王子，但在穆罕默德崛起时被驱逐出境，此后一直在小亚细亚地区生活。因此，尼基弗鲁斯一世自然对圣像破坏运动持支持立

---

① 反对圣像破坏运动的群体被统称为"圣像崇拜者"（Iconodules），这是一种对圣像崇拜者的蔑称。——原注

场，拒绝采取伊琳娜时期恢复圣像崇拜的政策，但也没有像利奥三世或君士坦丁五世那样，对圣像崇拜者们进行迫害，其亦未对他们予以鼓励。正因如此，我们自然会发现 10 世纪修士出身的编年史家，常常用最为恶毒的语言来对尼基弗鲁斯一世的性格进行描绘。在我们所获取到的信息中，尼基弗鲁斯一世是一个伪君子、压迫者和守财奴，但在他在位 9 年的所有行为中，找不到任何证据来证明这些恶习的真实存在。然而，作为统治者的尼基弗鲁斯一世并不幸运：尽管他在应对内部叛乱时游刃有余，但在对外战争上迎来了千难万险。哈里发哈伦·拉希德（Haroun-ar-Rachid）的入侵席卷了整个帝国，甚至直抵安卡拉（Ancyra）城下，亚洲各省在此次入侵中遭受重创。尼基弗鲁斯一世无力应对，只能通过签署不平等条约以及支付大额战争赔款来委曲求全。

随即而来的是由另一场战争所衍生出的另一场灾难。811年，为惩罚克鲁姆（Crumn）国王对色雷斯的入侵，尼基弗鲁斯一世率军征讨保加利亚。战争初期的胜利被拜占庭军队收入囊中，其攻入并洗劫了保加利亚的首都及宫殿。但出乎尼基弗鲁斯一世意料的是，拜占庭军队的营地在几天后便遭到夜袭，他本人倒在了这场袭击所带来的恐慌与混乱之中，儿子兼继承人斯陶拉基奥斯（Stauracius）也身受重伤。溃败的帝国之师一直逃到了阿德里安堡，但皇帝的尸首落入了敌人手中。保加利亚人最终砍下了尼基弗鲁斯一世的头颅，将其制成器皿——此举正如同 300 年前伦巴第人对待库尼蒙德国王时一样。

尼基弗鲁斯一世的独子斯陶拉基奥斯被拥立为皇帝，但他很快便发现他的伤势具有致命性。于是，在斯陶拉基奥斯临死之前，他的妹夫米海尔·兰加别 ① （Michael Rhangabe）接替了他的皇位。

米海尔一世善良却极为软弱，他之所以能够登上皇位，完全是由于他的婚姻。他是一个虔诚的信徒，对修士怀有崇拜之情，因此，他推翻了其岳父的政策，并将朝中所有的圣像破坏运动支持者免职。此举点燃了这个强大派系的怒火，导致反对米海尔一世的阴谋开始出现。但若不是因指挥保加利亚战争时的可耻无能，米海尔一世或许还能抚平其圣像崇拜政策对其统治所造成的负面影响。在米海尔一世的放任之下，拜占庭人最为鄙视的保加利亚人，对色雷斯平原予以蹂躏，对梅森布里亚（Mesembria）要塞和安奇亚卢斯（Anchialus）要塞进行袭击，并将战线推至君士坦丁堡城下。如此，军中的不满情绪最终发泄在了兵变之中，功勋卓著、德才兼备的亚美尼亚籍军官利奥（即利奥五世）在军营中被宣布为新帝。

米海尔一世未反抗便隐退至修道院之中，结束了其仅有 2 年（811—813 年）的统治光阴，利奥五世的统治随即开启。

来自亚美尼亚的利奥五世证明了自己并未辜负军队的期望，其率军击退了刚刚出现在君士坦丁堡城下的保加利亚人。但在一次会议上，利奥五世企图暗杀克鲁姆国王，此举玷污了他刚刚因胜利而带来的荣耀——这是一个未取得成功也没有必

---

① 米海尔·兰加别即米海尔一世。——译者注

要的策略。事实证明，皇帝本质上更信任战场上所依靠的刀剑，而不是暗杀行动中所依靠的匕首。登基后的第二年春天，利奥五世亲自率军向梅森布里亚挺进，保加利亚人血流成河，几乎没有一人从他的剑下幸存。此战过后，保加利亚国力大减，在50多年的时间里再也未能对拜占庭帝国形成威胁。

　　几乎在从保加利亚战争中解脱出来的那一刻，利奥五世就卷入了致命的圣像破坏运动中。作为一个土生土长的东部人，他自然深度认同利奥三世的观点，并倾向于推翻米海尔一世的政策。但出于性格中的温和谨慎，他试图在不使用武力的情况下，采取一种介于破坏圣像和崇拜圣像之间的中间政策——这是一种徒劳的尝试，只给他带来了"变色龙"的绰号。利奥五世的想法极其古怪，在允许使用圣像的前提下，又要求将圣像挂在高处，以使人们无法触摸或亲吻圣像。这种尝试两面不讨好：一方面，大教长和修士们猛烈抨击移动圣像的行为；另一方面，大批亚洲士兵冲入教堂，将他们所能找到的圣像尽数摧毁。

　　教会间的争执充斥着利奥五世统治的7年期间，但值得赞扬的是，没有一人在其统治期间因立场问题而死亡，即便是那些极力反对皇帝之人在忤逆利奥五世时，也仅仅是被关在偏僻的修道院里。早在统治结束前，利奥五世便被迫放弃了其原本采取的中间政策，下令禁止崇拜所有圣像。如同君士坦丁五世一样，利奥五世也召开了一次宗教会议来支持其政策。此次会议上，大多数东方主教将圣像崇拜斥为异端，并将包括大教长尼基弗鲁斯在内的所有圣像崇拜者革出教门。

　　除宗教问题外，利奥五世治下的帝国一片繁荣。尽管如此，他也注定不会以平静收场。拜占庭帝国最优秀的将军——米海尔被查出正在制定反叛其主的阴谋。利奥五世将他关进监狱，却没有第一时间对其定罪，还任由他的同谋逍遥法外。

　　米海尔在皇宫中的同谋颇多，他们决心在其罪行被发现前给予皇帝致命一击。出于对利奥五世习惯在圣诞节时不带武器和侍卫，到其私人礼堂中参与晨祷的考量，米海尔的同谋们决定在此地将他杀死。因此，820 年的圣诞节，米海尔的同谋们参加了晨祷，并在圣歌之中朝皇帝袭去。利奥五世从祭坛上拿起沉重的金属十字架作为武器，击倒了一批又一批向他袭来的人，但最终还是因寡不敌众而倒在了圣桌脚下。

　　甚至在脚镣还未被摘下的时候，阿摩利阿姆人米海尔①便被带出地牢，并被加冕为帝。直到加冕仪式结束后，支持者们才有时间找到铁匠将脚镣打开。

　　尽管米海尔二世出身寒微，但凭借着勇气与才干，在军队中获得了高级军衔。因生于弗里吉亚的阿摩利阿姆，米海尔二世也被称为阿摩利阿姆人，但他在更多时候则被称呼为"结巴者"。利奥五世在位时，米海尔二世曾是其朋友和顾问。因此，即便我们承认米海尔二世本人对于刺杀利奥五世不负有直接责任，但必须承认与他本人直接相关的这个阴谋实乃忘恩负义的卑鄙之举。

---

① 阿摩利阿姆人米海尔即米海尔二世。——译者注

虽然举止粗鲁、胸无点墨，但米海尔二世仍是一个材优干济之人。通过与伊苏里亚王朝最后一位继承人——失明的君士坦丁六世之女尤弗罗西尼（Euphrosyne）成婚，米海尔二世巩固了皇位。他努力以绝对公正的方式来处理当时的宗教问题，秉持既不冒犯圣像破坏者，也不得罪圣像崇拜者的原则处事。他召回了被利奥五世流放至偏远修道院的修士，并宣布帝国的每一位臣民都享有在争议问题上进行自由选择的权利。但这远不能满足圣像崇拜者的要求，他们希望米海尔二世将圣像恢复至原有地位。米海尔二世并未应允，圣像崇拜者仅从修道院得到了有限认可。

不难预料的是，一个不具合法性的军事篡位者，其统治不免会再度受到叛乱的袭扰。米海尔二世也不例外，虽然他最终杀死了觊觎皇位的托马斯（Thomas）和尤菲米厄斯（Euphemius）。但两人的反叛，也令他失去了帝国的两个重要省份。当托马斯进行叛乱时，来自亚历山大城的一支撒拉逊军队向克里特岛（Crete）进军，并最终征服了该地。等到米海尔二世腾出手时，他派出了两支强大部队去驱逐入侵者，却均以失败告终。克里特岛由穆斯林控制了整整一个世纪。该岛的数百个港口变成了无数海盗的据点，而这些海盗也逐渐成了黎凡特（Levant）商业发展的重要威胁——每当帝国舰队落入敌人之手，以至于无法维持海上治安时，这些海盗便会让帝国大为头疼。

西西里岛也发生了类似的入侵事件。尤菲米厄斯所领导的叛乱，导致一支来自非洲的摩尔人军队进入了该岛。摩尔军于827年登陆，尽管遭到了岛上居民的全力驱逐，但他们仍在此站稳了脚跟。起初，摩尔军入侵的进展并不迅速，但在米海尔二世继任者所统治的时期，他们逐渐征服了整座岛屿。

拜占庭金属制品——耶稣基督和十二使徒

米海尔二世在统治了拜占庭帝国9年之后自然死亡，直到生命尽头之时，他仍佩戴着他赢来的皇冠——50年来，帝国的统治者从未有过如此平静的结局。米海尔二世之子狄奥斐卢斯（Theophilos）继承了皇位。但这位新皇帝是一位圣像破坏运动的强烈支持者，就连米海尔二世在世时也未能遏制住他的迫害倾向。狄奥斐卢斯的登基，标志着圣像破坏运动进入了新的阶段——他怂恿同他一样持强烈圣像破坏倾向的大教长约翰，将所有圣像崇拜者革出教门，并对其中的主要人物施以鞭打、放逐和监禁。

　　狄奥斐卢斯对圣像崇拜者的迫害几乎和君士坦丁五世一样猛烈，但事实上，除了进行烙刑等残酷刑罚外，他从未对圣像崇拜者施加过死刑。

　　狄奥斐卢斯在与撒拉逊人的战争中遭到惨败，圣像崇拜者将这一切视为上天对狄奥斐卢斯罪恶的惩罚。狄奥斐卢斯与哈里发穆塔西姆（Motassim）间发生争执，并在第一次战役中占领并烧毁了哈里发极为重视的萨佩特拉①（Zapetra）。

　　拜占庭军队的胜利令穆塔西姆勃然大怒，他誓要通过摧毁狄奥斐卢斯最为珍视的城市来报此仇。于是，穆塔西姆集结了一支自717年围攻君士坦丁堡以来规模最大的撒拉逊军队。据传，这支多达13万人的军队从塔尔苏斯出发，每名士兵都装配着刻有"阿摩利阿姆"字样的盾牌——阿摩利阿姆既是狄奥斐卢斯的出生地，也是穆塔西姆祖先的故乡。穆塔西姆誓要洗劫的正是该城。当撒拉逊大军中的一支部队击溃了亲自率军的狄奥斐卢斯时，另一支由穆塔西姆亲自率领的部队则直扑阿摩利阿姆。在遭遇了城中守军55天的抵挡后，穆塔西姆最终攻破了阿摩利阿姆的城门，城中的居民遭到屠杀，城市也被烧毁殆尽。战后，穆塔西姆心满意足地班师回朝，拜占庭帝国在此次危险的入侵中未遭受其他损失。此后，与阿拉伯帝国间的战争难分伯仲，拜占庭帝国在相对和平的环境中再未遭受过其他灾难。

　　除了对圣像崇拜者的迫害及与穆塔西姆间的战争外，狄

---

① 据传萨佩特拉要么是穆塔西姆本人的出生地，要么是其母亲的出生地。——原注

奥斐卢斯亦有其他事情被记载于史册之中。他因对华丽饰品的钟爱而被人们长久铭记。在拜占庭帝国的所有皇帝中，若论对金银制品、宝石和刺绣的喜爱程度，没有人能与狄奥斐卢斯相提并论。他的金制梧桐树是拜占庭人的重要谈资；他宝座脚下的纯金狮像可以通过内部精巧的机械设置升起和咆哮，更被几代人所铭记。

关于狄奥斐卢斯第二次婚姻的离奇故事也不应被忘却。当他成为鳏夫后，让尤弗罗西尼太后将拜占庭帝国所有漂亮的贵族女孩都召集到她那里，打算像帕里斯（Paris）那般手中握着一个金苹果，从女孩们中间选出一位妻子。狄奥斐卢斯首先将目光落在美丽的艾卡西亚（Eikasia）身上，但当他走近她时，因为没有找到更好的话头，便以一句"邪恶多因女子而出现于这个世界"作为开头。艾卡西亚听后反驳道："然而美好也多因女子而来到这个世界。"

狄奥斐卢斯对这个回答感到不安，他继续往前走，没有再多说一句话，将金苹果交到了另一位美女狄奥多拉（Theadora）的手中。这个仓促的选择带来了不幸，狄奥多拉是一个虔诚的圣像崇拜者，她后来竭尽全力地反对丈夫的宗教政策。

狄奥斐卢斯于842年英年早逝，将皇位留给了他年仅3岁的独子米海尔①，并将摄政权留给了年轻的狄奥多拉。在刚刚完成狄奥斐卢斯下葬的那一刻，狄奥多拉便着手撤销其丈夫生前的政策。在修士和君士坦丁堡民众的支持声中，狄奥多拉

---

① 狄奥斐卢斯之子米海尔即米海尔三世。——译者注

宣布圣像破坏运动正式结束，在召回被放逐的圣像崇拜者的同时，亦废黜了曾效忠于狄奥斐卢斯、拥有反圣像崇拜领袖身份的大教长约翰。新统治开始不到30天，圣像再次出现了君士坦丁堡所有教堂的墙上。反圣像崇拜者们被这番景象吓了一跳，但并未做出任何抵抗，因此，狄奥多拉也没有对他们施以迫害。反圣像崇拜者们最后只是失去了权力，并未落得人头落地或四肢残缺的下场。双方长期斗争所产生的唯一永久性结果，便是东方教会在圣像的载体形式上做出妥协。除绘画和镶嵌画外，雕像再也没有被竖立起来。对雕像的崇拜虽然被认为是一种异教徒行为，但除代表人们对圣人的虔诚纪念外，再无其他含义。然而，拜占庭人对圣像的崇拜几乎变得和偶像崇拜一样疯狂，并由此衍生出了诸多堪称古怪的迷信形式。

狄奥多拉全神贯注于宗教事务，将教育其幼子的工作交给了她的弟弟巴达斯（Bardas）。巴达斯获得了与狄奥多拉共同摄政的权力，而后又被正式封为恺撒。他以一种消极怠工的态度将米海尔三世带大，其酗酒、荒淫的恶习被完全复刻在了米海尔三世身上。从某种程度上来说，米海尔三世也是一个"善学"之人，不到21岁便开始整日酗酒，由此也得来了他在史书中的"酒鬼米海尔"之称。成年后的几年中，他对其舅舅的不满情绪逐日递增，同时出于独揽权力的目的，他杀死了巴达斯。

巴达斯死后，米海尔三世的挥霍与放纵变得更加令人难以忍受，若不是拜占庭帝国拥有着出色的行政系统，帝国一定早已崩溃。不久，米海尔三世便开始对管理国家感到厌倦，认为这些烦琐的事务耽误了他饮酒作乐的时间。于是，他任命自己的伙伴马其顿人巴西尔为恺撒。

巴西尔之所以能够成为恺撒，完全是出于皇帝的宠爱。他从最底层做起，刚为米海尔三世服务时，据传仅是一个卑微的马夫。但他出色的实践能力，以及能够自主抵御周边嘈杂环境影响的意识，为他赢得了米海尔三世的钦佩，在成为皇家第一侍从后，又被封为恺撒。但在层层面具之下，隐藏着的是巴西尔贪婪的野心。当他得知他那位每日被酒精支配的恩人已经深受整个帝国的鄙夷时，竟厚颜无耻、忘恩负义地策划起了谋杀行动。在一次酒后狂欢的酣睡中，一把尖刀朝米海尔三世刺去，他任命的那位出身寒微的恺撒占领了皇宫，巴西尔也正式成为史书之中的"巴西尔一世"。

不难预料的是，拜占庭帝国拒绝接受一个因酒鬼怪胎而升迁，然后又恩将仇报的刺客坐上皇位。但奇怪的是，巴西尔一世建立了马其顿王朝——君士坦丁堡历史上最长的王朝。虽然经历并不光彩，但其作为统治者所取得的功绩远超预期。同时，他也成为那些在自身能力或知识不足时，能够顺利地利用他人获得成功的幸运儿之一。

巴西尔一世主要因其对帝国法律的编撰而被世人铭记，正如利奥三世所编撰的《法律选编》（Ecloga）取代了查士丁尼一世所编撰的法律一样，巴西尔一世的法律也取代了利奥三世的法律。巴西尔一世的《巴西利卡法典》（Basilica）及其子利奥六世所作出的补充，共同构成了拜占庭帝国的核心法典——直到帝国覆灭之时，该法典也未被重编修订过。

不同于以前亚洲出身的皇帝，巴西尔一世生于欧洲，地域的观点偏向直接决定了其是一个正统的圣像崇拜者。对保罗派的猛烈迫害充分展现出了他的偏执——保罗派被指控为信奉摩尼教的亚洲异端教派，但对圣像破坏运动持支持立场的皇帝们曾习惯于对其采取容忍立场。在巴西尔一世的压迫下，保罗派中的大多数人选择越过帝国边界，向穆斯林寻求庇护，并通过对拜占庭帝国边境省份的掠夺来维持生存。

在巴西尔一世19年（867—886年）统治生涯的其他事务中，唯一值得注意的便是西西里岛正式从帝国版图中挪出一事。非洲的撒拉逊人自米海尔二世时便在该岛上立足，并最终于878年攻入锡拉库扎（Syracuse），而锡拉库扎的城破则标志着撒拉逊人完全成为该岛的主宰。

第十七章

文人皇帝和他们的时代
（886—963 年）

巴西尔一世离世后的 80 年，是整个帝国历史上最平静、单调的 80 年。利奥六世①和君士坦丁七世②在这段时期内长期统治着帝国，两人分别是巴西尔一世的儿子和孙子。巴西尔一世不过是一个冒险家，一个孤陋寡闻、目不识丁却颇具能力的暴发户，但他的继任者们都是温雅随和、平易近人的文人。两位继任者的时代并不适宜大动干戈，他们也并未用刀剑来书写历史，转而投身于写作，在拜占庭文学中留下了最具价值和吸引力的作品。

　　如果他们所处的时代颇为艰难，那人们便会怀疑利奥六世和君士坦丁七世是否有能力来保住他们的皇位。但 880—960

---

① 利奥六世，又称"智者利奥"。——译者注

② 君士坦丁七世全名为弗拉维乌斯·君士坦丁，"弗拉维乌斯"意即"生于紫色寝宫"，之所以如此取名，是因为其出生在皇宫中为皇后所预留的紫室里。过去一段时间中，生于其父亲统治期间的皇帝已经很少见了，君士坦丁六世和米海尔三世是君士坦丁七世之前的 110 年里仅有的两位。——原注

年，拜占庭帝国的外部环境正处于历史上最平静的时期。彼时，东方哈里发的帝国正在走向瓦解，西方查理大帝的帝国也已经崩溃，北方的保加利亚第一帝国和其他邻国在皈依基督教的过程中逐步安定下来。此时帝国面临的唯一麻烦是由北部罗斯人（Rus）和非洲撒拉逊人组织的海盗袭击，不过这些都根本谈不上威胁。一个好战的皇帝或许会发现此时正是征服邻国的大好时机，但利奥六世和君士坦丁七世倾向于偏安一隅，沉浸在宫中的平静生活中，几乎从不出征。

利奥六世 26 年的统治也并非从未遭遇过战争。保加利亚入侵，此战因帝国军官们的指挥不当而以失败告终。更令利奥六世脸上无光的，是撒拉逊海盗于 904 年对塞萨洛尼基发动的大规模突袭——由非洲海盗组成的舰队对帝国第二大城市的攻破，激起了强烈的抗议和轰动。但客观地讲，该城被袭实乃对方出其不意，从没有人预料到敌人会从海上攻来。该城本不应这样失守，如果城中守军能够再抵挡几星期，拜占庭帝国的海陆援军便能够抵达。但撒拉逊人似乎无意占领该城，当拜占庭援军到来时，他们已经带着战利品逃跑了，而非在城墙上驻守。

利奥六世晚年得子，他的第四任妻子为他生下了君士坦丁七世。君士坦丁七世继承皇位时仅是一个 7 岁孩童，因此，他多年来一直生活在监护人的监护之下。刚开始是其伯父亚历山大，他以共治皇帝的身份同君士坦丁七世共同执政。亚历山大去世几年后，一位名为罗曼努斯·利卡潘努斯①（Romanus Lecapenus）的海军上将篡夺了亚历山大的职位，宣布自己为共治皇帝。君士坦丁七世成年很久后，罗曼努斯一世尽管已近垂暮之年，但一直将权杖紧握手中，作为合法继承人的君士坦丁七世则被置于幕后。在此期间，君士坦丁七世只能以写作和作画来自我安慰。直至人生快要进入不惑之年时，君士坦丁七世才拥有了自己的权力。但这种权力并非源于其自身的努力。罗曼努斯一世的儿子们意图不顾君士坦丁七世的权力，并将他们年迈的父亲从皇位上赶下去。但当他们将意图变为实际行动时，如同一团火焰点燃了帝国臣民的愤怒，暴民和卫兵一起将忤逆的斯蒂芬·利卡潘努斯（Stephen Lecapenus）及其兄弟们赶下皇位，将他们囚禁在修道院之中。自此，君士坦丁七世从幕后走到了台前，开启了其对帝国长达 20 年的统治。尽管君士坦丁七世有些软弱无能，但贵在既不固执也不专横，而许多精明强干的统治者却将国家搞得一塌糊涂。

利奥六世和君士坦丁七世的成就集中体现在其著作之中。利奥六世的作品包括一本《战术》（Art of War）、一些神学论文、一本预言书，以及一本政治秘集，其中，其所著的预言书尽管长期以来令拜占庭人倍加困惑，但他们同时也对该书怀有钦佩之情。②利奥六世诸多著作中最具价值和吸引力的，非《战术》一作莫属，该书为世人深度还原了利奥六世时代的军

---

① 罗曼努斯·利卡潘努斯即罗曼努斯一世。——译者注

② 牛津大学伯德雷恩图书馆（The Bodleian Library）中藏有 1560 年左右制作的该书精美副本，书中的所有预言均是针对突厥人和威尼斯人的。——原注

事组织及战略战术，为我们提供了关于拜占庭军队及其所用战术的完美画面，并附上了帝国所有敌人的草图。拜占庭军队的主力仍是军区及图尔马重骑兵，帝国的每个行省都驻有这样的一支部队。自希拉克略王朝以来，帝国设置的行省数量大大增加，对应着的是军队规模的相应扩大。帝国臣民是军队人员的主要来源，拜占庭贵族在其中承担管理职能。正如利奥六世所言："招募出身良好、财力雄厚的军官并不困难。这些军官的出身能够让他们获得士兵的尊敬，他们的财富也是他们在军中立足的资源，只要在普通士兵的薪水之外，略微多给予些额外的'礼物'，便能使他们获得士兵的青睐。"

如杜卡斯（Ducas）、福卡斯、康尼努斯（Comnenus）、布林尼乌斯（Bryennius）、克库阿斯（Kekuas）、戴奥真尼斯（Diogenes）等贵族之名，均成代际地出现在帝国的军名册上。《战术》一书中，对军队能够应对任何敌人充满了信心。书中建议，在与撒拉逊人、突厥人、匈奴人，以及保加利亚人和斯拉夫人作战时，要果断采取行动，一旦抓住机会，便应对其发起猛攻；而在与西方的法兰克人和伦巴第人战斗时，书中则建议军事行动要秉持谨慎原则，不能草率行事，具体应通过切断补给和施加骚扰的方式来消耗敌人的有生力量。利奥六世的《战术》一书，让我们对拜占庭军队留下了良好印象：其一，军队组织有序、装备精良，具有良好的补给方式，甚至能够直接媲美现代军队；其二，每个军团都配备了正规装备，且统一穿着专有制服；其三，中世纪的任何一支军队，都无法在武器装备和组织方式上超越拜占庭军队；其四，每个战斗单位都配备了一辆设计精良的战车、若干工程师、数名外科医生及救护车辆。此外，利奥六世通过《战术》一书也记录下了拜占庭军队为鼓励拯救伤员，采取了战败后士兵每带一个伤员离开战场，便会给其所在战斗单位每人一个金币的政策——即便在我们所处的世纪，也很难发现对伤员有类似的照顾。

正如利奥六世在书中所言，拜占庭海军的主要任务是维持爱琴海、黎凡特及意大利南部海域的海上治安工作。拜占庭海军的主要敌人是叙利亚及非洲海岸的撒拉逊人，尤其是经常袭扰拜占庭海岸的克里特岛海盗——他们经常被拜占庭海军所击败，但从未被其征服，直至 961 年，尼基弗鲁斯·福卡斯①（Nicephorus Phocas）才将他们最终消灭。帝国海军由三支舰队构成，包括规模较小的黑海舰队和西部海域舰队，以及规模最大的爱琴海舰队。规模最大的爱琴海舰队由 60 艘顶级的战舰组成，平日停泊于君士坦丁堡的军港之中，并能够在萨摩斯（Samos）、塞萨洛尼基及其他几个港口加以改装补给。由于规模优势，以及由"希腊火"带来的装备优势，拜占庭海军通常要比撒拉逊海军更具战斗力，但尽管其能够牵制比自身更大规模的撒拉逊舰队，也无法遏制分散的海盗行为。而这些无法遏制的海盗行为，大大加剧了中世纪所有贸易的危险系数。

相较于父亲利奥六世的著作，君士坦丁七世的作品更具吸引力。对于历史学家而言，君士坦丁七世所著的《论军区》（On the Themes）堪称无价之宝，书中不仅列出了军区名称，

---

① 尼基弗鲁斯·福卡斯即尼基弗鲁斯二世。——译者注

还记载了这些军区各自的边界、居民、特征和资源禀赋，以及其他一些极具价值的内容。更重要的作品是《帝国行政论》（*On the Administration of the Empire*）一书，其中不仅指出了帝国的外交方针，还概述了那些与君士坦丁堡往来各国的基本国情和资源禀赋情况。君士坦丁七世还撰写了一本关于其祖父巴西尔一世的传记，书中的主题与用词，均表现出了君士坦丁七世对其祖父的尊重——这个篡位小人远不值得他这么做。但君士坦丁七世笔下篇幅最长、最耗费精力的作品非《礼仪书》（*Court Ceremonies*）莫属，该书以礼仪和尊卑为主题，在描述帝国官员的等级制度、职责和特权的同时，也对国家礼仪和皇室内部经济状况进行了说明。君士坦丁七世在这个琐碎话题上所花费的精力，要远远超过他创作的其他作品。从书中可以看出，他并没有什么创新才能，但具备细心、有条理的编纂天赋，热衷于观察细节，对待麻烦从不逃避。对宫廷盛典的关心是这位爱好和平的皇帝的典型特征——其长期被其监护人置于幕后，只能借助仪式来填补自己心中因缺乏实权而产生的空缺。

连续两位皇帝都致力于文学工作的事实足以表明，到9世纪末，横跨数个世纪的知识匮乏时代已经正式结束了。从查士丁尼一世离世到希拉克略王朝结束，知识匮乏的情况愈演愈烈；而从利奥三世开始，这一情况才得到缓慢改善。600—750年，是拜占庭文学史上的至暗时刻，这一时期几乎没有编年史作品涌现，除了皮西迪亚（Pisidia）诗人赫拉克利特（Heracliatus）的作品外，再没有任何诗歌作品的问世，神学著作在这一时期内甚至也很少。在利奥三世登基时，文学在帝国境内已经近乎绝迹，但利奥三世的改革几乎在帝国的各个行省都产生了影响。8 世纪末，作家的数量已经实现了跃升，尽管他们中的大多数只是以西奥多·斯蒂塔（Theodore Studita）为代表的反圣像破坏者。到了 9 世纪，我们可以明显发现一个更大的文学阶层已经出现，并能够从中找到一些真正一流的作家，比如 858—867 年任大教长的佛提乌斯（Photius），其学富五车且博览古今，他的藏书之多亦令现代学者羡慕。

拜占庭帝国文学发展中最有趣的莫过于史诗，或许我们更倾向于将其称为具有浪漫主义色彩的"骑士文学"，这种文学出现于马其顿王朝末期。《迪杰尼斯·阿克里塔斯》（*Digenes Akritas*）创作于 10 世纪末，该诗颂扬了一位生活在尼基弗鲁斯二世和约翰·齐米斯西斯①（John Tzimisces）统治时期（969—976 年）的英雄，是同类作品中的典型。诗中具体讲述了作为西利西亚边境守卫者的巴西尔·迪杰尼斯·阿克里塔斯（Basil Digenes Akritas）——官方头衔为"托罗斯骑士"，在爱情和战争中的冒险经历。主人公是一个强大的猎人，无论是熊还是撒拉逊人都能够被其猎杀。他消灭了在边境出没的"长毛"②（Apelates），并多次率军攻入叙利亚。他甚至因为偶然间杀死了一条龙，而被自己所崇拜的诗人歌颂。但最有趣的情节或许是主人公与美丽的欧多西亚·杜卡斯（Eudocia Ducas）私奔的故事。尽管欧多西亚是卡帕多西亚将军之女，

---

① 约翰·齐米斯西斯即约翰一世。——译者注
② "长毛"即现代意义上的匪徒。——原注

但巴西尔仍不顾她的父亲和七个兄弟的反对，和她一起私奔。欧多西亚的家人极其愤怒，对巴西尔进行追捕，而巴西尔则依靠山口的有利地形将他们击败，但未取走其家人们的性命，并在欧多西亚的劝说下与他们达成和解。总体而言，《迪杰尼斯·阿克里塔斯》是其所代表的作品类型中创作最早、质量最佳的一部。

600—900 年，艺术与文学的发展轨迹大致重叠。在这段时期的前 150 年间，两者皆处于衰败的状态之中，当时幸存下来的作品往往充斥着怪诞与粗犷。单就糟糕的绘画手法和拙劣的画中意象而言，君士坦丁二世或君士坦丁五世时期的硬币图案已达顶峰。当然，法兰克人或西哥特人的作品相较于两位拜占庭皇帝的硬币图案，在粗俗程度上有过之而无不及。这段时期幸存下来的少数手稿充分展现出了艺术的衰落程度，镶嵌画的衰落程度似乎相较而言更低一些，但即便如此，7 世纪和 8 世纪的作品也罕见。

9 世纪时，关于艺术的一切都迎来了向好的变化。最令人惊讶的，莫过于古老的古典绘画传统正是在这一时期的手稿插图中复兴的。这些古典绘画传统中的许多作品是在 5 世纪甚至是 4 世纪时产生的，其非常接近于古罗马风格。虽然皇帝极力阻止，但对圣像破坏运动的排斥似乎激起了绘画的发展，圣像艺术重新受到民众的重视。几位最杰出的圣像崇拜殉道者均是画家，据记载，他们的作品不仅栩栩如生，且极具启发性。这些画家中包括曾被狄奥斐卢斯迫害折磨的拉扎勒斯（Lazarus），他的作品被誉为将艺术与神性完美融合的登峰造极之作。

拜占庭壁画上的圣战士（圣里昂修斯）

　　尽管狄奥斐卢斯对画家施以迫害，但值得一提的是，其不仅是继查士丁尼一世之后的第一位伟大建筑师，他的爱好也同时推动了珠宝、银器和镶嵌画等相对次要的艺术形式的发展。有充足的证据表明，在狄奥斐卢斯统治的829—842年，拜占庭帝国的艺术水平处于繁荣发展的状态之中。

　　9世纪的帝国历史上，还有一点必须予以关注，即君士坦丁堡在这一世纪和随后 2 个世纪中所具备的商业独特性和商业重要性。在此之前的 100 年里，除了拜占庭帝国的商业活动外，其他的一切商业活动均被撒拉逊海盗打断，东西基督教世界间唯一的联系渠道在帝国海军的保护下得以维持。东方的产品若要运往意大利或法国，都必须经过博斯普鲁斯海峡上的仓库。几乎所有贸易都由拜占庭帝国的船只承担运输；除阿马尔菲（Amalfi）、新城威尼斯（Venice）等几个意大利港口外，其他地方几乎没有任何商船。这种对欧洲商业的垄断是推动帝国走向强大的重要因素之一。如此之多的钱财和货物途经于此，也为帝国创造了巨大的容错空间，苛刻且不明智的税收制度并不会造成永久性伤害。

第十八章

军事荣耀

（962—976 年）

当君士坦丁七世正在其漫长的统治中乏味度日之时，帝国的亚洲边界上，却接二连三地发生了彻底改变东方穆斯林世界面貌的大事。自拜占庭帝国正式建立以来，便始终在亚洲一侧面临着一个强敌，先是萨珊王朝治下的波斯帝国，而后又是倭马亚王朝和阿拔斯王朝（Abbasid Dynasty）治下的阿拉伯帝国。然而，阿拉伯帝国彼时已经走向解体，阿卜杜拉·萨法赫[①]（Abdallah–es–Saffah）和哈伦·拉希德[②]（Haroun–al–Raschid）的后代沦为叛臣附庸，保留的不过是名义上的最高权威，其命令根本传不出巴格达（Bagdad）的宫墙。

阿拉伯帝国的危机于951年发生。雄踞伊朗大部分地区的白益王朝（Buwayhid）的伊马德丁（Imad–ud–din）率军攻

---

① 阿卜杜拉·萨法赫即伊斯兰教第十九代哈里发，阿拔斯王朝的开创者。——译者注
② 哈伦·拉希德即阿拔斯王朝的第三任哈里发，其铸造出了阿拔斯王朝的辉煌。——译者注

入巴格达城内，并将哈里发软禁在自己的王宫之中。此后，哈里发们成为傀儡，白益王朝的统治者们仅将其作为符号利用，企图上演"挟天子以令诸侯"的戏码。但挟持哈里发的反叛者们并没有获得对整个阿拉伯帝国的统治权，仅波斯和幼发拉底河下游地区选择向其臣服。

其他王朝相继崛起，掀起了争夺旧穆斯林王国西部省份的战争。分别统治着叙利亚北部和美索不达米亚地区的阿勒颇（Aleppo）和摩苏尔（Mosul）的埃米尔①（Emir），成为拜占庭帝国的近邻。而阿勒颇和摩苏尔的埃米尔统治之外的埃及和叙利亚南部，则是伊赫希德王朝（Ikshides）的领地。

因此，拜占庭人逐渐发现，其东部边境不再是一个强大的中央集权国家，而是相对弱小的阿勒颇和摩苏尔酋长国，两个酋长国身后则是白益王朝和伊赫希德王朝。这四个伊斯兰国家都是新生且不稳定的战争产物，彼此之间也经常兵戎相见。对拜占庭帝国而言，此时正是最好的战略机遇期，其不仅可以在此时对宿敌予以报复，也可以重新拿回被阿拉伯帝国夺去已久的托罗斯山脉边界。

在占尽了天时、地利的同时，人和的条件也得以满足，拜占庭帝国在此时拥有自利奥三世离世后最精锐的士兵，天选的将帅之才也在此时出现。尼基弗鲁斯·福卡斯（Nicephorus Phocas）出身显赫，其生于小亚细亚地区的大地主家族，并担任着家族首领，该家族在所有拜占庭贵族之中亦属于名门望

---

① 埃米尔为阿拉伯语"أمير"的音译，是阿拉伯国家的贵族头衔，意思是"统率别人的人"，按具体功能划分可以分别译为国王、首领、亲王等称呼。——译者注

族。尼基弗鲁斯·福卡斯本人也在靠近穆斯林边境的卡帕多西亚地区拥有大片土地。他的整个家族都依靠刀剑起家，其父亲和祖父都曾是杰出军官，但尼基弗鲁斯·福卡斯远远超过了他的父辈们。他不仅是一名身经百战的士兵，还是一位军事作家：他关于军队组织问题的著作《论战争》，至今仍能够充分证明他的能力。

君士坦丁七世离世后，其子罗曼努斯二世随即继承了皇位。正是由于尼基弗鲁斯·福卡斯的存在，罗曼努斯二世才得以最终决定向穆斯林势力发起进攻。进攻地点选在了克里特岛，此处是位于爱琴海口的海盗出没之地，停靠着掠夺帝国与西方商船的船只。在过去半个世纪的时间里，数次针对克里特岛的军事行动都以失败告终，但此次的规模不同以往——据说，参与此次军事行动的船只多达千艘，陆军部队也是从亚洲军区中精挑细选出来的。尼基弗鲁斯·福卡斯的军队取得了巨大成功，在将撒拉逊人赶进岛上重镇干地亚（Candia）后，又攻破了这座城市，并获得了大量战利品——这是一个世纪以来，海盗们所积累的全部财富。此战过后，整个克里特岛都被收入拜占庭帝国。961 年，尼基弗鲁斯·福卡斯乘船回到君士坦丁堡，将被俘的克里特岛埃米尔库鲁普（Kurup）和岛上最好的战利品全部献给罗曼努斯二世。

尼基弗鲁斯·福卡斯的战功为其带来了应得的荣誉，其被任命指挥一支准备在第二年进攻小亚细亚边境地带的撒拉逊人的部队。战争如期而至，尼基弗鲁斯·福卡斯率军通过托罗斯中部山脉进入西里西亚，对阿纳扎布斯（Anazarbus）发动袭击，而后又逼近阿马努斯山（Mount Amanus），向叙利亚北部地区进军。在叙利亚北部，拜占庭军队攻占了大城市希拉波利斯，并将埃米尔赛义夫·乌德·道利（Seyf-ud-dowleh）的都城阿勒颇包围——阿勒颇的统治范围包括黎巴嫩山（Lebanon Mountains）至幼发拉底河之间的区域。埃米尔被击溃，阿勒颇的城门被拜占庭军队推开，城中的所有财富也均落入了尼基弗鲁斯·福卡斯之手。但埃米尔的军队仍固守着阿勒颇要塞，其对拜占庭军队的顽强抵抗，为叙利亚南部和美索不达米亚的穆斯林提供了时间，联合起来解救他们的北部同胞。最终，一支规模庞大的部队于 962 年出现在了阿勒颇城前，尼基弗鲁斯·福卡斯并未打算冒险作战，而是带着战利品和众多俘虏退至托罗斯山脉的峡谷之中。西里西亚和叙利亚北部的 60 座要塞和堡垒是他此战所取得的成果。

963 年，罗曼努斯二世在 26 岁生日即将到来之时意外离世，留下了年轻的妻子和两个孩童——6 岁的巴西尔① 和年仅 2 岁的君士坦丁②。而在两位孩童正式登上皇位后，已成帝国统治惯性的摄政形式随即到来。作为拜占庭帝国影响巨大且深得人心的臣民，尼基弗鲁斯·福卡斯声称自己必须肩负起对两位小皇帝的监护职责，并将自己加冕为共治皇帝，正式成为尼基弗鲁斯二世。为了给他的皇位增强合法性，尼基弗鲁斯二世直接娶了两位小皇帝的母亲，即年轻美丽的狄奥法诺（Theophano）皇太后为妻。

① 罗曼努斯二世之子巴西尔即巴西尔二世。——译者注
② 罗曼努斯二世之子君士坦丁即君士坦丁八世。——译者注

尼基弗鲁斯二世与巴西尔二世、君士坦丁八世的共治在963 年至 969 年里持续了 6 年时间。尼基弗鲁斯二世对两位小皇帝极为忠诚，既没有侵犯他们权力的意图，也没有让他的众多侄子将他们取而代之的意图。但他的侄子们都期待着尼基弗鲁斯二世正式登基，认为只有如此，他们自己才有手握皇权的可能。

尼基弗鲁斯二世是一位不知疲倦的战士，其统治期间的大部分时间都在战场上度过。他的人生目标是以皇帝的身份完成其作为将军时的梦想，即彻底征服西里西亚和叙利亚北部地区。964—965 年的时间都花在了实现这一目标的前半部分上：三次漫长围攻过后，尼基弗鲁斯二世成功控制了西里西亚边境要塞阿达纳（Adana）、莫普苏斯提亚（Mopsuestia）和塔尔苏斯。华丽的青铜大门作为战利品被拆下送往君士坦丁堡，并被安装在了皇宫的拱门之上。几个月后，已经被撒拉逊人掌控了长达 77 年的塞浦路斯，也重新回到了拜占庭帝国的版图之上——胜利故事的帷幕，在这一消息传来时落下。

此后的两年，尼基弗鲁斯二世投身于宫廷事务之中，但相较于其对军营的管理，他对行政机构的管理尽是挫折。这位严厉的战士并不是教士及朝臣的朋友。他与大教长佛提乌斯间产生过几次争执，使神职人员对他生厌。在公共生活领域，他表现出了对浮华和仪式的厌恶，导致拜占庭民众将他称为"吝啬鬼"和"勒索者"。他压制表演和体育活动，将所有的公共收入都投入其最关心的战争之中。当他在 968 年背对君士坦丁堡，开启新一场对撒拉逊人的战争时，他已远不如 966 年从西里西亚凯旋那刻深得民心。

然而在军营之中，尼基弗鲁斯二世还是像以前一样受到爱戴。他对叙利亚的最后一次远征丝毫不逊于其 6 年前指挥的战役。叙利亚北部的所有城市——霍姆斯、希拉波利斯、劳迪西亚（Laodicea），以及埃米尔所在的阿勒颇，都落入他的手中，大马士革则为尼基弗鲁斯二世送去了巨额贡品。整片区域只有古都安条克还在抵挡，但还是在冬季被一位名叫伯茨（Burtzes）的勇敢军官攻破。安条克沦落的故事令人称奇：尼基弗鲁斯二世任命彼得将军率领一支部队封锁安条克，并命令他不要冒险进攻，但军中副官伯茨不顾命令，在一个雪夜率300 人攻占了城墙一角；彼得唯恐犯下抗命之罪，便拒绝为攻城队伍提供援助，因此，孤立无援的伯茨在塔楼中苦守两天；主力部队而后加入战斗，撒拉逊人只得弃城逃离。战后，尼基弗鲁斯二世免去了两位军官的军职，原因是伯茨违抗命令，而彼得则是盲目服从命令，导致战机差点被其贻误。

次年，尼基弗鲁斯二世回到君士坦丁堡，却死在了本应是他最亲近的人手中。他的妻子狄奥法诺已经对她那冷酷严厉的丈夫心生憎恨，尽管皇帝拥有一切美德，却没有在她面前表现出任何优雅。她含情脉脉地将目光投向了约翰·齐米斯西斯，除了皇帝最宠爱的侄子身份外，他还是一位在叙利亚战争中取得显赫战功的年轻骑士官。出于野心而非情爱，约翰·齐米斯西斯听了她的建议。约翰·齐米斯西斯希望他的叔父能让他继承皇位，但这明显对年轻的巴西尔二世不利，忠心耿耿的尼基弗鲁斯二世无意冒犯他负有监护职责的人，但约翰·齐米斯西斯转而决心通过谋杀的方式，来获得他无法通过恩惠来得到的权力。

袍服上的"凯旋之帝"刺绣

于是，约翰·齐米斯西斯和狄奥法诺联合，密谋反对他们最亲近的人，并于969年12月的一个晚上，卑鄙地在宫殿中将尼基弗鲁斯二世谋杀。皇帝当晚从梦中惊醒，发现十来个刺客已经破门而入。约翰·齐米斯西斯将他摔倒在地，其他人则用刀刺向他，他死得非常痛苦，口中喊道："上帝！我恳求你的怜悯！"

勇敢高尚的尼基弗鲁斯二世的生命就这样结束了。谋杀者的阴谋最终得逞，约翰·齐米斯西斯能够吸引军队为其效力，并以此让朝臣们生畏，迫使教长封他为帝，就此开启约翰一世的统治。新皇帝许下诺言，要捐出自己一半的财产，将其中的一半用来为麻风病人建立医院，另一半则分给城里的穷人，以此来缓解他心中因杀害叔父而生出的悔恨。他没有迎娶同伙狄奥法诺，而是选择拒绝见她，并最终将她送进修道院。

如果约翰一世的继位方式能够得到宽恕，那他也将会是一位受人尊敬的皇帝。同他的叔父一样，约翰一世也完全尊重巴西尔二世和君士坦丁八世的权力，并证明他自己作为一名行政官和士兵，绝对配得上这个曾经属于尼基弗鲁斯二世的宝座。但谋杀叔叔激起的是一场长期内战：他的堂弟巴尔达斯·福卡斯（Bardas Phocas）拿起武器，誓要为尼基弗鲁斯二世报仇，并多年在其卡帕多西亚同胞中进行煽动，直至他被抓获并被关进修道院为止。

约翰一世能够被史册铭记，主要在于其取得了对罗斯人的大胜——罗斯人在其统治时期内，曾对巴尔干半岛发起大举入侵。受机会所限，我们对罗斯人的着墨甚少，他们几个世纪以来一直生活在第聂伯河和多瑙河沿岸的那片布满森林和沼泽的土地上，远离帝国边界，过着默默无闻的野蛮生活。我们之所以在此时能够听到他们的消息，是因为这些原本分散的部落在外部力量的推动下统一，并被野心勃勃的王公推上了征服战车。在约翰一世开启统治的几百年前，一支由来自瑞典（Sweden）的维京队伍登上了罗斯人的土地，而这支队伍的队长鲁里克（Rurik），正是所有罗斯王公和沙皇的祖先。这些北方冒险家的后代，先后征服了这片土地上的所有斯拉夫部落，并组成了一个强大的王国。这个王国将首都定于第聂伯河上的基辅（Kyiv），并随即成为令周边所有蛮族倍感恐惧的邻居。新罗斯王公们身体中的维京血统驱使他们向海上进发，并在几代人后，罗斯人强行通过第聂伯河进入黑海，开始像丹麦人对待西欧那样，以掠夺和蹂躏的方式，不断侵袭拜占庭帝国的北部边界。10 世纪时，罗斯人通过仿造小型维京船只，装备了规模尚可的轻型划艇舰队，并通过该舰队两次从第聂伯河口潜入色雷斯，于距离博斯普鲁斯海峡几公里的海岸处登陆，突袭了拜占庭帝国富裕的边疆行省。第一次突袭发生在 907 年，结果是罗斯人满载战利品而归；第二次突袭发生在 941 年，但这次的结果是被拜占庭舰队抓住。面对拜占庭舰队数百桨力的重型战舰，罗斯人根本无力抵挡，几十艘轻型船只被轻易击沉。

但约翰一世在 970 年所遭遇的进攻，远比之前两次更为可怕。罗斯大公斯维亚托斯拉夫（Sviatoslaf）率领不下 6 万人沿第聂伯河而下，向当时正深陷内战泥潭的保加利亚第一帝国发起进攻。在征服保加利亚后，这支由掠夺者组成的部队随即穿过巴尔干半岛，出现在色雷斯平原上。在拜占庭援军到来之前，他们便已经洗劫了作为区域重镇的菲利波波利。这激怒了还远在小亚细亚的约翰一世。971 年初春，一支 3 万人的帝国军队出发，穿越巴尔干半岛，将罗斯人赶至多瑙河。随后发生的战斗，是拜占庭帝国历史上最为激烈的战斗之一。罗斯人均是徒步作战，手持长矛利斧，呈方阵排列，如同西欧的诺曼人（Normans）那般，他们身着链甲，头戴尖顶头盔，

拜占庭手绘稿上的阿拉伯式花纹设计

大公斯维亚托斯拉夫也身着类似装备。罗斯人组成的方阵产生了可怕的冲击力，他们坚韧的战斗精神也同样令人难以置信。拜占庭一侧是从亚洲军区调来的盔甲骑兵，以及作为拜占庭步兵精英的弓箭兵和投石兵。约翰一世与斯维亚托斯拉夫在普雷斯特拉瓦（Presthlava）和锡里斯特拉（Silistria）的两次大战，听起来同黑斯廷斯之战（Battle of Hastings）很是相似。如同在萨塞克斯（Sussex）一样，在保加利亚，强壮的罗斯斧头兵多次击退了拜占庭军队的骑兵冲锋，但由于罗斯军队缺乏相应的武器，他们无法抵挡如雨点般落下的弓箭。箭雨过后，拜占庭骑兵会再次冲击已经破碎的罗斯方阵，在阵中发起可怕的屠杀。与森拉克（Senlac）战场上的哈罗德·葛温森①（Harold Godwineson）相比，斯维亚托斯拉夫要更为幸运，活着带领残余部队逃离了战场。但他还是被拜占庭军队围困在了锡里斯特拉城内，并被迫投降。拜占庭方面开出的条件，是大公必须承诺其再也不骚扰帝国，以换取他和其下属可以重返家园。罗斯人发了誓，庄严地告别了约翰一世。两位君主间的反差令似乎当时就在现场的编年史家执事利奥大为震惊，他也因此生动地记录下了这次会面。据利奥的记载：身材矮小、机敏过人、金发飘飘的约翰一世，在士兵的簇拥之下，身着金色盔甲，骑着高大战马伫立在河岸之上；体形魁梧、身着白衣、蓄有长须的斯维亚托斯拉夫则划着小船，朝约翰一世迎来。两人互相道别后，罗斯人便离开了。但这一年还未结束，斯维亚托斯拉夫便死在了佩切涅格人（Pechenegs）手中。斯维亚托斯拉夫死后不久，大多数罗斯人成为基督徒，也很快便不再袭扰拜占庭帝国。罗斯人成为东正教的忠实信徒，并从君士坦丁堡汲取学识与文明，甚至人名和官名也同样源于君士坦丁堡。"沙皇"一词不过是"恺撒"一词的错拼，米海尔、亚历山大、尼古拉、约翰、彼得、亚历克西斯（Alexis）等名字，均足以证明拜占庭人已经成为他们的教父和教母。罗斯雇佣兵也在此不久被征召进帝国军队，并成为"瓦兰吉卫队"（Varangian

---

① 哈罗德·葛温森即英格兰国王哈罗德二世，其在黑斯廷斯战役中战死。——译者注

guard）的核心，丹麦人、英国人、挪威人，以及其他来自五湖四海的人们也都在之后加入了这支卫队。

弗拉基米尔教堂中拜占庭式的罗斯建筑

约翰一世在锡里斯特拉大胜后，又度过了5年的光阴。在这5年间，约翰一世从撒拉逊人手中拿到了更多的叙利亚北部土地。在尼基弗鲁斯二世将帝国边界线推进到安条克和阿勒颇一带后，他再次将边界线推进至美索不达米亚的阿米达和埃德萨。但在征战过程中，正值壮年的约翰一世被死神夺去了生命。有传言称，约翰一世是被一个大臣毒死的，因约翰一世曾说要将这个大臣免职。无法确定这个传说的真实性如何，唯一能够肯定的是约翰一世在短暂患病后离世，将皇位留给了受其监护的巴西尔二世。此时正是 976 年，当初还是孩童的小皇帝已经年近 20 岁了。

第十九章

马其顿王朝的终结
（976—1057 年）

巴西尔二世终于坐上了好战卫士尼基弗鲁斯二世和约翰一世长期守护的王位。无论出于哪一方面，巴西尔二世都完全配得上这皇位。与马其顿家族的祖先不同，他从一开始便展现出了对战争与冒险的热忱。或许是深受尼基弗鲁斯二世和约翰一世事迹的影响，抑或其他方面的影响，但无论出于哪种原因，巴西尔二世在其 976—1025 年的统治期间，创造出了连续的战争纪录，且几乎所有的战争都以胜利收尾。在两位监护人中，巴西尔二世的榜样似乎是更为严厉的尼基弗鲁斯二世。登基后的最初几年，他将大把时间花费在了享乐上，但在 30 岁生日即将到来之前，他突然浪子回头，全身心投入战争与宗教事业之中。他誓要保持贞洁，盔甲和黄袍之下总是身着修士服装。虽然人们将巴西尔二世的虔诚形容为偏执、狂热，但其信仰的坚定无可厚非，尽管这并未阻止其在战争中做出了诸多骇人听闻的残忍行为。他的公正同样尽人皆知，但往往极端化为苛刻与冷漠。与他整日作乐的父亲，以及热爱文学、性情温和的祖父相比，巴西尔二世似乎并不是他们的后代，他的冷酷为他在之后带来了"保加利亚屠夫"的绰号。

巴西尔二世一生做的事就是将拜占庭帝国在巴尔干半岛的界碑后移至多瑙河——自 350 年前希拉克略时代起，斯拉夫人迁至多瑙河，拜占庭帝国的界碑便再未竖立于此。事实上，在巴西尔二世统治的最初几年中，他几乎没有取得什么对外成就，他的精力均被亚洲贵族的叛乱牵制——尼基弗鲁斯二世的侄子巴达斯·福卡斯（Bardas Phocas）以及亚美尼亚军区的军官巴尔达斯·斯克雷罗斯（Bardas Skleros）先后掀起叛乱。在巴达斯·福卡斯和斯克雷罗斯分别离世、投降后，巴西尔二世才腾出手来，并将所有精力都投入在欧洲战场，而对尼基弗鲁斯二世和约翰一世所心系的东征则毫不在意。

彼时，整个巴尔干半岛的内陆区域都在保加利亚第一帝国沙皇萨穆埃尔（Samuel）的治下，此外，他的领土还包括保加利亚本土、塞尔维亚、马其顿内陆及这些区域的周边地区。由于 10 年前罗斯人的入侵导致原有皇室的覆灭，萨穆埃尔完全凭借其才能与力量赢得皇位。在这样一位能干之人的统治下，保加利亚第一帝国进入了强国序列。尽管萨穆埃尔的帝国因统治巴尔干半岛到多瑙河之间的土地而得名，但其主要势力并不在此，而是在更为西部和南部的斯拉夫地区。他将帝国的首都定在奥赫里德（Ochrida）要塞，帝国主要势力分布区域的地理几何中心也正是此处。该城位于马其顿的群山之间，临湖而建，且配有坚固的城墙。萨穆埃尔在其都城集结了大批部队，静观形势变化，以随时攻向塞萨洛尼基或阿德里安堡。

巴西尔二世和萨穆埃尔间的对决，时间跨度超过 34 年，一直持续到萨穆埃尔于 1014 年身亡为止。旷日持久的战争耗尽了拜占庭帝国的全部精力，因为萨穆埃尔堪当"强敌"之名；师承拜占庭帝国的战争之法和防御之术，已然使他褪去了野蛮人的身份。巴西尔二世之所以陷入了耗时如此之长的消耗战，是因为萨穆埃尔利用数量庞大的山间要塞进行顽强防御。这场战争的细节太多，无法加以赘述，但概括而言，在早期的几次战败后，巴西尔二世于 1002 年完成了对保加利亚本土的征服，征服区域远至多瑙河。取得胜利的标志则是维丁（Widdin）城墙上升起的白旗，而此处正是萨穆埃尔在北部的最后要塞。接下来的 12 年中，敌人聚集在巴尔干半岛中部，在其位于奥赫里德和斯科普里（Skopje）附近的马其顿要塞坚守。但巴西尔二世在战场上不断取胜，并在胜利后对俘虏进行了无情屠杀，将萨穆埃尔的有生力量打击殆尽。1014 年，巴西尔二世取得了一场大胜仗，俘虏了 15000 人。每百人中仅除一人外，其余全部俘虏都被挖去双眼，而后，他又将这些人赶回萨穆埃尔的都城。当看到这些人后，萨穆埃尔只觉毛骨悚然，并当场悲愤而亡。他的继任者加布里埃尔 ①（Gabriel）和拉迪斯拉斯 ②（Ladislas），也无法抵挡住这位残酷无情的皇帝。1018 年，最

---

① 原著中将萨穆埃尔的第一位继任者称为加布里埃尔，也有人将该任沙皇称为加夫里尔·拉多米尔（Gavril Radomir），其于 1014—1015 年在位。——译者注

② 原著中将萨穆埃尔的第二任继任者称为拉迪斯拉斯，也有人将该任沙皇称为伊凡·弗拉迪斯拉夫（Ivan Valdislav），其于 1015—1018 年在位。——译者注

后一座要塞奥赫里德自行投降，保加利亚第一帝国就此覆灭。与之前的习惯相反，巴西尔二世不再沉溺于屠杀，反而以温和的态度对待被征服的敌人，并专心修复巴尔干半岛中部的古罗马道路及要塞；对于时常袭扰帝国的斯拉夫部落，他也没有试图将其消灭。至此，巴西尔二世完成了其对北部边界的扩展。由于除保加利亚本土和马其顿外，他还将塞尔维亚纳入版图，使得拜占庭帝国与匈牙利的马扎尔王国（Magyar kingdom）直接接壤。拜占庭帝国从贝尔格莱德一直延伸到多瑙河河口的边界线，维持了近 200 年的时间，直至 1086 年保加利亚爆发了针对伊萨克·安格洛斯①（Isaac Angeus）的大叛乱时才发生变动。

凭借在欧洲的一系列胜利，巴西尔二世获得了"保加利亚屠夫"的绰号。晚年时，他转身向东，继续完成约翰一世未竟的事业。尽管埃及法蒂玛王朝（Fatimid dynasty）发展迅速，成为相较于其他伊斯兰国家具有实力优势的新兴力量，但总体而言，东部边境的伊斯兰国家依然弱小且四分五裂。巴西尔二世的最后一战于 1021 年 2 月打响，打击目标则是亚美尼亚的诸君及其北部的伊比利亚人和阿巴斯基亚人（Abasgian）。此次征战十分成功，拜占庭帝国东部各省扩充了许多亚美尼亚的土地——但这些征服对帝国是否有益，还未达成共识。作为邻国，一个强大的亚美尼亚王国对于拜占庭帝国而言并非坏事——该国作为基督教国家，通常对帝国采取友善政策，且同时能够作为抵御波斯穆斯林入侵的地理屏障。巴西尔二世虽然

---

① 伊萨克·安格洛斯即伊萨克二世，拜占庭帝国安格洛斯王朝的第一任皇帝，其分别于 1185—1195 年、1203—1204 年在位。——译者注

瓦解了亚美尼亚政权，但没有吞并整个国家，也没有制定任何适当的措施来抵御东方穆斯林势力。

巴西尔二世于 1025 年离世，享年 68 岁。当时，他正准备派出一支远征军，以从撒拉逊人手中夺回西西里岛。自贝利萨留斯时代后，无人能在开疆拓土方面与巴西尔二世相比，在他离世时，帝国的边界已经达到了他们所知晓的最远处。他的继任者们根本不配继承他的皇位，如同巴西尔二世征服一块又一块的领地时那样，他们将这些领地一块又一块地从帝国版图中划出去。在巴西尔二世之后，哪怕是自吹自擂，拜占庭帝国也再无人能够征战 30 余场，固守住其打下的基业。

在巴西尔二世统治的半个世纪中，君士坦丁八世是他名义上的共治皇帝。但与极度自律且不知疲倦的"保加利亚屠夫"不同，君士坦丁八世不过是一介俗人，是一个沉迷享乐的酒囊饭袋，对音乐和文学的热爱或许是他身上唯一的补救之处。他住在宫中一角，身边尽是宦官和阿谀奉承之人；他也毫无执政经验，巴西尔二世将他排除在了帝国管理的所有领域之外。巴西尔二世没有子嗣，君士坦丁八世成为他哥哥唯一的继承人。于是，他被迫于 60 岁时承担起国家大任。治国实践证明，作为掌权皇帝的君士坦丁八世的确是一个懒惰且无能之人，但好在其并不暴虐。细数他的糟糕行为之最，莫过于将国家的管理大权交到了六个老臣手中。六人均是宦官，他们的升迁激起了各大贵族的愤怒；而他们的经验不足，也塑造出了一个软弱无能的政府。

短暂的统治之后，君士坦丁八世于 1028 年离世。他是马其顿王室的最后一位男性，除了几个女儿外，他再未留下任何血脉。同时，他也严重忽视了女儿们的教育和德育工作。几个女儿中最大的佐伊（Zoe）已经 40 多岁，但君士坦丁八世从未关心过她的婚事。然而，在弥留之际，他派人找到一位名叫罗曼努斯·阿尔吉罗斯①（Romanus Argyrus）的中年贵族，并强迫他在一小时内与佐伊公主完婚。仅仅两天后，由于岳父的离世，罗曼努斯·阿尔吉罗斯发现他自己已经成为帝国名义上的元首。但是佐伊是一个聪明、固执且肆无忌惮的女人，将权力紧握在自己手中，并给她原本无心称帝的丈夫带来了许多不幸。如同英国伊丽莎白女王（Queen Elizabeth）一样，她极其虚荣，年近半百后还幻想着自己是万千男人的梦中情人。她的丈夫任由她自行其是，而自己则全身心地投入国家事务之中。他对战事的指挥以悲剧收尾。在冒险征战叙利亚时，他亲自率领的部队遭遇兵败，帝国边境的几个城镇因此落入阿勒颇埃米尔手中。罗曼努斯三世在位 6 年后死于顽疾，佐伊成了寡妇。但几乎在丈夫正奄奄一息之时，这位已经 50 多岁的皇后，选择了另一个伴侣并与之成婚。得益于婚姻关系，佐伊的这位新伴侣随即成为被称为"米海尔四世"的新皇帝。新皇帝来自帕夫拉戈尼亚（Paphlagonia），年仅 28 岁，拥有着整个君士坦丁堡最为英俊的面庞，其也曾是罗曼努斯三世的宫中侍从。英俊的外表为他赢得了佐伊的喜爱，而令他自己吃惊的是，他发现自己坐上了其仰慕之人曾坐过的皇位。

---

① 罗曼努斯·阿尔吉罗斯即罗曼努斯三世，其于 1028—1034 年在位。——译者注

　　佐伊的爱慕对象并非花瓶一个，他统治帝国时取得的功绩，成功地为他那可耻的上位过程带来了合理性。米海尔四世先后击退、镇压了叙利亚撒拉逊人的进攻和保加利亚人的叛乱。但在生命的最后几年里，曾被巴西尔二世征服的塞尔维亚爆发叛乱，而他无力镇压。他也没能从摩尔人手中夺回西西里岛。尽管他派出了当时最优秀的将军乔治·马尼亚克（George Maniakes）率军出征，并在前期战斗中夺回了岛上的诸多城镇，在两场激战中将摩尔人击败，但到后期，马尼亚克接连失利，夺回西西里全岛的计划也就此宣告失败。身患癫痫的米海尔四世，身体每况愈下，整日虚弱不堪，最终在不到36岁的大好年华里离世。难耐寂寞的佐伊又成了寡妇，并花了几天来考虑自己的选择——究竟是收养一个儿子，还是嫁给第三任丈夫。她首先尝试的是第一种选择，将已故丈夫的侄子、同名的米海尔五世加冕为她的共治皇帝。但事实证明，米海尔五世是个忘恩负义之人，试图剥夺年迈皇后的权力。当他宣布将佐伊赶出首都时，热爱马其顿皇室的暴徒们则相继拿起武器，以捍卫他们的女主人——他们只是将佐伊当成茶余饭后的嘲笑对象，而并非真正排斥之人。暴民与米海尔五世的卫兵爆发了激烈冲突，共有3000人在这场冲突中丧生。最终，暴民们将卫兵击溃，并在活捉了米海尔五世后，对其施以剜目之刑。

　　佐伊再次成为唯一的国家元首，并在68岁时开启了她的第三段婚姻。君士坦丁·莫诺马霍斯[1]（Constantine

---

[1]　君士坦丁·莫诺马霍斯即君士坦丁九世。——译者注

Monomachus）是她此次的结婚对象，一个 30 年前曾是她情人的老浪子。在两人的共治时期内，拜占庭帝国无论内外都不顺利。巴尔干半岛和小亚细亚叛乱频发；佩切涅格人①横跨多瑙河向帝国发起进攻；1055 年，作为帝国新敌人的意大利南部诺曼人，征服了帝国在亚得里亚海西部的最后一处领地，即伦巴迪亚军区（theme of Langobardia），并在此建立了阿普利亚（Apulia）公国；帝国的东部边境也开始出现危险敌人——塞尔柱土耳其人②（Seljouk Turks），他们开始了对波斯和奥克苏斯河（Oxus）沿岸的征服活动；1048 年，帝国的亚美尼亚边境开始受到塞尔柱人的侵扰——但这个危险还未发展到迫在眉睫的程度。

当佐伊和君士坦丁九世离世后，狄奥多拉（Theodora）女皇作为马其顿家族仅存的后裔，被拥立为帝国的统治者。狄奥多拉女皇是佐伊的妹妹，年过 70 岁，其最好的年华全部在修道院中度过。佐伊虚荣多情，而狄奥多拉女皇则修道苦行、尖酸刻薄，但她似乎并不是拜占庭帝国最糟糕的统治者。在她执政的 2 年时间里，帝国内外都相安无事，她的朴素美德也为她赢得了群众的尊重。她是马其顿家族的最后一位成员，她的死亡标志着家族的灭亡，也意味着因皇位继承而激起的争议注定

---

① 佩切涅格人是西突厥乌古斯人的一支，受葛逻禄部落的驱逐而迁往咸海附近，而后又继续西迁，并于 10 世纪时控制了顿河和多瑙河下游的区域。——译者注

② 塞尔柱土耳其人即塞尔柱突厥人，起初属于乌古斯人中的一部分，后因与乌古斯领袖发生争执而离开。11 世纪时进行扩张，并建立了塞尔柱帝国。——译者注

要笼罩在帝国上空——这些摆在眼前的问题似乎令帝国臣民们冷静了下来，使得马其顿王朝的最后时日得以在平静中度过。

　　狄奥多拉女皇死于 1057 年 8 月 30 日。临终前，她宣布米海尔·斯特罗蒂科斯①（Michael Stratioticu）将成为皇位继承人。随后而来的是一片混乱，拜占庭帝国历史上的"第三次无政府状态"正式启幕。

---

① 米海尔·斯特罗蒂科斯即米海尔六世。——译者注

第二十章

曼齐刻尔特战役

（1057—1081 年）

马其顿王朝走向灭亡的最后一刻，似乎打开了潘多拉魔盒——内部与外部的灾难之火纷纷燃起，焚烧着拜占庭帝国。除希拉克略统治时期外，1057—1081 年的 24 年里，拜占庭帝国所遭受的结构性打击数量堪称之最。这一时期，帝国所遭受的全面性打击，不仅使其损失了大半的力量，也抹杀了一切重现生机的可能。

马其顿王朝灭亡所带来的第一个恶果便是内乱。年迈的狄奥多拉女皇任命米海尔·斯特罗蒂科斯为皇位继承人。米海尔六世与狄奥多拉女皇同龄，不论 25 年前从军时的他多么精明干练，也无法扭转他此时已是年迈无能之人的事实。帝国内部处处都是野心勃勃的将军，他们不会容忍一个"老糊涂"坐上皇位。不到一年，一群亚洲贵族便密谋推翻米海尔六世，并拥立卡帕多西亚家族首领——在帝国军队中颇具声望的伊萨克·科穆宁 ①（Isaac Comnenus）为新皇。

伊萨克·科穆宁及其同僚们拿起武器，毫不费力地夺取了米海尔六世的皇位。但这次篡位似乎受到了诅咒：伊萨克一世登基不到一年便身患重病，于是一直隐居在修道院的院墙之中直到去世。

皇位被转交到了另一位卡帕多西亚贵族——君士坦丁·杜卡斯 ②（Constantine Ducas）手中，其能力、声望仅次于伊萨克一世。君士坦丁十世治下的 7 年，是帝国动荡不安的 7 年；其治下的种种政策，让他的支持者们大失所望，更直接证明了他是一个无能的管理者。君士坦丁十世一心只抓财政工作，努力整顿帝国自巴西尔二世离世后长期存在的奢靡之风，但这也使其忽视了国家其他方面的工作。为节省开支，他在大幅裁军的同时，亦调低了其余部队的薪资——这一行为极度疯狂，彼时的帝国正面临 4 个世纪以来最为巨大的军事安全压力，整个国家的安全此时此刻完全掌握在薪资丰厚、纪律严明的军队手中，任何损害军队效率的行为都具有致命性。

彼时，塞尔柱帝国的势力正在逐步逼近拜占庭帝国。他们从奥克苏斯河流域出发，先是消灭白益王朝并占领波斯，又于 1050 年攻入巴格达。塞尔柱首领图格里勒·贝格（Togrul Beg）更直接宣称自己是"信仰的捍卫者"和"哈里发的保护者"。紧接着是亚美尼亚，未被拜占庭帝国占领的亚美尼亚领地及该区域的古都安尼（Ani）悉数于 1064 年被塞尔柱帝国收

①　伊萨克·科穆宁即伊萨克一世。——译者注

②　君士坦丁·杜卡斯即君士坦丁十世。——译者注

入囊中——至此，拜占庭帝国再无抵御东方入侵的屏障，并随即进入了与塞尔柱帝国间的战争时代。

塞尔柱帝国对亚美尼亚、安纳托利亚和卡帕多西亚的频繁入侵，始终威胁着君士坦丁十世的统治。塞尔柱人时而被直接击退，时而绕过拜占庭军队，带着战利品逃之夭夭。无论是战胜还是战败，塞尔柱人所表现出的残忍，远非撒拉逊人所能及，他们在所到之处大行烧杀抢掠，并将屠杀当成自己到来的标志。而此时的拜占庭帝国，由于君士坦丁十世的大幅裁军，军队已无力阻挡来犯之敌；来自黑海海岸的鞑靼乌兹人（Uzes），也在此时入侵了保加利亚，更分散了帝国已然不足的兵力。

君士坦丁十世于1067年离世，其14岁的儿子米海尔 ① 成为皇位继承人。历史再次展现出了相似性：为了保护儿子的生命和皇位，太后欧多西亚（Eudocia）选择与罗曼努斯·第欧根尼 ②（Romanus Diogenes）成婚，并让其成为米海尔七世的监护人和共治皇帝。亚洲贵族出身的罗曼努斯四世，在与塞尔柱帝国的战争中所展现出的非凡勇气，在令世界为之惊叹的同时，亦使人们忘记了小心谨慎远比强悍勇猛更能成为帝王美德的事实。与君士坦丁十世的忽视不同，罗曼努斯四世近乎将全部精力都投入与塞尔柱帝国间的战争中。他将欧洲及亚洲军区所能调遣的全部兵力都投入战场之上，并连续三年在亚美尼亚、卡帕多西亚和叙利亚进行作战，努力追捕作为劫掠者的塞尔柱人。

罗曼努斯四世的行动并非完全意义上的失败。塞尔柱帝

---

① 君士坦丁十世之子米海尔即米海尔七世。——译者注

② 罗曼努斯·第欧根尼即罗曼努斯四世。——译者注

国苏丹①艾勒卜·艾尔斯兰（Alp Arslan）最初的军事策略是分兵多路，以同时对拜占庭边境的多个据点发起进攻。因此，罗曼努斯四世经常能够抓住并消灭塞尔柱军队中的小股力量。但在行军速度上，拜占庭军队的重骑兵追不上塞尔柱军队的轻骑弓箭兵，导致塞尔柱部队中的一部分通常能够逃脱追击，以机动优势绕路后撤。绕路后撤的塞尔柱部队通常又在撤退路上烧杀劫掠，长此以往，导致原本富饶的卡帕多西亚完全变成了一片荒凉之地。除卡帕多西亚外，塞尔柱人的突袭还一直延伸至弗里吉亚的阿摩利阿姆。

最大的灾难在 1071 年到来。在追击塞尔柱人的过程中，罗曼努斯四世一路追击到了位于遥远亚美尼亚边境的曼齐刻尔特（Manzikert）。然而，他到达此地后发现，眼前所面对的不是逃窜的小股塞尔柱部队，而是塞尔柱帝国的全部军事力量，苏丹艾勒卜·艾尔斯兰也坐于帐中。虽然拜占庭军队因长途行军已是疲惫之师，且两支主力部队还未到达，但皇帝仍渴望战斗。尽管此前两军从未进行过正面对决，但罗曼努斯四世深信，在正面战场上，无论塞尔柱人到底有多少人马，他麾下的重骑兵都能凭借兵种优势将敌人的轻骑弓箭兵撕碎。

具有决定性意义、能够将之称为"整个拜占庭历史转折点"的曼齐刻尔特战役，在 1071 年初夏正式打响。漫长的一天中，尽管拜占庭骑兵不断突破塞尔柱轻骑弓箭兵所搭建的防线，但随之而来的是更多的敌人。直至夜幕将至之时，战斗还

---

① "苏丹"一词在阿拉伯语中原意为"力量"，在 11 世纪时开始普遍成为伊斯兰国家君主的专有称谓。——译者注

未分出胜负。夜幕降临，罗曼努斯四世发出先将部队撤回营地的命令，但不幸的是，命令传达出现了错误，致使塞尔柱军队攻破了拜占庭一侧的防线，将拜占庭的两支部队分割开了。不知是出于叛变还是懦弱，预备队长官安德洛尼卡·杜卡斯（Andronicus Ducas）不战而退。皇帝因此陷入了四面受敌的被动局面，并最终在黄昏时分战败。罗曼努斯四世本人也在战斗中负伤，从马背上摔了下来，并被塞尔柱军队活捉，而他的部下们则纷纷成了敌人的刀下亡魂。

牙雕上的"上帝祝福罗曼努斯四世和欧多西亚"像

　　艾勒卜·艾尔斯兰对他的皇帝俘虏表现出了出乎意料的宽容。罗曼努斯四世被压入苏丹帐中，跪倒在苏丹面前，让他将脚放在自己的脖子上——这也是塞尔柱人的习俗。但在这个屈辱仪式后，皇帝受到了苏丹的仁慈对待，并在几个月后获得了赎身的机会。然而，如果罗曼努斯四世继续当塞尔柱人的俘虏，他或许会过得更好。在他被囚禁期间，拜占庭帝国的大权落在了米海尔七世的叔叔约翰·杜卡斯（John Ducas）手中。为继续手握大权，这位无良的摄政王决心不让罗曼努斯四世再次登上皇位。当这位塞尔柱俘虏再次踏在拜占庭帝国的土地上时，约翰·杜卡斯将他抓住并刺瞎了他的双眼。这件残酷的事做得如此粗暴，以致罗曼努斯四世于几天后与世长辞。

　　在曼齐刻尔特战役这场可怕的灾难之后，小亚细亚从拜占庭帝国的版图上彻底消失了。帝国没有人可以替代罗曼努斯四世，自他之后，塞尔柱帝国向西扩张的步伐几乎再没有遇到任何阻碍。接下来的 10 年，是充斥着混乱与灾难的 10 年。当塞尔柱军队越来越深入帝国腹地时，残存的拜占庭军队并没有加以抵抗，而是投入无休无止的内战之中。罗曼努斯四世离世后，帝国的每一位将军都认为自己披上紫衣①的时机已经到来。接下来的 9 年时间里，历史记录了至少 6 名皇位觊觎者的姓名，以及数次为夺取皇位而发起的武装叛乱。事实证明，成年后的米海尔七世，是一个邪恶的无名之辈，人们在拜占庭历

----

① 在拜占庭帝国，"紫色"是皇室成员的专用颜色，"紫衣贵族"是帝国皇族的称号。——译者注

端坐在皇位上的尼基弗鲁斯三世（来自当代手稿）

史上只记得他"偷粮者"[1]的绰号。在拜占庭帝国的帝王谱系上，米海尔七世和尼基弗鲁斯·伯塔奈亚迪斯[2]（Nicephorus Botaniates）的名字，一共占据了10年的篇幅。但这10年的篇幅或许用"空白"来形容更为恰当：这些统治者不过是名义上的，其权威根本无法越过君士坦丁堡的城墙。那些没有被塞

----

[1] 在一场饥荒中，米海尔七世向其臣民出售的小麦，相较于实际分量少了近25%，米海尔七世因此得名"偷粮者"。——原注

[2] 尼基弗鲁斯·伯塔奈亚迪斯即尼基弗鲁斯三世，其通过武装叛乱手段逼迫米海尔七世退位后自立为帝。——译者注

尔柱人侵占的领土则全部掌握在军区长官手中，他们每个人都各自为政、自行其是。终于，一位能力卓越之人出现了。此人正是我们在本章开头所提及的伊萨克一世的侄子——阿历克塞·科穆宁①（Alexius Komnenus）。

阿历克塞一世乃有勇有谋之人，但他树立起了拜占庭帝国最糟糕的形象。他是第一个可以用"拜占庭"一词来形容的皇帝，而这个词却含有庸俗与可鄙之意。阿历克塞一世是其所处时代中最大的骗子，无论是在获取皇位还是维持皇位的过程中，他都做出了诸多背信弃义之举，誓言外壳下所承载的也不过是他的谎言——与其共事的君士坦丁堡朝臣亦对此备感震惊。必要时，他可以拿起刀剑去战斗，但他更热衷于以背叛和阴谋来获得胜利。然而，作为统治者，他身上的美德不容忽视，人们也将永远铭记，如果没有他的力挽狂澜，帝国早已在风雨飘摇中轰然倒塌。阿历克塞一世虚伪却仁慈，七个前任皇帝和篡位者都在他的权杖下安然无恙地生活在君士坦丁堡。他的统治足以证明，其正是一个品性败坏和能力超群的"怪异结合体"。

---

① 阿历克塞·科穆宁即阿历克塞一世。——译者注

第二十一章

科穆宁王朝与十字军东征
（1081—1185 年）

1081 年，阿历克塞一世发现自己所面临的危险处境，与 716 年时利奥三世面临的极其相似。内部层面上，同利奥三世一样，阿历克塞一世也是一个既无声望也无合法继承权的篡位者，导致其皇位的稳定性极差，国内叛乱四起；外部层面上，作为敌人的穆斯林已经严重威胁到帝国的安全。单就外部层面而言，利奥三世的处境还算好一些，其没有遇到东西同时受敌的被动局面；而阿历克塞一世则同时面对着塞尔柱人和西部诺曼人的进攻。关于拜占庭帝国在意大利的统治是如何结束的，前文已经提及。现在，这群曾将卡拉布里亚和阿普利亚夺走的诺曼冒险家，正准备越过奥特兰托海峡，直击拜占庭帝国腹地。担任意大利 – 西西里诺曼联军首领的阿普利亚公爵罗伯特·吉斯卡尔（Robert Guiscard），鲁莽蛮横，且毫无道德底线可言。10 年前，正是此人攻占了巴里（Bari）——帝国在奥特兰托海峡西侧的最后一座要塞；10 年后的今天，他决心利用自曼齐刻尔特战役后拜占庭帝国正处于无政府状态之中的机遇，在亚得里亚海以东建立新的诺曼王国。这个计划并非狂妄自大，从征服意大利和西西里岛时的几百人，到现今单军队就多达 5 万人的发展速度，依然让很多诺曼人印象深刻；诺曼人也不会忘记，一位名为威廉的诺曼公爵，于 15 年前横渡遥远西方的另一个海峡，凭借其强有力的手段征服了英格兰王国。与英格兰国王哈罗德·葛温森一样，阿历克塞一世的皇位也极不稳固；罗伯特公爵亦有意效仿威廉，用征服英格兰的方式击溃拜占庭。

1081 年 6 月，诺曼人正式登陆，3 万大军将位于伊庇鲁斯（Epirus）海岸的杜拉佐（Durazzo）要塞团团包围；皇帝立即派军前去支援。阿历克塞一世一向是乐观且能力卓越之人，认为自己能够将诺曼人击退；但实际上，他对诺曼人的军事力量了解甚少。为着手处理西部事务，阿历克塞一世仓促地与塞尔柱苏丹苏莱曼达成和解，而和解的条件则是将塞尔柱人实际占有的拜占庭土地全部交给苏莱曼——这片土地一直延伸到马尔马拉海的海岸，包括靠近比提尼亚海岸的尼西亚（Nicaea）城，距离君士坦丁堡不过 80 多公里。

阿历克塞一世所率领的军队，只是 10 年前罗曼努斯四世对抗塞尔柱人时所留下的残军。帝国的军事架构已支离破碎，曾作为帝国中坚力量的军区重骑兵已经荡然无存。阿历克塞一世所组建的新军，本土士兵占比极低，罗斯人、丹麦人和英格兰人组成的瓦兰吉卫队成为军中核心——他们曾凭借无惧死亡的战斗精神赢得了多位皇帝的信任。与瓦兰吉卫队一起的，还有许多由塞尔柱人、法兰克人、塞尔维亚人和南部斯拉夫人所组成的雇佣军。本土军队则由色雷斯、马其顿和塞萨利（Thessaly）三省的常备军组成。以上便是阿历克塞一世治下的主要军事力量。

　　阿历克塞一世与罗伯特公爵在杜拉佐前线交锋，但以惨败收场。拙劣的战术是阿历克塞一世失败的主要原因：拜占庭军队之间在战场上无法协同，主力部队到达前，前锋部队便已经被打击殆尽。瓦兰吉卫队在战斗中一马当先：在帝国的其余部队还没有列好战阵时，他们便在勇气的驱使下，向诺曼人发起了冲锋——巴里（Bari）伯爵指挥瓦兰吉卫队攻向诺曼人侧翼，将其连人带马都赶进了大海。然而，瓦兰吉卫队所取得的突破却打乱了拜占庭军队的整体节奏，为罗伯特公爵在阿历克塞一世大军到来前，对瓦兰吉卫队发起全力攻击提供了可能。诺曼人通过猛烈的骑兵冲锋，将瓦兰吉卫队主力打散。如同英格兰人和诺曼人在森拉克战斗时，哈罗德·葛温森麾下军队所做的那样，瓦兰吉卫队残部聚集在一座海边小山上，用手中战斧将诺曼人多次击退。但在罗伯特公爵派出弓箭兵放箭，而后又派出骑兵发起冲击后，瓦兰吉卫队残部节节败退，最后仅剩下小部分人在一个被毁的小型教堂中抵抗——罗伯特公爵最终下令烧毁这座教堂，才得以消灭这些顽固的抵抗者。

　　瓦兰吉卫队被消灭后，阿历克塞一世的其余部队才投入战斗。精锐之师的全军覆没，令拜占庭军队军心涣散，战斗力大打折扣，只得落败而逃。阿历克塞一世坚持到战斗最后，并被诺曼人包围，但得益于座下快马和高超剑术，最后逃脱。此战过后，杜拉佐沦陷。第二年，诺曼人占领了伊庇鲁斯（Epirus）

全境，并随即踏入塞萨利。出于同样的经验不足，阿历克塞一世在抵抗中又遭遇了两场战败。但战败的教训使皇帝学会了要避免激战，静待时机。1083年，他的耐心终于得到了回报：在一场谨慎而为的战役后，诺曼军队被迫分兵，皇帝抓住机会，在拉里萨（Larissa）给予敌军重创，迫使诺曼人撤回伊庇鲁斯。此后，双方间的战争逐渐缓和。直至1085年罗伯特公爵离世，诺曼人带来的威胁也随之消失。

虽然诺曼人的威胁随着罗伯特公爵的离世而消失，但这并不意味着阿历克塞一世可以摘得和平果实。接下来的10年中，帝国国内叛乱不断，同佩切涅格人、斯拉夫人和塞尔柱人间的战事四起。但阿历克塞一世从未气馁，而是"以狐之猾得金猊之尊"，通过战斗、阴谋、诱骗、谈判，他保住了自己的领土，也使其皇位愈发稳固。

但在阿历克塞一世统治的第十五年，一片新的乌云开始在西方升起，并注定要笼罩在帝国上空——十字军东征即将开始。这片乌云也注定要为帝国带来意想不到、好坏参半的影响。自1075年塞尔柱人占领耶路撒冷以来，前往圣地的西方朝圣者便一直受到塞尔柱人的百般刁难。但如果通向叙利亚的道路近来没有被西方基督教世界打通，那朝圣者遭受的刁难所引发的无尽愤怒都将毫无意义。11世纪末，两件事的发生使东西方间的自由交流成为可能，交流程度更是前所未有。

两件事中的第一件，是匈牙利王国皈依基督教。该王国皈依基督教的过程，由圣伊什特万 ① （St. Stephen）在 1000 年开始推动，并于 1050 年前后完成。未来，拜占庭帝国与神圣罗马帝国的德意志属地之间不是一个野蛮的异教国家，而是一个半文明的基督教王国，该国由此正式加入信仰罗马天主教的国家序列。沿着多瑙河，拜占庭帝国通过保加利亚与维也纳（Vienna）之间的交流得以首次实现，并且通过该路线的交流随即频繁起来。撒拉逊海上力量在地中海中部的覆灭，则是第二件使十字军东征成为可能的事件。首先是比萨人（Pisans）和热那亚人（Genoese），其舰队从穆斯林手中夺取了科西嘉岛（Corsica）和撒丁岛；然后是诺曼人占领了西西里岛，使得从马赛（Marseilles）、热那亚（Genoa）驶向东方的航线变得安全可靠。作为新兴海上势力的热那亚人、比萨人、诺曼人，以及亚得里亚海上的威尼斯人，已经发展成为重要的海上力量——那些基督教战舰此前从未踏入的海域，此时已经不再是拜占庭舰队的专属。

沿陆路和海路自由进入东方，此前还是难以想象之事，但在此时已经成为可能，这一变化使得十字军东征变得可行。除此之外，自然不能忽视隐士彼得（Peter the Hermit）和教皇乌尔班（Pope Urban）在其中的作用。1095 年，西方诸国以"将穆斯林逐出巴勒斯坦"为目标集结了大批部队，并正在向拜占庭帝国边境进发的消息，传到了阿历克塞一世耳中。皇帝对十字军热情的纯洁性表示怀疑，更无法理解这种热情究竟从何而

① 圣伊什特万即伊什特万一世，是匈牙利阿尔帕德王朝大公，并在皈依基督教后被加冕为该王朝的第一位国王。

来，并担心出现十字军将矛头对准他自己的情况。阿历克塞
一世的担忧成为事实：大批全副武装的法兰克朝圣者抵达后，
在途中对拜占庭帝国进行掠夺，并多次卷入了同帝国农民和驻
军间的血腥战斗，而这些战斗都极大可能引起公开战争。但阿
历克塞一世所具备的机智与耐心，以及其由虚伪、阴谋所构成
的外交才能，使事态得以成功平息。他决心说服十字军首领向
他效忠，并打算让十字军将其未来会从塞尔柱人手中夺回的所
有原拜占庭领地，统统归还于他。经过漫长且乏味的谈判过
程，皇帝的目标得以实现：通过看人行事，有针对性地使用奉
承、贿赂、恐吓等各种手段，促使上至布永的戈弗雷（Godfrey
of Bouillon）和韦尔芒杜瓦的休（Hugh of Vermandois），下
至最小的男爵的十字军首领们，都纷纷向他宣誓效忠。相较
于性格中的其他部分，拜占庭公主安娜·科穆宁娜（Anna
Comnena）对父亲的哄骗能力更为敬佩。安娜·科穆宁娜所著
的传记中，充满了阿历克塞一世巧妙转变的故事，故事中亦讲
述了他是如何让愚蠢傲慢的法兰克人恢复理智的。最终，揣着
阿历克塞一世的金子，十字军踏上了征程。此外，皇帝还向他
们承诺，在他们重夺圣城前，除提供粮食物资外，还将会直接
派兵援助他们，更永远不会抛弃他们。

1097 年春，十字军开始跨越博斯普鲁斯海峡。经两次行
军，十字军正式进入了塞尔柱帝国境内，并立刻包围了塞尔柱
的边境要塞尼西亚。面对规模庞大的部队，塞尔柱守军全无斗
志，随即开城投降。但塞尔柱守军的投降对象并非法兰克人，
而是阿历克塞一世——他们秘密地让拜占庭军队接收该城。此

次受降激起了十字军与皇帝之间的冲突，十字军本想对尼西亚进行洗劫，但阿历克塞一世拿出了更多的金钱，成功安抚了他们，这支朝圣大军于是再次向小亚细亚内陆挺进。

1097 年，十字军强行穿过弗里吉亚和卡帕多西亚，直扑叙利亚北部。塞尔柱人一路溃败，安条克最终也被十字军包围。尽管阿历克塞一世许下了派军支援十字军作战的承诺，但他仍打算通过更简单的方式获取战果：当十字军击溃塞尔柱人的时候，他在安全距离内跟在十字军后方，如同豺狼跟在狮子后面一样，捡起十字军在同苏丹交战时留下的战利品。通过这种方式，阿历克塞一世先后从塞尔柱帝国拿走了士麦那（Smyrna）、以弗所和萨迪斯（Sardis）。由于塞尔柱军队在十字军的进攻之下选择向东撤离，阿历克塞一世几乎未费一兵一卒便重新拿回了小亚细亚。第二年同样如此，当十字军在安条克附近同美索不达米亚的首领们激战时，派人向阿历克塞一世求援，但阿历克塞一世并未向叙利亚派军，而是在距他较近的吕底亚（Lydia）和弗里吉亚要塞一带集结兵力。因此，皇帝和十字军之间爆发了激烈争执。十字军方面认为，阿历克塞一世从来没有为他们提供任何帮助，并由此拒绝将攻占的安条克和叙利亚其他土地交给他。事实上，双方都违背了此前在君士坦丁堡签订的协议，并互相指责对方的违约行为。因此，十字军东征并没有以拜占庭政权在叙利亚的重新建立而告终，而是以埃德萨伯国（county of Edessa）、安条克公国（principality of Antioch）、的黎波里伯国（county of Tripoli）和耶路撒冷王国（kingdom of Jerusalem）等数个法兰克国家的建立收尾。

大英博物馆馆藏的 12 世纪拜占庭牙雕

对于阿历克塞一世而言，没有收复叙利亚根本谈不上是损失，即便十字军将该地交给他，他也无力统治。十字军东征为皇帝所带来的利益，足以使他心满意足：一方面，塞尔柱势力已经从尼西亚挪转至比提尼亚山，标志着法兰克人已经将塞尔柱帝国的亚洲边境线后移了至少 300 公里；另一方面，拜占庭帝国将吕底亚和卡里亚（Caria）的全部地区，以及弗里吉亚内陆的大部分地区重新划入了版图。

塞尔柱人受到重创，实力大损，在尔后近一个世纪的时间里，他们都被迫处于守势。

受益于十字军对小亚细亚和叙利亚穆斯林势力的打击，阿历克塞一世得以在晚年摆脱了其继位之初所面临的危险。1100—1118 年，他在帝国内外的统治地位都得到了极大稳固，早年间此起彼伏的叛乱终止了。当诺曼人在塔伦特姆（Tarentum）的博厄蒙德（Bohemund）率领下，试图在 1107 年重现罗伯特·吉斯卡尔在 1082 年所取得的壮举时，他们被拜占庭帝国轻易击败，并被迫签订了一份不平等条约①。

如果不是出于两个原因，阿历克塞一世的统治阶段可能会被认为是一个成功且繁荣的时期。首先是十字军东征导致君士坦丁堡的商业中心地位迅速衰落。当热那亚人和威尼斯人成功在叙利亚港口扎根后，他们以君士坦丁堡为中转的人次便大幅减少；两者均发现，他们在阿卡（Acre）或苏尔（Sur）开展业务的利润要远高于在博斯普鲁斯海峡的。相较于强大的拜占庭帝国而言，耶路撒冷王国国力孱弱，其更容易听命于自己的摆布。耶路撒冷国王在自己的海港里根本没有话语权可言，意大利人在此处的商业活动，全部按照其自身制定的规则开展——由此，西方与波斯、埃及、叙利亚和印度的贸易不再经过博斯普鲁斯海峡；法兰克、意大利和德意志也均通过热那亚和威尼斯来购买东方商品。在第一次十字军东征之后的 50 年里，据粗略估算，君士坦丁堡的贸易量下降了 50%——基于

---

① 这份不平等条约即《迪沃尔条约》。——译者注

拜占庭帝国将商业作为其财政主要来源的客观事实，这种衰退直接产生了国库日趋空虚的负面影响。

在阿历克塞一世及其两位继任者统治期间，帝国财政收入下滑所产生的问题和抱怨情绪越来越多。面对帝国财政危机危险指数逐日递增的紧张形势，阿历克塞一世开始授予意大利各国额外的贸易特权，以换取他们在战争中对帝国的援助。这一贸易特权政策始于1081年，当时阿历克塞一世正深陷同诺曼人的战争泥潭。皇帝允许威尼斯人在免关税的前提下，自由进入帝国的大部分港口。把本国臣民得不到的福利给予外国人，严重违背了基本的经济规律：当地商人抱怨道，得益于免除关税，威尼斯人在各个市场上都能获得极不合理的低价优势。1111年，阿历克塞一世正式授予比萨人类似的免税特权，尽管优惠力度相较于威尼斯人更小，但还是促使局面进一步恶化。

当阿历克斯一世的儿子约翰二世于1118年继位时，帝国已然是外强中干——领土扩张为拜占庭帝国撑起了"强大"的门面，而内部的财政收入迅速下滑却无人注意。得益于约翰二世的谨慎节俭，帝国的灾难到来之日得以推迟数年。在历任拜占庭帝国的皇帝中，约翰二世是唯一未遭批评和未受怨恨之人。联想到其父亲正是阿历克塞一世时，我们便更会惊叹于其品性中的勇气、诚实与真诚。帝国臣民们对皇帝的美德极其欣赏，并将他称呼为"好人约翰"——这一称号的合理性，在约翰二世1118—1143年的统治期间，从未有叛乱发生的事实中得到充分体现。①

　　同时，约翰二世还是一名优秀的战士。在他统治期间，帝国的亚洲边界随着对塞尔柱帝国的节节胜利而不断向东推进。但皇帝的战略研判出现了错误，相较于中部高原的塞尔柱主力，他更倾向于对小亚细亚北部和南部的沿海地区发起攻击。在拜占庭军队征服了西里西亚、皮西迪亚和本都（Pontus）全境后，帝国领土呈现出沿狭窄海岸边缘分布的形态，从三面将塞尔柱帝国包围，但苏丹仍然占据着卡帕多西亚全境和利考尼亚高原。约翰二世的任务本应是完成对小亚细亚的重新征服，但他选择了向叙利亚挺进。除强迫安条克的法兰克国王和阿勒颇的塞尔柱埃米尔向他称臣纳贡外，约翰二世的征服并未留下任何永久性的标志。当正准备发起对耶路撒冷王国远征时，他却在一次狩猎中意外身亡。②

　　"好人约翰"的皇位交到了其子曼努埃尔一世（Manuel Ⅰ）手中。新皇帝的优点不少，缺点也颇多，两者的结合让帝国遭受了致命一击。"游侠骑士"或许是对曼努埃尔一世的最好概括，他单纯为了战斗而战斗，心中对刺激和冒险的热忱是其战斗的唯一指引。他的统治以一连串的战争为标志，而且还喜欢轻率地下决定。但总体而言，这些战斗还是赢多输少——尽管作为政治家的曼努埃尔一世颇为鲁莽，但不可否认其优秀的军

---

① 约翰二世统治期间，曾有两次由其家族内部成员领导的宫廷政变，但两次政变均未获得拜占庭军队及民众的支持，以失败告终。——原注的

② 约翰二世不幸被他自己所携带的毒箭刺中，并最终因伤势过重而离世。——原注

事才能，其所具备的勇气与毅力亦使他成为军中偶像。他常常亲自率军，带领着作为军中精锐、经验丰富的雇佣骑兵中队，将所面对的一切敌人统统击败。他先后占领了塞尔维亚，攻入了匈牙利，逼迫匈牙利国王签署了城下之盟，更成功击退了西西里诺曼人对希腊的入侵。然而，令曼努埃尔一世最感绝望的是与威尼斯间的海战。在两方的作战层面上，拜占庭舰队大获全胜，将威尼斯总督的舰队赶出了爱琴海，但威尼斯海盗在其舰队被赶走后涌入黎凡特，并对君士坦丁堡的贸易活动造成严重破坏。拜占庭帝国实在难受其扰，1174年，曼努埃尔一世不得不与威尼斯方面讲和，将阿历克塞一世80年前曾授予的商业特权——还给了他们。

拜占庭手绘稿上的猎人

从来不顾财政情况而发动战争，是曼努埃尔一世的主要错误。在国库日渐空虚、财政收入日益下跌的情况下，他仍接连不断地发起战争，将从臣民身上榨取的每一分钱都用作军费。此举换来的直接结果是行政系统陷入混乱，司法系统近乎崩溃，道路、桥梁、港口等基础设施破败不堪，本应用于维持这些系统或工程的资金，全部被浪费在了对埃及、叙利亚或意大利的战争活动上。只要麾下的雇佣兵部队能够维持规模并按时发饷，曼努埃尔一世便从不在意国内的贫苦。在他所发起的所有战争中，只有一场称得上是绝对意义的失败，但此战的价值远非其发动的其他战争所能比，他本应将全部精力都投入于此——与塞尔柱人的战斗。

1176 年，由于曼努埃尔一世本人的疏忽大意，其军队困在了峡谷之中，原本在开阔平原上毫无抵抗之力的塞尔柱军队，大败已是瓮中之鳖的拜占庭军队。曼努埃尔一世只得被迫同塞尔柱人讲和。

在统治的剩余时间里，曼努埃尔一世再没有发起对塞尔柱人的战事，他于 1180 年离世，而科穆宁王朝的好运也随之逝去。他年仅 13 岁的儿子阿历克塞①继承了皇位，帝国随即再次陷入了摄政权的争斗旋涡。两年的动荡过后，曼努埃尔一世的堂弟安德罗尼柯·科穆宁②（Andronicus Comnenus）被封为恺撒，接管了阿历克塞二世的监护权。安德罗尼柯一世是一个无良恶棍，其过去的种种行为，足以警告人们不要对他的道德水平抱有任何幻想——曾经企图暗杀曼努埃尔一世，并前后两次投奔塞尔柱人。但他是一个彻头彻尾的伪君子，靠自诩的虔诚与简朴夺得了皇位。在与阿历克塞二世平起平坐，并在感觉自己的地位稳固后，安德罗尼柯一世便于 1183 年勒死了 16

① 曼努埃尔一世之子阿历克塞即阿历克塞二世。——译者注
② 安德罗尼柯·科穆宁即安德罗尼柯一世——译者注

岁的阿历克塞二世。

但如同英格兰的理查三世（Richard Ⅲ）一样，安德罗尼柯一世很快便发现，自己独掌大权的那一刻也正是麻烦开始的时刻。帝国各地的叛乱分子纷纷武装起来，誓要为阿历克塞二世报仇雪恨，西西里诺曼人则趁机侵入马其顿，君士坦丁堡被阴谋填满，因阴谋而被血腥处决的人数量庞大——拜占庭帝国正式进入了恐怖统治时期。

安德罗尼柯一世的残酷程度，一度让人们怀疑他的精神出现了问题。但这段恐怖统治的句号在不久后画上——一位以和善著称的贵族伊萨克·安杰勒斯（Isaac Angelus）被控叛国罪，安德罗尼柯一世派人前去其府邸中对其施以抓捕。面对抓捕，伊萨克没有选择投降，而是挥刀将负责抓捕他的官员砍死。一群暴民前来援助，但因安德罗尼柯一世未在君士坦丁堡城中，导致根本无人去处理此事。暴民们越聚越多，卫兵不肯平叛。当安德罗尼柯一世匆忙返回首都时，暴民们便抓住他，而后将其撕成碎片。于是，领导此次叛乱的伊萨克·安杰勒斯登上了皇位，开启了伊萨克二世的统治。

第二十二章

拉丁人征服君士坦丁堡
（1185—1204 年）

拜占庭帝国先后被精力旺盛却穷兵黩武的曼努埃尔一世，以及轻率鲁莽、惨无人道的安德罗尼柯一世榨干、搅浑。而后，帝国又落入了两个软弱无能且龌龊不堪之人手中——1185年至1204年在位的伊萨克二世及其兄弟阿历克塞·安杰勒斯①（Alexius Angelus）。

　　与本书前面所讲述过的拜占庭帝国的所有时期相比，伊萨克二世和阿历克塞三世的统治堪称可耻之最——彼时的拜占庭帝国远未到寸步难行之时，仅凭常人的勇气与智慧，也完全可以守住基业，帝国面临的入侵，完全能够被轻松化解，姑且不论利奥三世这般杰出的帝王，哪怕是阿历克塞一世在位，都能够不费吹灰之力地扭转被动局面。

　　但帝国实实在在地落入了两个无能之人手中，而且两人自

知无力拯救帝国于危难之中，于是便将"人生苦短，不如尽其欢"作为治国原则。伊萨克二世沉迷于华丽服饰及精美圣像，阿历克塞三世则迷恋酒肉之欢，而这些作为两位帝王的颇具相似的"杰出"才能，已经足够摧毁百业凋敝的拜占庭帝国。

当然，安杰勒斯王朝为帝国带来的灾难，只有在军事和财政体系完全崩溃的情况下才有可能发生。军事方面，作为一个曾经的军事强国，拜占庭帝国自塞尔柱人入侵后，便再未能恢复元气。塞尔柱人夺走了帝国在小亚细亚的兵源地，使得雇佣军在帝国军队构成中开始占据主流。曼努埃尔一世所取得的辉煌战绩，所依靠的是雇佣军占比超过75%的帝国军队。曼努埃尔一世确实能让雇佣军服从命令，但这是建立在为支付军饷掏空国库的基础之上的。到了伊萨克二世和阿历克塞三世这里，两人既支付不出军饷，也没有其他手段来维持军纪。纵观历史经验，一个将军事安全全权交到外国雇佣军手中的国家，如果任由其纪律松懈且效率低下，那便直接等同于国家崩溃。若是大敌当前，雇佣军的选择也往往是叛变，而不是战斗。

内政方面同军事方面一样可悲，两位"人间天使"①则在其中承担主要责任。滥用职权的现象在科穆宁王朝时期已经十分普遍，伊萨克二世更将其高度提升，直接开始买卖官职。伊萨克二世也从不为官员支付粮饷，而是让他们"如古之使徒，不携钱财而至，居其位而勒索民膏"②。尽管阿历克塞三世在

① "人间天使"是一位当代编年史家对伊萨克二世和阿历克塞三世的称呼。——原注

② 尼西塔斯：《伊萨克·安杰勒斯》（第三卷）第8章。——原注

登基时做出了"依功定职"的承诺，但在实际行动上和伊萨克二世如出一辙。其身边宠臣尽是贪婪之人，以官职为回馈来换取贿赂。为避免激起叛乱，无法出售的高级职位均被授予给了当地一呼百应之人。

两位皇帝在位时间共计长达 20 年，以 1195 年阿历克塞三世逼迫伊萨克二世退位为两人的分界线，分成两个时期。当然，两位皇帝的统治并无本质区别，进行划分的唯一目的，是更好地划分两人对帝国灾难的应负之责。

伊萨克二世的责任在于保加利亚和塞浦路斯的丢失。自巴西尔二世征服以来，两地已经被拜占庭帝国统治了近 200 年的时间。但保加利亚人自始至终都没有融入帝国臣民的整体之中，而是在保留了原有语言和习俗的同时，时刻将其以前的独立地位铭记于心。1187 年，阿森家族的三兄弟彼得、伊凡（Ivan）和卡罗赞（Kaloyan）煽起叛乱。如果处理得当，帝国正规军便能够轻而易举地将叛乱之火扑灭。但伊萨克二世任命了无能之将，使叛乱得到激化，而当他后来又任命了能力突出的亚历克西斯·布拉纳（Alexis Branas）为平叛将军时，军中副官却成功劝说布拉纳反叛了。由此，原本用来平定保加利亚叛乱的军队，现在转而挥师挺进君士坦丁堡。如果不是伊萨克二世将仍忠于皇帝的部队交由更具能力之人指挥，那布拉纳便会直接攻下君士坦丁堡。伊萨克二世用巨额财富和其妹妹的婚姻，将蒙菲拉托（Montferrat）侯爵康拉德（Conrad）拉入麾下。康拉德侯爵来自西方，能力卓越，一度成为伊萨克二世的救世主。英勇的伦巴第人康拉德将叛军击溃，并直接处死了为首的布拉纳，保住了其姐夫的皇位。但当内战正在进行的时候，保加利亚人则趁此机会不断发展壮大，使得拜占庭帝国已经无力将其制服。尽管伊萨克二世亲自率军征讨，但也难逃目睹内索斯、索菲亚和瓦尔纳（Varna）等重镇纷纷陷落的命运。

　　在一场全国性的叛乱使皇帝失去了对保加利亚的统治权时，塞浦路斯却以更令人难以接受的方式从帝国版图中挪出。曼努埃尔一世的远亲伊萨克·科穆宁（Isaac Comnenus）带领塞浦路斯人发动叛乱，并数次将君士坦丁堡派来平叛的海军及陆军部队击退。伊萨克·科穆宁前后共抵抗了 6 年，在塞浦路斯岛上建立一个永久性的独立王国已成事实。对于帝国而言，塞浦路斯的此次叛乱是极为糟糕的预兆。过去，导致帝国领土丢失的原因不外乎蛮族入侵或臣民叛乱，但一个本国叛乱分子将一个文明省份从帝国中分离出来，并以塞浦路斯皇帝自居，还是历史上的首次。在拜占庭帝国的认知中，主观或客观存在一个独立的塞浦路斯王国都是既不应该，也不合理的；伊萨克·科穆宁的叛乱成功也释放出了一种信号，即拜占庭帝国已经到了危在旦夕之际，随时都可能会走向四分五裂的境地。塞浦路斯叛乱以前，各行省都听命于君士坦丁堡，每个叛乱分子也都将攻占君士坦丁堡作为自己的叛乱目标，而非直接割地为王。然而，如若不是伊萨克·科穆宁与十字军东征的英格兰"狮心王"[①]产生争执，他或许已经在法理上建立了一个塞浦路斯王国。伊萨克·科穆宁对遭遇海难的英格兰船员施以

---

① 　"狮心王"即金雀花王朝的第二位英格兰国王理查一世（Richard I），因骁勇善战而得"狮心王"一名。——译者注

虐待，为示惩戒，理查一世直接派军攻占了整座岛屿。而后，理查一世又将伊萨克·科穆宁关入地牢，并将塞浦路斯交由吕西尼昂的居伊（Guy of Lusignan）管理。居伊又大量召集法兰克冒险家来塞浦路斯定居，将该岛变成了一个典型的西欧封建王国。

塞浦路斯出事之时，伊萨克二世正忙于保加利亚战事，并在不久之后因宫廷政变下台。他的亲弟弟阿历克塞·安杰勒斯发动了一场政变，并在对伊萨克二世施以剜目之刑后，将他关进修道院之中。单从政变角度而言，阿历克塞三世非常成功，神不知鬼不觉地将他的哥哥赶下了皇位，而伊萨克二世的支持者在事后才得以知晓此事。

但除了此次针对伊萨克二世的巧妙政变外，阿历克塞三世再未展现出任何才能。他继续投身保加利亚战事，结果仍是以失败告终。同时，他还陷入了与塞尔柱帝国间的恶战，并与亨利六世[①]（Henry Ⅵ）产生争执——如果不是突然离世，亨利六世必然会挥师挺进拜占庭帝国。但只要在博斯普鲁斯海峡沿岸的行宫中大摆宴席，阿历克塞三世便会将军事、外交的失利统统抛诸脑后。

1203 年，一个意想不到的新危险悄然逼近，将阿历克塞三世从他的酒池肉林中拉了出来。此前被施以剜目之刑的伊萨克二世有一个名为阿历克塞的儿子，从君士坦丁堡逃到了意大利，投靠了神圣罗马帝国新皇帝士瓦本的菲利普（Philip of

---

[①] 亨利六世，即 1190—1197 年在位的神圣罗马帝国皇帝。——译者注

Swabia）。士瓦本的菲利普迎娶了伊萨克二世的女儿为妻，并下定决心要帮助他年轻的姐夫。机会并不难找，正在这时，一批在教皇命令下组成十字军的法兰克人、佛兰德人（Flemish）和意大利人，正驻扎在威尼斯无所事事。他们之所以于威尼斯驻扎，是因为其计划对埃及苏丹马利克·阿德尔（Malek-Adel）发起攻击。威尼斯人此前曾承诺为十字军提供船只，但出于自身利益考量，又开始竭力反对十字军对埃及采取军事行动——威尼斯人与埃及苏丹间的关系要好，通过苏丹在亚历山大港给予的商业特权，威尼斯人得以掌握埃及与印度之间的全部贸易。因此，十字军放弃了原定的埃及计划，将刀尖转向基督教世界的其他敌人。第四次十字军东征的首领们无力按约支付其拖欠威尼斯人的船租，只得驻扎在岛上满是瘴气的河边，眼看着士兵们将耐心和粮草慢慢耗尽。老谋深算的威尼斯总督亨利·丹多洛（Henry Dandolo）则趁此时机，以免除所有债务、提供免费船队为条件，劝说十字军前去镇压投靠匈牙利国王的扎拉（Zara）镇①叛乱分子。

有良知的人定会拒绝卷入这种不堪勾当，坚持发起对埃及的进攻。但过去 100 年中，十字军中的有识之士越来越少，取代他们的是贪婪无度的军事冒险家。本来心怀虔诚的首领们也被那些心怀不轨之人说服，于是，大军开始向扎拉镇挺进。至此，一场原本是针对穆斯林的圣战，演变成了对基督教城镇的攻击和对威尼斯内政的介入。

---

① 扎拉（Zara）镇位于达尔马提亚。——原注

扎拉城破后，十字军迎来了另一个更为重要的任务。当十字军在达尔马提亚海滨越冬时，年轻的阿历克塞在士瓦本的菲利普的使节护送下出现在了他们的营地之中。被流放的皇子提出恳求：在驶向东方前，十字军再掉转一次船头，将失明的伊萨克二世从地牢中救出。如果十字军能够帮助拜占庭帝国的合法统治者重回皇位，作为回报，那拜占庭帝国将竭尽所能来为十字军提供援助，包括充足的资金、粮草、战舰和雇佣兵等，同时，拜占庭军队亦能作为十字军远征埃及过程中的援军。

尽管对扎拉的军事行动违背了十字军的誓言，令教皇英诺森三世（Innocent Ⅲ）大为恼火。但拜占庭帝国的黄金还是使贫穷的西方贵族魄荡魂摇，威尼斯人也长期希望让埃及远离战火。尽管明知会被教皇怒斥，甚至会被直接逐出教会，十字军首领们还是开始与阿历克塞相接触。至此，十字军的走向完全掌握在了首领们手中，而首领中的带头人最终决定接受这位拜占庭流亡王子的请求。十字军的三位首领分别是威尼斯总督亨利·丹多洛、蒙费拉托侯爵博尼法斯（Boniface）和佛兰德伯爵鲍德温（Baldwin）。意大利诸国的冷酷之处，在亨利·丹多洛身上均得到了充分体现，其亦是十字军中最清楚自己目标之人。虽然年事已高、双目失明，但亨利·丹多洛仍然头脑灵活且意志坚定。他之所以选择参加此次十字军东征，便是要对拜占庭帝国施以报复；同时，更要想尽一切办法、通过一切手段，为他的家乡大肆敛财。地位仅次于亨利·丹多洛的，是法兰克人营中的鲍德温和博尼法斯，两人充分代表了十字军的两种典型。鲍德温勇敢大度、信仰坚定且温文尔雅，是布永的戈弗雷和第一次十字军东征英雄精神的真正继承者，完全应该去从事更高尚的事业，迎接更光荣的死亡。博尼法斯心机颇深，为达目的不择手段，参加十字军东征对于他而言，只是获取东方财富和个人名声的跳板。埃及苏丹对圣墓教堂的破坏，对博尼法斯而言，压根比不上个人发展重要。

　　十字军三位首领的背后，映射出了封建社会形形色色的各类人群：身披铠甲来寻宝的修道院修士、争吵不休的男爵、身无分文的骑士、偶尔客串海盗的威尼斯海员及残暴的西方士兵。

　　鲍德温及其同伴们总觉得介入拜占庭帝国的事务不妥，但最终还是在博尼法斯和亨利·丹多洛的游说下接受了提议。于是，十字军与阿历克塞签订了些许条款，规定了阿历克塞及伊萨克二世在重夺皇位后应支付的报酬明细，包括向十字军支付 20 万马克白银，向巴勒斯坦派遣 1 万名壮丁，以及承认教皇在东方教会中的至高地位等。条款签订后，十字军舰队随即开向君士坦丁堡。而这些签订的种种条款，已经在不知不觉间为未来埋下了祸根。

　　十字军未经任何抵抗便到达了达达尼尔海峡。懒惰成性且奢侈无度的阿历克塞三世任由十字军活动，甚至未派舰船在爱琴海对其进行阻击。他将自己的命运寄希望于君士坦丁堡高耸的城墙，认为这道城墙终究会像拯救希拉克略一世和利奥三世时一样拯救自己。如果十字军单从陆地发起进攻，那阿历克塞三世或许还能够美梦成真，由丹麦人、英格兰人组成的瓦兰吉卫队将陆地袭来的法兰克营队击溃。但与之前皇帝不同的是，阿历克塞三世还要面对来自海上的强攻，而海上恰恰又是阿历克塞三世的力量薄弱之处。虽然拜占庭守军将十字军数次逼退，但威尼斯营队最后还是冲进海堤，并在甲板上搭起攻城塔，而后又通过攻城塔，在君士坦丁堡城墙间架起飞梯。亨利·丹多洛命令小型舰船紧贴君士坦丁堡城墙，并要求手下发起冲击，使得攻城部队得以在海堤左侧的攻城塔落脚。随后，威尼斯人向城中大幅投掷燃烧物，燃起了一场可怕的大火。

港口一侧的君士坦丁堡全景

　　听闻十字军已经攻入城内的消息，懦弱的阿历克塞三世随即骑马逃往色雷斯内陆。此时，拜占庭守军并未陷入丢盔弃甲的境地，至少还有一半的力量可以投入战斗，但皇帝的出逃，使他们失去了继续战斗下去的理由。君士坦丁堡守军的高级军官们将伊萨克二世从修道院的地牢中放出，并宣布他再次登基。而后，军官们又派人前往十字军的军营去送消息，请求皇子阿历克塞与其父亲共掌大权，于是伊萨克二世与阿历克塞四世的共治时代随即开启。

十字军的远征至此结束，但其军中却被失望之情所充斥，只因其未能实现自离开扎拉镇以来一直深埋心中的愿景——洗劫君士坦丁堡。接下来的三个月里，十字军每时每刻都在竭力从伊萨克二世和阿历克塞四世身上榨取每一枚能搜刮出的拜占庭金币。双目失明、身患痛风的伊萨克二世，在十字军的强迫性要求下变得更加愚钝。阿历克塞四世年幼稚嫩、缺乏经验，坚定、坦率、威严等优良品质在他同人交往时根本无迹可寻。他这种虚伪的外交令十字军震怒，他对臣民们私有财产毫无节制地榨取，也令拜占庭人气愤不已。

1203 年的冬天，在拜占庭帝国同十字军就补贴问题争论不休时，阿历克塞四世愈发对十字军感到恐惧，进而加大了对其臣民的榨取力度，最终激起了臣民的反抗。圣索菲亚大教堂标志性的黄金灯饰和银质烛台被阿历克塞四世融掉，镀金圣像也被拆下，城中所有教堂镶有珠宝的圣像圣物亦被没收。群众对阿历克塞四世的容忍达到了极限，他们不会再听令于这位十字军傀儡皇帝，一致认为这位统治者不过是纵容罗马教会骑在东正教会的头上，将帝国千年来积累的财富白白送到那些意大利的共和国手中。

1204 年 1 月，风暴正式袭来。群众和军队将城门封闭，向城中零星的十字军发起攻击。虽然攻击伊始，下令封锁城门的首领便不知所终，但为人凶猛、不听管教的阿历克塞·杜卡斯^①（Alexius Ducas）很快站了出来，并宣布要夺取皇位。在这场暴乱中，伊萨克二世被直接吓死，阿历克塞四世则被篡位者们抓住并当场勒死。

两位皇帝的离世标志着安杰勒斯王朝的终结，阿历克塞·杜卡斯接过了皇位。对于阿历克塞五世，编年史家很少用其姓氏"杜卡斯"来称呼他，而是用他的绰号"穆尔楚弗洛斯"（Murzuphlus）来对其进行称呼——该绰号源于其面部标志性的浓密悬眉。

阿历克塞五世所面临的一切都是窘境：政治方面，其篡位者的身份不具任何合法性，发出的命令仅能在君士坦丁堡城内回荡；财政方面，安杰勒斯王朝的统治将帝国国库掏空；军队方面，20年来的军纪松弛和灾祸不断几乎将军队彻底摧残，舰队不复存在，军舰已经被阿历克塞三世的海军上将们变卖，军产变成了这些将军们的私产。尽管如此，阿历克塞五世也要比他的同名前任做得更好。安杰勒斯王朝的内官和朝臣，如过街老鼠般人人喊打，阿历克塞五世通过没收这些人的财产筹集到了一点儿钱，将其用于最需要的地方。军队收到了一些欠款，阿历克塞五世更利用其所有的空闲时间来监督军队训练，以整顿军纪。同时，阿历克塞五世也大兴防务工程：对于四个月前刚刚在实战中被证明不堪一击的海堤，他下令竖起了一座座木塔来予以加固；对于武器库中所能找到的所有武器，他也建造起了专用的发射平台。此外，他还下令大量招募民兵，强

①　阿历克塞·杜卡斯即阿历克塞五世。——译者注

迫君士坦丁堡的贵族和群众拿起武器，以守卫城墙。

这一命令使拜占庭人蒙羞，群众抱怨说：他们缴纳的税款本就是用来供养正规军的，因此，这种个人徭役既不合理也毫无必要。实际上，阿历克塞五世的征兵令并未带来任何益处，军队的提升仅仅体现在了人数层面上，而战斗力毫无变化。

阿历克塞五世每天都亲率骑兵在十字军营地周围巡视，以将法兰克人派出的运粮队伍歼灭。不在战场上时，他则会骑马检视防御工事，并对士兵们发表长篇演讲。假若勇气和精力是取得成功的唯一要素，那阿历克塞五世本应大获全胜，但个人的努力终究无法抵消 20 年衰败与混乱的负面累积效应，他本人也不禁感叹自己生不逢时，无力回天。

经过两个月的准备，十字军开启了对君士坦丁堡的第二次进攻。他们认为，无论从力度、规模等各个方面，这次进攻都要超过第一次进攻。鉴于首次攻下君士坦丁堡时所取得的经验，十字军没有选择从陆地上发起主攻，而是将其主要火力集中于海堤一侧。十字军将其舰船分成几组，在装备了尽可能多的攻城器械基础上，指派每一组去攻击海堤的一处特定区域。如同首次进攻时那样，十字军再次架起飞梯，让部队在城墙和水面间的狭窄海滩上登陆后，再通过冲车和梯子发起攻击。这次攻击于 1204 年 4 月 8 日打响，十字军在 3 公里海堤上的多处地点同时发起进攻，但均以惨重的失利而告终。阿历克塞五世的部署十分得当，他的"希腊火"将所有试图攻上城墙的十字军士兵击退。当天中午时分，十字军的所有舰船全部严重受损，被迫艰难撤退至金角湾对岸休整。

到了此时，许多十字军战士都希望收兵至圣地耶路撒冷，因为他们认为此次战败是上帝对他们进攻基督教城市的惩罚。但以亨利·丹多洛为首的威尼斯人坚持要再次发起进攻。十字军用了三天时间来休整舰队，并于4月12日再次出兵君士坦丁堡。这一次，十字军将舰船两两固定以保持稳定，并对一小段海堤发起密集攻击。经过激烈战斗后，十字军利用手中的攻城器械和弩箭，将一座塔楼中的拜占庭守军全部歼灭，成功把一座飞梯放下。登陆成功的十字军在击退了回击的拜占庭守军后，随即打开了边门，使十字军主力部队进入城中。在城墙上的短暂战斗后，阿历克塞五世的军队撤退至城中街道。十字军在城中纵火，以掩护他们的前进；直至夜间，布雷契耐宫（palace of Blachernae）所在的君士坦丁堡西北角区域，完全落入十字军手中。

当大火将城中守军拆散时，阿历克塞五世试图再次集结部队，为第二天的巷战做好准备。但守军已经被吓破了胆，许多兵团直接成建制地成为逃兵；守军中最精锐的瓦兰吉卫队也在此时要求皇帝必须悉数清偿欠款，否则将拒绝出战。

安杰勒斯王朝20年的混乱统治，终于结出了恶果。

阿历克塞五世因没有办法让他的部队继续投入战斗而绝望，选择趁夜色逃出城外。而最后一位头脑冷静的拜占庭军官西奥多·拉斯卡里斯（Theodore Lascaris），率军向十字军发起了最后一次进攻，但还是以失败告终。第二天早上，十字军发现自己已经完全占领了君士坦丁堡，此前预期中的艰苦巷战并未出现。

拜占庭圣骨匣

在战斗结束的 12 小时后，十字军开启了对君士坦丁堡的冷酷洗劫。十字军的首领们不能也不愿阻止手下，大城市沦陷后的各种暴行景象随即在君士坦丁堡城内悉数上演。尽管没有遭遇抵抗，但十字军的士兵们，特别是其中的威尼斯人，在城中肆意杀戮，三四千手无寸铁的居民倒在了血泊之中。但数以万计的大规模屠杀并未出现，相较于大开杀戒，十字军表现出的更多是欲望和贪婪。不仅局限于拜占庭本土的作家，就连所有的西方作家，都以文字证明了这三天里充斥着由强奸、掠夺所带来的恐怖。不论是骑士还是普通士兵，都无所顾忌地闯入其所看中的民宅，更随心所欲地对待房子主人。教堂和女修道院的情况跟民宅里的差不多，在最神圣的地方施以暴行，甚至连教皇也感叹"此取可谓无益"。喝得酩酊大醉的士兵让一个妓女坐在圣索菲亚大教堂的主教座上，又让她在圣坛唱起下流曲目并跳起不雅舞蹈。十字军军中有很多神职人员，但他们没有去制止士兵们的亵渎行径，而是径直冲进教堂宝库，抢夺所有存放在里面的圣骨和圣物。一位目睹君士坦丁堡被洗劫的拜占庭作家评论道："十字军行径之恶，远非撒拉逊所能及，异教徒还是尊重教堂及妇人的。"

在士兵们肆意掠夺三天之后，十字军首领们下令将所搜刮的财物尽数上交，以再次进行统一分配。虽然士兵私藏的财物之数无法估量，但首领们收到的财物价值仍然高达80万英镑。后来，伴随着一种更为具体的统计方法的应用，证实了十字军此次的掠夺总额要远高于80万英镑。因此，现代历史学家在关于十字军的叙述中，又添加了诸多带有诅咒色彩的主观言论。截至1204年，君士坦丁堡仍留有大量的古希腊艺术雕像，在长达900年的风吹雨打后，君士坦丁堡的广场及宫殿中仍堆满了君士坦丁及其子嗣们所留下的艺术珍品。尼塞西斯（Nicetas）是这一切的目击者，甚至列出了一份遭到毁坏的主要雕像清单：利西普斯（Lysippus）的赫拉克勒斯（Heracles）、萨摩斯（Samos）的赫拉（Hera）、奥古斯都（Augustus）在亚克兴（Actium）战役后竖立的铜像，以及古罗马的"狼与罗慕路斯和雷姆斯"（Wolf with Romulus and Remus）、"帕里斯与金苹果"（Paris with the Golden Apple）、"特洛伊的海伦"（Helen of Troy）等铜像，都被扔进熔炉之中，统统化成铜钱。基督教的艺术雕像也未能幸免于难，前任皇帝们的陵墓亦被撬开，其中所有的金属制品被统统搬走。教堂的祭坛和屏风被刮成了光秃秃的石头……一切尽是荒凉之景。

一位西方编年史家写道："此乃有史以来，最具毁灭性之征服，亚历山大、查理二帝亦无法企及，未来之人亦不能超越。"正如此言所述，拜占庭人在绝望中哀叹，他们眼中的景象是："天下之目，国之珍宝，天地至美之景，教会之源，信仰之水，东正教教义之正统，科学之所在，皆毁于一旦，同毁摩押平原五城般燃起滔天巨火。"

最终，十字军开始坐下来瓜分战利品。他们决定让佛兰德伯爵鲍德温①成为东方新皇，将已是废墟的君士坦丁堡交到了他的手中。两次围攻时所燃起的大火，将大半的君士坦丁堡烧毁。城中一片荒凉，从地下到地上全部被洗劫一空。五分之四的居民都逃走了，城中只剩下了一无所有的乞丐。除君士坦丁堡外，鲍德温一世还获得了色雷斯和亚洲各省——比提尼亚、米西亚（Mysia）和吕底亚，但这些省份都还有待征服。与他共担十字军首领的蒙费拉托侯爵博尼法斯被推为向鲍德温一世效忠的"塞萨洛尼基国王"，其领地范围包括马其顿、塞萨利及伊庇鲁斯内陆地区。威尼斯人要求占有拜占庭帝国领土的八分之三，并通过接收克里特岛、爱奥尼亚群岛（Ionian Islands）、希腊和阿尔巴尼亚（Albania）的西部港口、爱琴海

---

① 佛兰德伯爵鲍德温即鲍德温一世，是拉丁帝国的首任皇帝。——译者注

上的几乎所有岛屿，以及达达尼尔海峡入口的沿岸土地，达到了他们的要求。威尼斯人占据了所有的优良港口及坚固的海上堡垒，而未对内陆地区提出要求，证明了他们的目的是贸易而非吞并。拜占庭帝国的其余部分被分给了十字军的小首领们，但他们必须先打下他们的封地，然后再向鲍德温一世宣誓效忠——而直至生命终结，他们中的大多数都没能正式接手封地。与此同时，一位威尼斯主教被任命为君士坦丁堡的大教长，并派人通知教皇称，通过对东正教会的武力灭绝，东西方教会的合并已经完成。

至于逃亡的拜占庭皇帝阿历克塞五世，他最终被十字军抓住，而后又以谋杀阿历克塞四世的罪名受审，并被判处从高台上抛下的死刑。关于末代恺撒的晦涩预言曾令众多预言家恼火，而阿历克塞五世的结局，反而让拜占庭人对这一预言恍然大悟。

第二十三章

拉丁帝国和尼西亚帝国
（1204—1261 年）

要从历史中找到同拉丁帝国经历相似的国家并不容易，其50多年如一日地在苦难与危险中度过。拉丁帝国的历史是一部充斥着垂死挣扎的历史，且从未展现出任何恢复的希望与迹象。3万人可以攻下一座城池，但征服不了900公里长、500公里宽的广袤领土。与这片土地上的其他任何政权相比，拉丁帝国都更配得上"病夫"这个称号。毫不夸张地讲，如若没有君士坦丁堡坚固的城墙，拉丁帝国的历史跨度不会超过10年。

　　但一旦在君士坦丁堡的城墙内设防，法兰克人便立刻获得了其拜占庭前辈所拥有的巨大优势——成为一座宏伟堡垒之主。从彼时的军事科技水平来看，若要让这座宏伟堡垒实现"坚不可摧"，仅需满足临海一侧守卫力量充足这一条件，而这唯一的条件还得到了坐拥海上霸权的威尼斯人的保障。即使拉丁皇帝的兵力十分有限，但只要能与来自意大利地区的武装市民相联合，也足以守住君士坦丁堡。

　　从存在的第一年开始，拉丁帝国就被定义为是一个难以长存的国家。帝国的开创者对政治体制的构想是用封建模式来替换原有的中央集权专制模式，且所管领土也与原来相当。但几个月后，十字军逐渐发现要征服拜占庭帝国原有的全部省份根本无法实现，而鲍德温一世恰是第一个发现这一点的人。趁原拜占庭帝国陷入四分五裂之时，保加利亚人从色雷斯北部南下，在平原上大肆掠夺。鲍德温一世带着他的骑士精神，率军前去驱赶保加利亚人，但在阿德里安堡附近，他遇到了亲率大军的保加利亚沙皇乔安尼西奥斯（Joannicios）。尽管法兰克人作战勇猛，但还是因寡不敌众而败下阵来，大部分军队战死沙场，鲍德温一世本人也被俘虏。1205 年，在用铁链将鲍德温一世锁了几个月后，保加利亚沙皇最终将他处死——而此时距离鲍德温一世戴上皇冠不过一年的时间。

　　鲍德温一世死后，他的兄弟佛兰德的亨利（Henry of Flanders）成为皇位继承人。尽管佛兰德的亨利是诚实且能干之人，但他对征服亚洲各省、将保加利亚人赶出巴尔干半岛及安抚拜占庭人等各项事务也无能为力。在他统治期间，他不得不同时应付南北两个邻国的夹击。至他离世时，拉丁帝国的实际领土仅剩下马尔马拉海从加里波利（Gallipoli）到君士坦丁堡间的狭长地带。其他的小首领们面临的情况也同样糟糕。1207 年，在对保加利亚人的战斗中，被推为"塞萨洛尼基国王"的博尼法斯被杀死——这支保加利亚人正是战胜鲍德温一世的部队。博尼法斯的死亡证明了，在征服原拜占庭帝国各行省这件事情上，塞萨洛尼基王国与君士坦丁堡的拉丁帝国同样束手无策。作为继承人的博尼法斯之子，在继位时还只是一个婴儿，没等到他成年，其治下王国的土地便被能干的拜占庭君主、伊庇鲁斯专制国国王——西奥多·安杰勒斯（Theodore Angelus）逐步蚕食。直至 1222 年，塞萨洛尼基王国都城也被拜占庭人夺回，该王国就此宣告覆灭。

巴尔干半岛南部的拉丁诸国情况稍好。尚普利特的威廉（William of Champlitte）在伯罗奔尼撒半岛（Peloponnesus）西部为自己打下了一片领地，并建立了一个由 12 个男爵和 136 个骑士组成的小型公国。当地人的抵抗弱小到可以忽略不计，尚普利特的威廉仅凭一场战役，便拿下了伊利斯（Elis）和麦西尼亚（Messenia）的整个海岸平原。但对于马伊纳（Maina）半岛的山区居民，以及沿海城镇阿尔戈利斯（Argolis）和拉科尼亚（Laconia），尚普利特的威廉则未能征服，拜占庭人因此在半岛上仍有少许立足之地。

另一个拉丁小国由奥托·德·拉·罗奇（Otto de ya Roche）在希腊中部建立。奥托·德·拉·罗奇以"雅典公爵"的身份统治着阿提卡（Attica）和维奥蒂亚（Boeotia）。相较于其他的十字军首领而言，奥托·德·拉·罗奇对待他的拜占庭臣民更为仁慈，这也为他带来了其他拉丁君主所不能比拟的尊重与声望。在 1204 年后建立的诸多公国中，虽然雅典公国面积最小，但其是最为繁荣的一个。

现在，让我们将目光转向那些在君士坦丁堡陷落后，法兰克人未能占领的拜占庭帝国属地上。在君士坦丁堡陷落前，拜占庭帝国各省无论有再大的怨言，都会选择听从首都发出的命令。但是在 1204 年，人们发现拜占庭帝国的中央集权虽然强大，但各省的个性依然得到了保留，而恰恰是这种个性，使得各省并未全盘接受拉丁人的统治。不论是前朝皇室成员，还是积极有为的总督，抑或颇具影响力的地主，只要有人振臂一呼，他们都会纷纷揭竿而起。拜占庭帝国就像是某种"低等生物"，在头颅被砍去后，四肢却依然能够展现出强大的生命力。只要还有一处仍在抵抗，那其他地方的拜占庭人也都会拒绝屈服于"法兰克海盗"和更令人生厌的罗马教会。

在各地的反抗领袖中，有三人成功开辟了自己的王国。三人之中影响力最大的一位是西奥多·拉斯卡里斯，其正是在君士坦丁堡陷落时，还试图对十字军发起反击的军官。因迎娶了昏君阿历克塞三世之女，他宣称自己享有皇位继承权。

实际上，让西奥多·拉斯卡里斯获取权力的关键则在于其所具备的勇气与活力——拜占庭军队残部以他为尊，比提尼亚的城市也纷纷为他敞开城门。当受封为男爵或骑士的拉丁人进入亚洲，以接受其封地时，迎接他们的却是西奥多·拉斯卡里斯手中的利剑。他率军对普布萨（Prusa）城严防死守，将佛兰德的亨利成功击退，并由此限制了拉丁人的扩张——除比提尼亚海岸上的几座城池外，法兰克人再无其他收获。1206年，在制止了拉丁人的入侵后，西奥多·拉斯卡里斯[①]在尼西亚正式为自己加冕，建立了自己的帝国。

将拉丁人击退后，西奥多一世的敌人变成了另一个宣称拥

---

① 西奥多·拉斯卡里斯即西奥多一世，尼西亚帝国的统治者。——译者注

有皇位继承权的人，即恶贯满盈的安德罗尼柯一世之孙——阿历克塞·科穆宁 ①（Alexius Comnenus）。在君士坦丁堡陷落时，他已经来到了帝国的边界，并占据特拉比松（Trebizond）和黑海东南角的狭长海岸，其领地从费西斯（Phasis）河口一直延伸至锡诺普。科穆宁渴望征服原拜占庭帝国的全部亚洲领地，并派他的兄弟戴维·科穆宁（David Comnenus）率军进攻比提尼亚。但西奥多一世成功将其击退，科穆宁无功而返，只得满足于其庞蒂克（Pontic）地区的狭窄疆界。在这片狭窄疆界上，科穆宁的后代以"特拉比松皇帝"的身份默默无闻地统治了 300 年。而后，尼西亚帝国迎来了更大的危险，塞尔柱帝国的好战苏丹从高原上冲出，不断冲击着尼西亚帝国的边界，但是塞尔柱苏丹也同样败给了英勇的西奥多一世。在安条克战役中，西奥多一世亲手将苏丹凯霍斯鲁（Kaikhosru）斩落于马下，塞尔柱人仓皇而逃。此战过后，尼西亚帝国迎来了长达一代人的和平。

与此同时，第三个拜占庭国家在遥远的西部出现。尽管私生子的身份令其合法性存疑，但米海尔·安杰勒斯 ②（Michael Angelus）还是凭借阿历克塞三世、伊萨克二世堂弟的身份，宣称自己拥有皇位继承权。伊庇鲁斯各城将他奉为统治者，他也宣称自己是这片土地的"专制者"。凭借由阿尔巴尼亚部落所组成的部队，米海尔·安杰勒斯以武力筑牢了自己的皇位，

---

① 阿历克塞·科穆宁即阿历克塞·梅加斯·科穆宁，特拉比松帝国的阿历克塞一世。——译者注

② 米海尔·安杰勒斯即伊庇鲁斯专制国的米海尔一世。——译者注

更击退了雅典和塞萨洛尼基的法兰克人的进攻。虽然他即位不久就英年早逝，但为他的王国留下了丰厚遗产——他的兄弟西奥多继承了他的王位，并在短短数年内将法兰克人建立的塞萨洛尼基王国悉数征服。

拜占庭建筑的尖顶饰

既然两位皇帝都宣称拥有拜占庭的皇位继承权，那两人之间必然会有一场基于实力的较量。拉丁帝国注定要在其中一位君主的铁蹄下灭亡，而唯一的问题在于：击毁拉丁帝国的到底是伊庇鲁斯专制国，还是尼西亚帝国。

1241 年，两国之间的决战使这个问题的答案得以浮出水面。此时，西奥多一世的皇位已由其女婿约翰·杜卡斯①（John

———————

① 约翰·杜卡斯有时也被称为约翰·瓦塔泽斯（John Vatatzes）。——原注

Ducas），即约翰三世继承；西奥多的儿子约翰·安杰勒斯
（John Angelus）则继承了塞萨洛尼基帝国①的皇位。君士坦丁
堡城内，拉丁皇帝的更替更为频繁。佛兰德的亨利于1216年
离世，紧随其后的是库特奈的彼得（Peter of Courtenay），但
其统治不到一年便被伊庇鲁斯人杀死。库特奈的彼得之子罗伯
特（Robert）而后继承了皇位。1228年罗伯特离世后，皇位由
他的兄弟鲍德温二世（Baldwin Ⅱ）接任——这两位年轻君主
皆是无能之人，只能眼睁睁地看着拉丁帝国的领土逐渐消失，
直至最后仅剩下君士坦丁堡一座城池。

尼西亚帝国的约翰三世是一位杰出君主，完全配得上其
岳父西奥多一世的信任。约翰三世英勇善战且治国有方，通过
强化监督及厉行节俭，其治下尼西亚帝国的财政情况蒸蒸日
上——这是自百年前约翰二世时代以来，拜占庭帝国再未出现
过的景象。1230年，尼西亚军队剑指欧洲，成功地将法兰克
人逐出色雷斯南部；1235年，约翰三世更直接将君士坦丁堡
包围。

但君士坦丁堡城破之时还未到来，面对威尼斯舰队的援
兵，约翰三世不得不下令撤军。意识到直扑君士坦丁堡的时机
还不够成熟后，约翰三世转而开启了其与塞萨洛尼基安杰勒斯
王朝间的斗争，大败对手，并于1241年将塞萨洛尼基帝国的
都城重重包围。随后的结果是，约翰·安杰勒斯辞去了皇帝头
衔，称自己仅仅是"伊庇鲁斯专制者"，并承认尼西亚帝国的

① 伊庇鲁斯专制国的第二任君主狄奥多尔在占领塞萨洛尼基后，于1224年左右
在塞萨洛尼基称帝，因此，其统治下的政权被称为塞萨洛尼基帝国。——译者注

统治地位。这让约翰三世一度感到满意，但 4 年后约翰·安杰勒斯离世时，约翰三世还是派兵占领了塞萨洛尼基，使之成为尼西亚帝国的一部分。约翰·安杰勒斯的继承人逃到阿尔巴尼亚，只得在其祖先留下的一小块领地上苟活。

约翰三世于 1254 年离世，其子西奥多二世继承了皇位。西奥多二世致力于将其祖父和父亲的事业继续发扬光大，先后将保加利亚人逐出马其顿，将阿尔巴尼亚人封锁在山丘之中。但他患上了癫痫病，于继位 4 年后的 1258 年离世——而此时他还不到 38 岁。

对于尼西亚帝国而言，西奥多二世的离世堪称噩耗，其子兼继承人的约翰·杜卡斯 [1] 年仅 8 岁。对于国家而言，君主年幼所产生的影响往往是负面的。在过去几个世纪的历史事实中，我们已经看到，年幼君主将直接导致对摄政王一职的激烈争夺，甚至有时亦会出现篡位谋权之事，约翰四世也不例外。为得到权力，西奥多二世的臣子们你争我斗、不择手段。最后，一位名叫米海尔·巴列奥略（Michael Paleologus）的军官成为帝师，并被封为"专制者"。

米海尔·巴列奥略能力非凡，但颇具野心且毫无原则。虽然曾发誓要永远效忠于约翰四世，但摄政王的位置远不能满足米海尔·巴列奥略的野心，其暗自下定了夺取皇位的决心。米海尔·巴列奥略的手段与理查三世极其相似，尼西亚帝国的景象似乎是对 2 个世纪后英格兰场景的预演。他先是将约翰四

---

① 西奥多二世的儿子约翰·杜卡斯即尼西亚帝国的约翰四世。——译者注

世的亲戚和支持者逐出首都，而后又安插自己的亲信，再通过糖衣炮弹来拉拢神职人员。不久，米海尔·巴列奥略①的支持者开始制造谣言，称幼主掌权使国家陷入危险，帝国亟须强有力之人来掌舵。在多次以满嘴仁义的虚假推脱后，摄政王最终还是为自己加冕。自此，年幼的约翰四世就被冷落了。约翰四世快到10岁时，米海尔八世对其施以剜目之刑，并将其关入地牢，约翰四世只得在黑暗与痛苦之中度过了30年的光阴。

篡位之后，迎接米海尔八世的是尼西亚帝国所有敌人的大军压境。伊庇鲁斯的专制者与希腊的法兰克领主组成联军，并在意大利雇佣军的策应下向马其顿进军；君士坦丁堡的拉丁皇帝也煽动威尼斯人在尼西亚帝国边界大行劫掠。1260年，米海尔八世的军队战胜了法兰克－伊庇鲁斯联军，这是拜占庭军队的最后一次伟大胜利。佩拉冈尼亚（Pelagonia）战役的胜利稳固了米海尔八世的统治，法兰克人和伊庇鲁斯人元气大伤，再也无法对他形成威胁。

平定了西方的所有危险后，米海尔八世终于能够将注意力放在君士坦丁堡城中的拉丁皇帝身上，以完成对拜占庭帝国的重建。君士坦丁堡的城破之日已到，鲍德温二世的末日即将到来。

作为君士坦丁堡最后一位拉丁君主的鲍德温二世，长期只忙于一件事情——求援续命。自继位以来，鲍德温二世有超过一半的时间都在拉丁帝国境外度过，他在西方诸国间游

---

① 米海尔·巴列奥略即尼西亚帝国的米海尔八世。——译者注

走，竭力劝说，以让他摆脱必将到来的覆灭结局。但他的游走收获甚微，最大的成功莫过于在 1244 年从圣路易九世（St. Louis IX）那里得到了一大笔现金。但这笔现金，实际上是鲍德温二世以摩西之杖、施洗者约翰的腭骨和耶稣的荆棘冠等精美圣物换来的。

1261 年，鲍德温二世陷入了前所未有的困境。他将自己宫殿屋顶上的铅条拆下，以几个金币的价格卖给威尼斯人；因为没钱购买燃料，他又不得不将自己的外屋横梁拆下。为获取财政贷款，鲍德温二世还将自己的儿子兼继承人抵押给了威尼斯卡佩利（Capelli）银行——由于实在一贫如洗，卡佩利银行认为鲍德温二世的儿子是其唯一担保。拉丁帝国陷入如此境地，导致君士坦丁堡除威尼斯舰队外，再无其他任何防御力量。趁威尼斯舰队出海后，米海尔八世麾下的色雷斯指挥官阿历克塞·斯特拉特戈普卢斯（Alexius Strategopulus）率军发动突袭，并最终攻下了君士坦丁堡。

在城内叛乱势力的策应下，阿历克塞·斯特拉特戈普卢斯仅带着 800 名正规军和几十名半武装的志愿军进入君士坦丁堡。面对这支"强大"的尼西亚军队，十字军的继承者们未加抵抗便逃之夭夭，拉丁帝国以一个极不光彩却又应得的方式走向了覆灭。

成为流亡君主的鲍德温二世，重新开启了其在西欧的"行乞之旅"，在教皇和诸国国王的耳边喋喋不休，请求他们帮助他重建拉丁帝国。鲍德温二世离世后，"一位无助皇帝四处漂泊，一直在找寻能够拯救他的那位勇士"的故事成为他的唯一纪念，这个故事也非常符合他那个时代传奇故事中的典型。在西欧，鲍德温二世的故事无人不知。此外，他亦是 50 个骑士传说中，那个落魄君主的原型。

第二十四章

衰退与衰败

（1261—1328 年）

拜占庭帝国重新在历史中出现了，对于一个粗心的读者而言，巴列奥略王朝似乎是伊萨克二世和阿历克塞三世统治的自然延续。如果在撰写编年史时，将米海尔八世及其儿子的事迹直接写在阿历克塞三世的篇章之后，十字军征服君士坦丁堡这件事似乎可以完全忽略不计，读者在翻阅时亦不会感觉到任何不妥。这期间法兰克人在君士坦丁堡的统治、尼西亚帝国的种种英勇事迹，也同样会被人们忽略。

　　对于这种观点的正确与否，我们不必过分追究。1204 年和 1270 年的拜占庭帝国在表面上的不同之处微乎其微，但在这六十几年间，拜占庭帝国实质上确实经历了一次巨大的转变。其中，外部变化最为明显。相较于阿历克塞三世治下的拜占庭帝国，米海尔八世的实控疆域要小得多。与预期相比，拜占庭帝国在亚洲的领土损失不大：西奥多一世和约翰三世将塞尔柱人击退，只有两个面积不大的地区落入了穆斯林之手，即南部阿黛利亚（Adalia）海港所在的皮西迪亚海岸，以及北部锡诺普海港所在的帕夫拉戈尼亚海岸。此外，遥远的庞蒂克省现在已经变成了特拉比松帝国。

欧洲的领土损失则要严重得多，共计丢失了四大块领土。第一块是位于巴尔干山南坡的色雷斯北部和马其顿，两地均落入了保加利亚人之手，完全被斯拉夫化。第二块是以现代阿尔巴尼亚为主的地区。当约翰三世征服了塞萨洛尼基的安杰勒斯王朝后，一位年轻的皇室成员退回到作为王朝起源地的阿尔巴尼亚山间，建立起了独立的伊庇鲁斯君主国（Despotate of Epirus）。伊庇鲁斯君主国在此地延续数代，并与希腊南部的拉丁诸国结盟以共同抵御君士坦丁堡的皇帝。

在米海尔八世从未收复的旧拜占庭领土中，我们必须将希腊列为第三块。该地现在被维尔阿杜安（Villehardouin）家族的亚该亚公国（Duchy of Achaea）和继承了雅典公国的布里耶纳（Briennes）家族瓜分。但巴列奥略王朝仍然保留了伯罗奔尼撒半岛的大片土地，并在不久之后逐渐收复其法兰克邻居所占据的领土。第四块是爱琴海诸岛，这些岛屿中的大部分被威尼斯政府或威尼斯冒险家控制。威尼斯冒险家以独立领主的身份统治着其岛屿，但他们仍直接听命于威尼斯政府。

相较于 1204 年，1261 年的帝国衰弱并非仅局限于领土一项。尽管阿历克塞三世的内政管理极其糟糕，但拜占庭帝国仍有恢复的可能。帝国的行政和经济传统虽然被政府忽视，但并未彻底绝迹。对于腐朽不堪的拜占庭帝国而言，想要回到巅峰状态已然是不可能之事，但如果皇帝能够选贤任能、赏罚分明，这些优良传统仍能够发光发热，改善帝国的境况。但到了米海尔八世这里，再想改善帝国境况已经难如登天。尽管尼西亚帝国的三位杰出帝王能够成功击退来犯的塞尔柱人和法兰克人，保住独立地位，但在恢复帝国各省的行政上也无能为力。约翰三世为君节俭，甚至一度屈尊去饲养家禽来填补国库收入，但无论他在振兴本土产业上做出多少努力，都无法使帝国枯竭的繁荣之泉再次涌动，整个帝国的财政和行政体系都已经近乎全面崩溃。

帝国的商业衰落是推行体制改革无望的深层动因。拜占庭帝国皇帝之所以能够成为基督教世界的贸易主宰，完全源于其对海洋的掌控，但巴列奥略王朝始终未能恢复这一关键掌控。以前拜占庭帝国的财富之源，全在于君士坦丁堡的文明世界贸易中心地位：叙利亚和波斯的所有商队云集于此；埃及和黑海的货物经水路运送至这里；西方国家在数个世纪的时间中亦纷纷来到这里购买东方商品。但十字军东征动摇了君士坦丁堡的商业垄断地位，教会了意大利人去往叙利亚和埃及的未知地区，绕过中间商，直接从生产商那里购买他们所需要的东方商品。阿卡和亚历山大港的繁荣发展直接印证了 1204 年拜占庭帝国国破以前，君士坦丁堡的贸易已经在走下坡路了，而拉丁人的征服则堪称是致命一击。博斯普鲁斯海峡的贸易开始控制在威尼斯人手中，而君士坦丁堡在威尼斯人眼中并不具有唯一性，其也准备通过叙利亚和埃及的港口进行贸易。对于威尼斯人而言，君士坦丁堡不过是黑海贸易的一个重要中转站，以及购买马莫拉海（The Sea of Marmora）周边国家农产品的市场而已。

自 1204 年起，意大利逐步取代君士坦丁堡，成为欧洲所有贸易活动网络的中心和起点。意大利各大共和国时刻保持警惕，以阻止拜占庭舰队重新恢复至原有实力。从此以后，拜占庭的海军便默默无闻，而没有强大的海军，巴列奥略王朝也就无法赶走入侵者，更无法将黎凡特重新纳入海上贸易航线。

在君士坦丁堡重新夺回皇位的皇帝们，无一例外，都为原本已经精疲力竭、一贫如洗的帝国雪上加霜。诚然，生在一个艰难的时代里是注定好的，但他们在面对末日时，从未表现出哪怕是一丝一毫的能力与勇气。拉斯卡里斯家族统治尼西亚帝国的三位君主，均是骁勇的战士与合格的领袖。或许是被君士坦丁堡的黑暗与腐朽腐蚀了头脑，在回到君士坦丁堡后，三位杰出君主的后继者的能量之泉开始枯竭。

尽管与尼西亚帝国的历任杰出君主相比，米海尔八世取得了他们未取得的功绩——收复君士坦丁堡，但归根结底，他不过是个狡诈的阴谋家，而非真正的政治家或将军。米海尔八世以极其卑劣的手段对待幼主，获得了本不属于他的皇位，他因此也一直担心自己会遭受同样的命运。米海尔八世生性多疑残忍，国家利益在他面前根本比不过一己私利。与他同时代的史学家们也认为，他在故意削弱帝国。

收复君士坦丁堡后，米海尔八世继续统治帝国长达 21 年。在这段岁月中，米海尔八世一事无成。欧洲方面，面对保加利亚人和法兰克人的陆地力量，以及热那亚人和威尼斯人的海上力量，米海尔八世根本无法与之抗衡。米海尔八世同时受到热那亚、威尼斯两大海上力量的针对——他总是轻率且鲁莽地前脚与一方交好，后脚又与另一方交好，导致双方都认为他不值得信任。由此，尽管在位期间米海尔八世从未与热那亚、威尼斯同时交战，但在与一个对手交战时，也得不到另一个对手的援助。威尼斯人曾是君士坦丁堡拉丁皇帝的伙伴，因此，米海尔八世主观上更偏向于同热那亚人结盟。但热那亚人对黑海贸易的诉求，直接威胁到了米海尔八世的经济利益；威尼斯人则更关注叙利亚和埃及的贸易活动，与他并无利益瓜葛。为了在复杂的利益关系间寻求平衡，米海尔八世在热那亚和威尼斯之间左右摇摆，只得目睹双方相继蹂躏帝国海岸，而自己的弱小舰队只能蜷缩在金角湾里。陆地上的境况要好很多，雅典公爵和伊庇鲁斯专制者虽然还未向米海尔八世宣示效忠，但两者都在他的掌控之下。

亚洲方面，米海尔八世的统治摇摇欲坠。在后半期，尽管罗姆苏丹国（Sultanate of Iconium）的覆灭使塞尔柱人分裂成了数个贝伊国，但他们还是会相互联合来攻击帝国边界。塞尔柱人先后征服了卡里亚和吕底亚内陆。尽管特拉勒斯和其他几个城镇进行了激烈的抵抗，但米海尔八世在小亚细亚西南部的领土还是被塞尔柱人吞噬殆尽，仅剩下沿海的小块领地。比提尼亚东部也难逃此劫，塞尔柱人在那里一路强突至萨卡里亚河（Sangarius）附近。

拜占庭帝国残存的亚洲领土传到了米海尔八世之子安德罗尼柯二世手中。安德罗尼柯二世不仅继承了他父亲身上的全部缺点——多变、虚伪、残暴，还有着其父亲不曾有过的短板——怯懦、迷信。安德罗尼柯二世最感兴趣的是教会事务，但教会事务不等同于宗教事务，他将所有的精力都放在了折腾君士坦丁堡的神职人员上。没有哪一个大教长能受得了他，而他本人在统治期间，前后共计罢免了至少九位大教长。

当安德罗尼柯二世与大教长们陷入争吵时，拜占庭帝国正在快速走向毁灭。来自小亚细亚高原的塞尔柱首领们正逐步逼近海岸，直扑以弗所和士麦那而来。直至塞尔柱人出现在马尔马拉海海岸，兵临尼西亚和布鲁萨城下时，这位拜占庭的皇帝终于感到了惊慌，决定采取意料之外的方式来将塞尔柱人击退。

安德罗尼柯二世敬慕基督像

1302 年，安茹王朝和阿拉贡王朝（the houses of Anjou and Aragon）在西西里进行的"晚祷战争"（Vespers War）正式结束。为夺取西西里王位，两个王朝从世界各地搜罗雇佣兵以增强战斗力量。战斗结束后，规模庞大的雇佣兵部队也随即解散，散布于世界各地。安德罗尼柯二世想到，他可以通过雇佣这些参与"晚祷战争"的雇佣兵，助他将塞尔柱人赶回高原。尽管这些雇佣兵极其残忍且目无法纪，但所有的欧洲人也都承认他们是基督教世界中战斗力最强、执行力满分的部队。因此，皇帝向罗杰·德·弗洛尔 ① （Roger de Flor）发出邀请，希望罗杰本人带领尽可能多的部下，来为拜占庭帝国服务。罗杰欣然接受了邀请，并于 1303 年率领 6000 名士兵的先头部队到达君士坦丁堡，后续部队而后也陆续抵达。安德罗尼柯二世将这支雇佣兵部队称为"大佣兵团"（Grand Company），给予其大量赏赐，并许以诸多承诺。罗杰本人也被封为"大公"，还娶了一名皇室女子为妻。在将塞尔柱人赶出比提尼亚海岸后，"大佣兵团"沿马尔马拉海南部海岸自由活动，以度过 1303 年至 1304 年的冬天。但"大佣兵团"习惯性的掠夺与傲慢，很快在当地激起反感，居民们抱怨称，"大佣兵团"和塞尔柱人一样，都是祸害。1304 年，罗杰挥师南下，将塞尔柱人逐出了吕底亚和卡里亚。但对于重新征服的土地，罗杰并没有转交到皇帝手中，而是安排自己的手下驻守每一处要塞，更直接将当地的税收据为己有。显而易见，罗杰已经打算将他从塞尔柱人手中夺取的土地作为他自己的领土，并以以弗所为都，建立自己的统治。后来，罗杰更是直接将费拉德尔菲亚（Philadelphia）团团包围，只因那里的居民选择听从君士坦丁堡的命令，不让他进入城中。1307 年，安德罗尼柯二世邀请

---

① 罗杰·德·弗洛尔是一个曾变节的圣殿骑士，在"晚祷战争"中担任阿拉贡王朝弗雷德里克（Frederic）的雇佣军指挥官。——原注

罗杰赴阿德里安堡会谈，当罗杰刚与皇帝碰面，拜占庭军官乔治·艾伦（George Alan）便将他砍死。乔治·艾伦砍死罗杰之举，是为了报仇雪恨，罗杰的士兵曾在一次斗殴中将他的儿子杀死。因拒绝逮捕乔治·艾伦，安德罗尼柯二世也不能排除是杀死罗杰主使的可能。

安德罗尼柯二世很快便受到了惩罚。"大佣兵团"并未因失去首领而陷入混乱，反而一心复仇。他们匆忙集结，将小亚细亚留给了塞尔柱人，直奔君士坦丁堡，并在沿途疯狂劫掠。皇帝派米海尔前去应战，但迎接这位年轻皇子的，是在加里波利和阿普洛斯（Apros）的两场惨败。雇佣兵们横扫色雷斯，一路烧杀劫掠到君士坦丁堡的城门前。十字军攻陷君士坦丁堡的场景即将再次上演。"大佣兵团"的领导者以占领的色雷斯为驻地，不仅得到了欧洲的援助，还组建了一支由塞尔柱人组成的部队。但他们始终无法攻破君士坦丁堡和阿德里安堡，而两年的掠夺已经将拜占庭帝国洗劫一空，他们最终不得不因饥荒而撤退。

随后，雇佣兵们继续沿着南部和西部进军，在将马其顿和塞萨利洗劫后抵达希腊。在希腊，雇佣兵们与雅典公爵沃尔特·德·布里耶纳（Walter de Brienne）爆发冲突，并在战斗中将其杀死后，又占领了雅典。自此以后，雇佣兵们终于安顿了下来，在夺取雅典公国后，又瓜分了公国的领地，并在雅典建立起了一个新的王朝。雇佣兵们一旦安定下来，其危险系数也随之大大降低，拜占庭帝国才得以摆脱了他们。

这场与雇佣军之间的战争堪称灾难，不仅摧毁了色雷斯和马其顿，还使得拜占庭帝国最终失去了小亚细亚的领土。当安德罗尼柯二世正疲惫应付"大佣兵团"时，塞尔柱首领们已经再次征服了吕底亚和弗里吉亚，而后又继续向北推进，将米西亚和比提尼亚团团包围。到了1325年，拜占庭帝国原本分布于海峡两岸的领土仅剩下了一点点，即南部以比提尼亚山脉为界，从达达尼尔海峡延伸到博斯普鲁斯海峡北口的狭窄地带。塞尔柱的五位首领在被征服的地区建立了自己的公国，分别为南部的门特瑟（Menteshe）、吕底亚的亚丁（Aden）和撒罗坎（Saroukhan）、米西亚的喀拉斯（Karasi），以及与比提尼亚接壤的奥斯曼。其中，与其他公国首领的默默无闻不同，盘踞在与比提尼亚接壤的奥斯曼将会在历史上留下更多的痕迹。

小亚细亚西部原本是人口稠密之地，但随着奥斯曼和其他几位首领的入侵，该地已经荒无人烟到适合游牧民族生活了。而此时的安德罗尼柯二世正忙于一场内战，同与雇佣兵间的战斗相比，这场内战简直毫无必要。

内战的起因在于安德罗尼柯二世要废黜其同名孙子[1]的皇位继承权，但他的孙子则通过武装手段来捍卫继承权。这场爆发在祖孙之间的内战十分漫长，一直持续到1328年安德罗尼柯二世宣布其孙子为继承人和共治皇帝后才得以结束。但安德罗尼柯三世并不满足于这样的结果，他先后拿掉了其祖父的军队指挥权及行政管理权。虽然安德罗尼柯二世的名字仍然与他的孙子共同出现在货币及祷词中，但他已经不再拥有任何实

---

[1] 安德罗尼柯二世的同名孙子即安德罗尼柯三世。——译者注

权。安德罗尼柯二世于 1332 年离世，在这个被他统治了 50 年的帝国中，没有一人对他的死亡表示哀悼，而与他继位时相比，此时帝国的疆域面积仅剩下了当初的三分之二。

第二十五章

土耳其人踏入欧洲

（1328—1370 年）

如果单纯与安德罗尼柯二世相比，那安德罗尼柯三世还可以算作"明君"。尽管他同其家族里的其他人一样，精通背叛、欺骗，生活上更是松散、奢侈，但相对而言，还算是一个奋发图强之人。人们将他称为"低配版"的曼努埃尔一世——两人均是威猛的战士，无论是在竞技场还是战场上都能称雄；在生活上，两人亦同样热衷于奢侈。虽然安德罗尼柯三世并无治国才能，但他至少尽力了，而不是像其祖父安德罗尼柯二世那样，对破败的帝国不闻不问。

　　尽管如此，安德罗尼柯三世注定还是要遭受安德罗尼柯二世所埋下的苦难之种——帝国的亚洲省份全部落入塞尔柱人之手。彼时，随着帝国领土的缩小，其他塞尔柱势力已经与安德罗尼柯三世并无瓜葛，奥托人（Ottomans）成为他唯一的敌人。

　　对于一些帝国的新敌人，必须用一些篇幅来予以描述。

奥斯曼[①]（Othman）是埃尔图鲁尔（Ertogrul）之子，亦是塞尔柱罗姆苏丹的封臣。以攻打拜占庭帝国为条件，罗姆苏丹封给了奥斯曼位于弗里吉亚高地的一块土地，该封地位于小亚细亚中部高原的西北角。奥斯曼封地的身后是塞尔柱人已经占据的丘陵高地，身前则是有拜占庭民兵所驻守的比提尼亚山脉。如若不是米海尔八世卸下了这些民兵的武装，本在山上一无所有的奥斯曼和他的父亲埃尔图鲁尔，根本不可能向拜占庭帝国推进。1270 年以后，由于拜占庭民兵的消失，阻挡奥斯曼部队的仅剩下了人数严重不足的拜占庭正规军。

奥斯曼一世的一生经历了两件大事：一是安德罗尼柯二世的垮台，二是罗姆苏丹国的解体。1294 年，作为塞尔柱人最后一位正统君主，盖亚撒丁（Gaiaseddin）在与叛军的战斗中阵亡；1307 年，最后一位自称为"最高苏丹"的阿拉丁三世（Alaeddin Ⅲ）也在流放中离世。

盖亚撒丁和阿拉丁三世的离世，使奥斯曼成为一个独立的领主，但他没有接受"苏丹"的头衔，而是采用了低一等的"埃米尔"称号。

1281—1326 年，奥斯曼一世的势力范围一直局限于拜占庭边境地区的比提尼亚和米西亚。相较于其他塞尔柱首领而言，奥斯曼一世绝对难当强大之名，其他塞尔柱首领都曾在拜占庭帝国境内至少打下过一处据点，但他花了整整 20 年的时间才攻下了一座大型城镇。在比提尼亚开阔的沿海平原上，

---

① 奥斯曼全名为奥斯曼·加齐，即奥斯曼一世，土耳其奥斯曼王朝的开国君主。——译者注

奥斯曼一世的骑兵一次又一次地对那些城市进行骚扰，使当地居民最后要么客走他乡，要么臣服于他的统治之下。但当地城镇均配有罗马时期所建造的坚固城墙，使作为奥斯曼一世旗下唯一兵种的轻骑兵无法发挥效能，奥斯曼一世只得"望城兴叹"。他对比提尼亚首府布鲁萨进行了近 10 年的围困。通过在城镇周围大建堡垒，布鲁萨获取给养变得愈发困难，使该城只得通过为补给队伍配备大军守护来获取给养。最后，布鲁萨的居民终于发现，在一个被围困的城镇里度过一生，经历慢慢饿死的命运，对于他们而言没有丝毫益处。1326 年，在奥斯曼一世临终前，布鲁萨正式开城投降。至此，塞尔柱人再次到达了马莫拉海，这也是自 1097 年被十字军逐入内陆以后，他们再未曾踏上过的地方。

奥斯曼一世离世后，他的儿子奥尔汗 ①（Orkhan）继任奥斯曼帝国的第二任埃米尔，与安德罗尼柯三世间的博弈也随即开启。奥尔汗一世的毕生功绩是完成了他父亲未竟的事业，即彻底征服了比提尼亚。他先后于 1327 年、1333 年占领了尼科米底亚和尼西亚，以及周围的所有领土；而安德罗尼柯三世只剩下了卡尔西登和君士坦丁堡周边地区的两处领土。1329 年的佩勒卡农战役（the fight of Pelekanon）是奥尔汗一世和安德罗尼柯三世唯一的一次正面交锋。战役没开始多久，安德罗尼柯三世便负了伤，拜占庭军队因此群龙无首、军心大乱，最后只得以战败告终。伤愈后，安德罗尼柯三世再也没有亲自率军

---

① 奥斯曼一世之子奥尔汗即奥尔汗一世。——译者注

同奥斯曼帝国作战。

征服比提尼亚后，奥尔汗一世将其周边的其他塞尔柱埃米尔也相继制服，而后便开始专心经营自己的国家。他组建了著名的耶尼切里军团（corps of the Janissaries），这支军团的出现打破了东方国家从来没有专职步兵的历史。他向在米西亚和比提尼亚的基督徒臣民征收"贡品"——此"贡品"并非金钱，而是男孩。被当成"贡品"的男孩们很小便被进献，自此昼夜生活在军营之中，学习最严格、最狂热的伊斯兰教教规，接受专业的军事训练。由于麾下轻骑兵的数量庞大，奥尔汗一世便让耶尼切里军团采用弓箭和佩刀徒步作战。耶尼切里军团训练有素、行动迅速，多年以来未曾败绩。耶尼切里军团同样有着严格的道德要求，几乎从来没有出现过重新皈依基督教的案例。除严格的军事和宗教纪律，让耶尼切里军团如此坚定的原因，亦有被允诺的辉煌前景。奥斯曼帝国的统治者规定，将军、总督、朝臣和皇室随从都必须从耶尼切里军团中选出。据统计，在 14—16 世纪的 300 年里，三分之二以上的大维齐尔[1]（Grand-Viziers）都出自耶尼切里军团。

奥尔汗一世统治后期，第一代"新士兵"[2]成长到了可以投入战场的年龄。耶尼切里军团的首次登场则是在博斯普鲁斯海峡的欧洲海岸。

安德罗尼柯三世于 1341 年离世，年仅 9 岁的幼子约翰五世（John V）继承了领土已经严重萎缩的拜占庭帝国。不久

---

① 大维齐尔是苏丹或埃米尔之下的最大官员，相当于宰相。——译者注
② "新士兵"指耶尼切里军团中的士兵。——原注

之后，一件偶然的事将拜占庭帝国进一步推向了坟墓——君主年幼引发的戏码再次上演，内战已然行而将至。

已故皇帝的宰相约翰·坎塔库泽努斯（John Cantacuzenus）是一个聪明、狡诈之人，精通于文学，但在政治家和将军的身份上力不胜任。然而，出于某种目的，他仔细研读了关于米海尔八世崛起的书籍，并决心仿效。于是 1258 年的场景再次上演，君主年幼为不忠之臣提供了难得的机遇，使其能够先成为共治皇帝，然后再取代幼主。约翰·坎塔库泽努斯竭尽全力在米海尔八世的玄孙身上重现米海尔八世的做法——他暮夜怀金、暗中作梗，在各处安插自己的党羽，以待时机成熟时发动政变。但对于约翰·坎塔库泽努斯本人而言不幸的是，他并不是成为篡位者的材料——行事瞻前顾后又盲目迷信，因而表现出拖延的习惯，导致他的行动总是一拖再拖。萨伏依的安妮（Anne of Savoy）太后组建起了一股反对约翰·坎塔库泽努斯[1]的势力，于是，他撕下了面具，自立为皇帝。约翰六世召集兵马，但始终无法拿下君士坦丁堡。作为失败者，约翰六世随即使出了失败者们的惯用伎俩——勾结外部敌对势力来助力政变。勾结外部敌对势力在拜占庭帝国的历史上曾多次上演，但此次后果的致命性则堪称之最。约翰六世先是找到了塞尔维亚国王斯蒂芬·杜珊（Stephen Dushan），后来又找到了爱琴海对岸的奥尔汗一世，以及奥尔汗一世的对手亚丁埃米尔奥马尔（Amour）。

---

[1] 约翰·坎塔库泽努斯即约翰六世。——译者注

约翰·坎塔库泽努斯加冕仪式的当代手绘

　　盟友的介入使约翰六世逃过了毁灭的结局，但代价则是摧毁了他所觊觎的帝国。塞尔维亚国王斯蒂芬·杜珊进军马其顿和色雷斯，占领了除塞萨洛尼基等几个城镇外的全部乡村土地；而后，他又继续向南进军，征服了塞萨利，并使伊庇鲁斯专制者向他宣誓效忠。此时，拜占庭帝国仅剩下了君士坦丁堡，以及阿德里安堡和塞萨洛尼基的周边地区。拜占庭帝国永久性地失去了它的大部分领土，而塞尔维亚人对巴尔干半岛的统治则即将开始。斯蒂芬·杜珊自塞尔维亚南下，将首都迁至马其顿的乌斯卡帕（Uscup），并自称为"塞尔维亚人和罗马人的皇帝"。[1]

对于基督教世界而言，假若斯蒂芬·杜珊真的征服了君士坦丁堡并终结了拜占庭帝国，或许是件好事。在这种假定情况下，巴尔干半岛将只有一股势力，进而全力地去面对土耳其人的进攻，但斯蒂芬·杜珊并不具备攻下君士坦丁堡的实力。而不幸的是，他于1355年去世，留下了一个从多瑙河延伸到塞莫皮莱（Thermopylae）隘口的王国。他的幼子乌罗什（Urosh）继承了皇位，但很快便遭暗杀，塞尔维亚帝国如同其发展时候的速度一样，迅速走向瓦解——十几个皇子开始争夺斯蒂芬·杜珊的遗产。

相较于塞尔维亚人，约翰六世对另外两位盟友，即塞尔柱人奥马尔和奥尔汗一世更为依赖。约翰六世将大量的塞尔柱骑兵引入色雷斯，允许其骚扰乡村并掳走成千上万的帝国子民，然后将他们带到士麦那和布鲁萨的奴隶市场上出售。在将自己的女儿西奥多拉（Theodora）送给奥尔汗一世，以充实土耳其人的后宫后，约翰六世的堕落也随之达到了极点。

在约翰六世的奥斯曼雇佣军的入侵下，色雷斯很快就变得一片荒芜。经过6年的战争后，以安妮太后为首的反对势力终于承认约翰六世为约翰五世的共治皇帝和监护人。1347年，双方达成了空洞的和平协定，两个约翰终于可以好好看一看他们破败的帝国了。这场内战的最终结果是马其顿和塞萨利落入塞尔维亚人之手，而色雷斯则被塞尔柱人彻底摧毁。拜占庭帝

---

① 塞尔维亚王国国号也随之改为"塞尔维亚帝国"。——译者注

国现有的领土已经不配被称为"帝国"，这个所谓的"帝国"仅仅剩下了君士坦丁堡、阿德里安堡、塞萨洛尼基和伯罗奔尼撒半岛的部分地区。约翰六世应当与伊萨克二世和阿历克塞三世归为一档，接过拜占庭帝国"第三大毁灭者"的称号。

但约翰六世的恶行远不止于此。他与约翰五世联合统治了 7 年，发动了一场对塞尔维亚的战争，以期夺回斯蒂芬·杜珊曾征服的土地，但最终以失败告终。1354 年，22 岁的约翰五世决心维护自己的权力，武力逼迫约翰六世退位。约翰六世进行了反击，并派人向他的女婿奥尔汗一世求援，奥尔汗一世随即兵发色雷斯，夺取了由拜占庭军队控制的几处要塞。但约翰五世在夜间通过一场海上奇袭占领了君士坦丁堡，并幸运地将约翰六世本人抓获。按照惯例，约翰六世被剃光了头发，关进修道院之中。幸运的是，约翰六世的眼睛还健在，使他能用余生来撰写他所处时代的历史。

土耳其部队盘踞在色雷斯的情况下，扫除约翰六世的势力并没有多大用处。奥尔汗一世本是作为"战争帮凶"而来，但现在则决定成为主导者。奥尔汗一世之子苏莱曼占领了加里波利，并迁来了大量的土耳其人，以使该地成为永久定居点。加里波利是奥斯曼帝国在欧洲的第一个立足点，但没过多久它便不再是唯一。

奥尔汗一世于 1359 年离世，其继任者穆拉德一世（Murad Ⅰ）决定派军前往欧洲碰碰运气。与拜占庭帝国的历任君主相比，约翰五世的能力并不差，但约翰六世的恶行，导致其所拥有的资源要比其前任们更少。两年的战斗使色雷斯完全落入穆拉德一世之手，而 1361 年在阿德里安堡的决战则成了色雷斯的交接之歌，自此，拜占庭帝国只是一个失去躯干的脑袋——在君士坦丁堡城外，除了塞萨洛尼基和伯罗奔尼撒半岛之外，再没有任何地方承认约翰五世的统治。

穆拉德一世为什么没有按照最初的计划进行，直接趁机攻下君士坦丁堡，其中的原因难以捉摸。尽管君士坦丁堡坚固的城墙难以攻破，热那亚人和威尼斯人也可以从海上策应，但一场坚决的围攻必定能够战胜依靠石块和砂浆所堆积起的抵抗，更何况这些石块和砂浆之内亦没有足够的守军。然而，相较于弱小的约翰五世，穆拉德一世更喜欢同有实力的对手抗衡，他的一生都在与塞尔维亚人、保加利亚人和小亚细亚南部的塞尔柱埃米尔的战争中度过，伴随他的亦是一路凯歌。在位 30 年间，穆拉德一世将奥斯曼帝国的边界向北扩展至巴尔干半岛，并吞并了塞尔柱各埃米尔所占据的小亚细亚大片领土。

约翰五世最终成为穆拉德一世的卑微奴仆。在向教皇求助无果后，这位没有帝国的皇帝决定"乞求"和平。当穆拉德一世提供给他和平时，约翰五世欣喜若狂。土耳其人是严厉的主人，总喜欢给他的奴仆安排一些不愉快的苦差。细数约翰五世所遭受的苦难，以费拉德尔菲亚围城之战堪称之最。当拜占庭帝国在亚洲的所有城镇均落入土耳其人之手后，费拉德尔菲亚则保持着"动荡的独立"。由于位于偏远的吕底亚山间地带，其与君士坦丁堡间失去联系，因而成了一座自由城镇。穆拉德一世想要征服该城，于是便强迫约翰五世和其子曼努埃尔亲自率军攻打亚洲最后一个基督教据点。高压之下，约翰五世只得同意。当费拉德尔菲亚看到拜占庭帝国旗帜与土耳其帕夏的旗帜一起悬挂在围攻者的营地上方时，他便立即选择了投降。查士丁尼一世和巴西尔二世的继承人，在暴发户土耳其埃米尔的要求下走上战场，还是要消灭自己同胞最后的自由——这一刻，拜占庭帝国的国格降到了最低。

第二十六章

故事终章

（1370—1453 年）

拜占庭帝国最后 75 年的历史只能算作一部地方史，其不再构成基督教世界历史中的重要一脉。对于 15 世纪的东欧历史进程而言，假若穆拉德一世真的在 1370 年将君士坦丁堡拿下，也不会产生多大的影响。因为 1370 年之后，拜占庭帝国原有的"基督教世界对抗奥斯曼帝国"的要塞职能，落在了塞尔维亚人和匈牙利人肩上，两者在尔后的 150 年中一直在抵抗着土耳其人。如果没有巴列奥略王朝对土耳其人的俯首称臣，那拜占庭帝国或许早已消失在了历史的长河之中。

　　如果君士坦丁堡在 1370 年而不是 1453 年陷落，那欧洲历史便可能会有两种变化。其一，在经由好望角抵达印度的航路被发现前，君士坦丁堡这一重要的"东方中转站"便已经陷落，那热那亚和威尼斯的商业资源便会径直走向枯竭。其二，我们还可以补充一点，如果君士坦丁堡陷落的时间节点到来过早，意大利人便来不及充分吸收拜占庭帝国所创造的知识财富，那 15 世纪的文艺复兴多少会黯淡无光。至于其他方面，就算君士坦丁堡在 14 世纪末陷落，造成的历史影响则很难评价有多么重大。

当穆拉德一世频频收到同塞尔维亚人和保加利亚人的战争捷报时，约翰五世却在他痛苦的晚年生活中煎熬。约翰五世统治拜占庭帝国长达半个多世纪，但晚年饱受不孝之子的困扰。他的儿子安德罗尼柯 ① 曾两次掀起叛乱，一度还曾短暂地登上了皇位。安德罗尼柯四世与穆拉德一世之子萨夫哲（Saoudji）结盟，萨夫哲也试图通过效仿安德罗尼柯四世来推翻自己的父亲。但穆拉德一世不费吹灰之力便平息了叛乱，对萨夫哲施以剜目之刑，又将安德罗尼柯四世五花大绑后送到了约翰五世面前，并命令约翰五世效仿自己来处罚乱臣贼子。对于穆拉德一世的命令，约翰五世根本不敢违抗，于是下令刺瞎安德罗尼柯四世的双眼。但行刑的效果不佳，安德罗尼柯四世仍保留了些许视力，甚至还能发动第二次叛乱。

由于安德罗尼柯四世的种种恶行，年迈的约翰五世决定剥夺他的继承权。在 1391 年离世时，约翰五世将皇位交到了其次子曼努埃尔·帕莱奥洛戈斯 ②（Manuel Paleologus）手中。与巴列奥略王朝的历任君主相比，曼努埃尔二世处于中等偏上水平，且展现出了其所具备的能力。但对于一个只统治君士坦

---

① 约翰五世之子安德罗尼柯，全名为安德罗尼柯·巴列奥略（Andronicus Palaiologos），即安德罗尼柯四世，于 1376 年至 1379 年在位。——译者注

② 约翰五世的次子曼努埃尔·帕莱奥洛戈斯即曼努埃尔二世，于 1391 年至 1425 年在位。——译者注

丁堡、塞萨洛尼基和伯罗奔尼撒半岛的君主而言，这些才能又有什么用呢？面对土耳其人，曼努埃尔二世既无甲兵，也无财力，唯一能做的似乎只有静待时机。

在曼努埃尔二世的一生中，他等待的时机确实出现过一次，而且这次机会极有可能让拜占庭帝国彻底摆脱奥斯曼帝国的束缚。1402年，在著名征服者帖木儿的率领下，一大群突厥化的蒙古人闯入小亚细亚，穆拉德一世的继任者巴耶济德（Bayezid）一世随即率兵迎敌。但在加拉太的安哥拉（Angora），巴耶济德一世遭遇惨败，奥斯曼帝国似乎已经到了危急存亡之秋。巴耶济德一世本人被俘，耶尼切里军团全军覆没，轻骑兵部队四散奔逃。突厥化的蒙古人遍布小亚细亚各地，并占领了奥斯曼帝国的首都布鲁萨，曾被穆拉德一世吞并的各塞尔柱埃米尔也恢复了王位。巴耶济德一世在囚禁中离世后，他的儿子们开始争夺奥斯曼帝国的残余部分。其中，苏莱曼占领了阿德里安堡，以萨（Eesa）则占领了尼西亚，两人都将自己封为"苏丹"。

对于曼努埃尔二世而言，奥斯曼帝国的混乱局势是百年难遇的大好机会。土耳其人醉心于内斗，只要曼努埃尔二世处理得当，重夺主人地位也并非不可能之事。两个奥斯曼帝国的争夺者都将控制博斯普鲁斯海峡作为自己的战略重心，因此曼努埃尔二世能够以高昂的价格将该地卖给苏莱曼。为了不让以萨渡过博斯普鲁斯海峡，占据奥斯曼帝国欧洲部分的苏莱曼选择直接割让领地，将塞萨洛尼基、斯特里蒙河（Strymon）下游河谷、塞萨利海岸及从博斯普鲁斯海峡口到瓦尔纳之间的所有黑海海港都交给了曼努埃尔二世。

曼努埃尔二世和他的家庭

　　至此，曼努埃尔二世统治下的拜占庭又能够被勉强称为一个"帝国"。只要奥斯曼帝国的内战不停，他便依然具有保住自己利益的可能。巴耶济德一世儿子们之间的争斗持续了10 年：苏莱曼被他的兄弟穆萨（Musa）所杀，以萨也死于其兄弟穆罕默德之手，两位篡位者之间的战争依然在继续。按照所有东方的类比，在这种形势下的最好选择便是奥斯曼帝国走向解体，因为建立一个新国家的成本，要明显低于维持一个分裂正在逐步加深的旧国家。但巴耶济德一世的幺子穆罕默德天赋异禀，他战胜了他的所有哥哥，统一了奥斯曼帝国的残余领土。[1] 截至 1421 年，除了各塞尔柱埃米尔所占据的小亚细亚，以及塞尔维亚人和曼努埃尔二世在欧洲的土地外，奥斯曼帝国其余的所有领土都重回穆罕默德的治下。在奥斯曼帝国的内战后期，曼努埃尔二世非常幸运地选择站在了穆罕默德一方，而作为盟友，穆罕默德也承认了 1403 年条约的合法性，曼努埃尔二世得以继续掌控苏莱曼划给他的领土。

1402—1421 年，欧洲迎来了摆脱土耳其人的天赐良机，但不幸的是，欧洲并没有抓住。作为匈牙利国王、神圣罗马帝国皇帝的西吉兹蒙德（Sigismund），本应肩负起退敌之责，但他彼时正忙于波西米亚的胡斯战争[2]。这场悲惨的宗教战争将匈牙利的军事力量引向了北方，而此时的南方才是亟须支援的地方。尽管塞尔维亚人在安哥拉战役中腾出手来，但没有匈牙利的力量作为后盾，他们也无法将土耳其人逐出巴尔干半岛。塞尔维亚人和匈牙利人之间从来都是形同陌路的关系，除非在穆斯林入侵的安全压力下，否则他们从不会一起行动。匈牙利国王一直声称对塞尔维亚拥有宗主权，并长期试图用武力逼迫塞尔维亚皈依罗马天主教。因此，两国之间互为敌人，又怎么能在驱赶土耳其人一事上达成一致呢？

---

① 统一奥斯曼帝国后，穆罕默德加冕成为苏丹，即穆罕默德一世。由于其所取得的诸多功绩，穆罕默德也被称为奥斯曼帝国的"第二位建国者"。——译者注

② 胡斯战争即波西米亚战争，因波西米亚宗教改革家扬·胡斯在康斯坦斯大公会议中被判为异端，并被施以火刑，这引起其支持者以武力手段对抗罗马天主教会而爆发战争。——译者注

统一奥斯曼帝国的穆罕默德一世于 1421 年离世，其颇具雄心的儿子穆拉德二世接过苏丹权杖，君士坦丁堡及基督教世界也随即迎来了黑暗岁月。曼努埃尔二世是最早感受到形势变化的人之一，并通过为两个具有苏丹继承权之人提供支持，以试图从内部瓦解穆拉德二世的统治。这两位拥有苏丹继承权的人都名为穆斯塔法（Mustapha），分别为穆拉德二世的叔叔和弟兄。曼努埃尔二世此举为帝国带来了灭顶之灾，1370 年躲过的命运似乎即将到来：穆拉德二世向曼努埃尔二世宣战，1403 年时拜占庭帝国拿回的要塞被悉数攻破，君士坦丁堡也在 1422 年被团团包围。但这座城堡的城墙最后一次证明了自己坚固到可以将来犯之敌击退。

穆拉德二世使出浑身解数，在创造了东方帝国首次使用火炮作战的历史外，亦大量建造活动塔楼来掩护攻城部队，甚至还派出了战斗力极强的耶尼切里军团，但都未能攻下君士坦丁堡。贞女祭祀发表了演说，称自己将会与城市共存亡；此番演说产生了奇迹般的效果，拜占庭人的抵抗热情空前高涨。志在谋反且曾一直接受曼努埃尔二世资助的穆斯塔法开始在小亚细亚挑起叛乱，穆拉德二世随即放弃围攻，转而调兵平叛。最终，穆拉德二世同意与曼努埃尔二世恢复和平，但和平的条件是皇帝必须放弃除君士坦丁堡、塞萨洛尼基和伯罗奔尼撒省以外的所有领土。至此，拜占庭帝国又一次沦为了奥斯曼帝国的奴仆。

拜占庭手稿上的阿拉伯式花纹设计

曼努埃尔二世在 3 年后的 1425 年离世，享年 77 岁。他是君士坦丁堡最后一位为拜占庭帝国带来一丝希望的君主。尔后的近 30 年时间里，拜占庭帝国的历史再无曙光可言，径直跌入无法挽回的昏暗之中。

曼努埃尔二世之子约翰八世继承了皇位。他的统治是在和平中度过的，其从未试图去挣脱奥斯曼帝国的枷锁。当然，如果没有外界援助，约翰八世再怎么反抗都是徒劳的。正如曼努埃尔二世所言："论国之势，大政者无须存续，小吏便足以治国。"签署条约、发起战争或组建联盟都与约翰八世无关，他唯一能做的就是省出一小笔钱，以修缮他的城墙——但很多时候，这些卑微的任务他甚至也完成不了。

无论是出自拜占庭本土作家笔下，还是出自西方旅行者笔下，关于 15 世纪君士坦丁堡的所有描述，充斥着的都是疲惫与衰弱之色——这些文字让人们不禁产生疑惑，为什么拜占庭帝国没有早点灭亡？君士坦丁堡的城墙外已是一片荒芜，城墙内也有半座城池空无一人，城中散落的废墟是其曾经辉煌的唯一证明。守护过数代皇帝的奥古斯都广场旁的宫殿，已经破败不堪，现今皇室只能住在其中一角。圣索菲亚大教堂的多处柱廊已经倒塌，但对于这座伟大的圣殿，拜占庭人亦无力修缮。这座城市的人口仅剩下了 10 万人左右，其中的大多数人处于极度贫困的状态，君士坦丁堡仅存的商业财富，也几乎全部落入了热那亚人和威尼斯人之手，两者在加拉塔（Galata）和佩拉（Pera）的工场所生产出的货物，成了通过君士坦丁堡的唯一商品。拜占庭帝国的全部军事力量由 4000 名雇佣兵组成，其中许多是法兰克人，本土士兵几乎无迹可寻。曾被称为"东西方奇迹"的华丽宫殿，如今已经缩小到了堪称"简陋"的规模；皇室也同样寒酸，一位勃艮第旅行者惊奇地发现，当皇后在圣索菲亚大教堂礼拜时，她的侍从竟然不到 8 个。[1]

---

[1]　参见芬利在其著作中引用的贝特朗东·德·拉·布罗基埃（Bertrandon de la Broquiere）笔记内容，具体位于该书的第三章，此章节非常有趣。——原注

　　尽管约翰八世凡事小心翼翼，但还是难逃目睹失去君士坦丁堡城外最重要领地的命运。约翰八世的弟弟、塞萨洛尼基总督安德罗尼柯，以5万枚金币的价格将塞萨洛尼基出售给了威尼斯人。对于拜占庭帝国未经自己允许就公然出售领土的举动，穆拉德二世勃然大怒。1430年，苏丹率军猛攻此地，并在将威尼斯人赶走后，正式将塞萨洛尼基并入了奥斯曼帝国。

　　除处处小心翼翼外，约翰八世统治的另一大特点是他希望获得西欧诸国的同情与援助。他决心皈依罗马天主教，以换取教皇的慷慨相助。因此，约翰八世于1438年带着君士坦丁堡大教长和多位主教奔赴意大利。约翰八世先后出席了费拉拉（Ferrara）大公会议和佛罗伦萨（Florence）大公会议，并于1439年7月6日在佛罗伦萨大教堂被庄严地接受加入罗马教会。约翰八世显然没有注意到，与他同时代的尤金四世（Eugenius Ⅳ），已然与11世纪和12世纪的罗马教皇截然不同，后者可以随心所欲地废黜君主、发起十字军东征。自从东西教会大分裂以来，教皇在基督教世界的声望已经一落千丈。此外，彼时的尤金四世正忙于同巴塞尔宗教会议间的斗争，该会议想要罢免他的教皇之位。因此，尤金四世根本没有多少心思和精力去援助东正教徒。约翰八世仅仅得到了一笔钱和一支300人规模的雇佣军——对于他此次不远万里的行程和对罗马天主教的皈依而言，这些回报堪称可怜。

　　皇帝的叛教只完成了一件重要之事，即在君士坦丁堡城内掀起了一场激烈的宗教斗争——斗争的一方是在佛罗伦萨宣誓皈依罗马天主教的人，另一方则是否认东西教会合并的大部分神职人员。约翰八世遭到了其多数臣民的联合抵制：东正教教士拒绝为他祈祷，民众也认为在罗马天主教弥撒之后，圣索菲亚大教堂已经被玷污了，因而拒绝进入该教堂。约翰·诺塔拉什（John Notaras）大公的感叹概括出了大多数拜占庭人的想法："君士坦丁堡之人，视土耳其人之方头巾胜于教皇之三重冕。"

约翰八世在位的最后几年，恰逢匈雅提①（Hunyadi）和拉迪斯拉斯②发动了反对土耳其人的大战。一时间，在得力干将的辅佐下，英勇的波兰、匈牙利国王让巴尔干地区重回基督教世界似乎是指日可待之事，胜利之旗在圣索菲亚大教堂上飘扬也已经近在咫尺。但 1444 年惨烈的瓦尔纳战役，使拉迪斯拉斯国王战死沙场。此战过后，土耳其人注定要毫无阻力地完成其征服。约翰八世怀着担忧之情默默关注着这场战争，却没有采取任何行动——惧怕惹怒苏丹而让拜占庭帝国彻底覆灭，导致他太过谨慎，不愿为匈牙利提供一丁点儿的援助。

约翰八世、穆拉德二世分别于 1448 年、1451 年离世。约翰八世的皇位由其弟弟君士坦丁③继承，其亦是君士坦丁堡最后一位信奉基督教的君主，穆拉德二世的苏丹之位则由其

---

① 匈雅提即匈牙利王国大将军匈雅提·亚诺什，其曾在赫曼斯塔特等战役中数次大败土耳其军队，使其在基督教世界内获得了"土耳其克星"的称号。——译者注

② 拉迪斯拉斯即 1434—1444 年在位的波兰国王瓦迪斯瓦夫三世、1440—1444 年在位的匈牙利国王乌拉斯洛一世，因瓦尔纳战役而得名"瓦尔纳的拉迪斯拉斯"。——译者注

③ 约翰八世的弟弟君士坦丁即君士坦丁十一世。——译者注

次子"征服者"穆罕默德①继承。与约翰八世一样，君士坦丁
十一世也是罗马天主教徒，他也同样遭受着其臣民的怀疑和抵
制。君士坦丁十一世也是巴列奥略王朝最出色的君主，拥有着
勇敢、虔诚、慷慨、宽容等优良品质。同以色列国王霍齐亚
（Hosea）一样，君士坦丁十一世虽然没有如其前任君主们那
样犯错，但他注定要吞下其列祖列宗们所种下的恶果。

　　穆罕默德二世是奥斯曼帝国历任苏丹中最具权威的一位。
自继位起，他便决心要夺取君士坦丁堡，以将这座位于帝国地
理中心位置的城市定为新首都。但拜占庭帝国毕竟是奥斯曼帝
国的奴仆，为避免师出无名，穆罕默德二世抓住了君士坦丁
十一世提出非分要求的机遇。一位名叫奥尔汗的土耳其王子居
住在君士坦丁堡城中，为避免奥尔汗图谋苏丹之位，穆罕默德
二世给了君士坦丁十一世一大笔津贴，要求他看好奥尔汗；但
不知具体出于哪种动因，君士坦丁十一世突然要求增加这笔津
贴的金额，并暗示穆罕默德二世，奥尔汗对夺取苏丹之位有极
大的渴望。对于穆罕默德二世而言，将此事作为借口已经足够
了。等不及宣战，穆罕默德二世便派军队和工匠，前往距离君
士坦丁堡仅几公里的拜占庭土地上兴建要塞，除距离较近外，
此地也正位于博斯普鲁斯海峡的最窄处，能够直接掐断拜占庭
帝国来自黑海的援助。起初，皇帝根本不敢提出异议，但当土
耳其人为获取建造新要塞所需的石料，而前去拆除一座备受拜
占庭人敬仰的教堂时，部分拜占庭平民以武力赶走了这支工程

---

① 穆拉德二世的次子穆罕默德即穆罕默德二世。——译者注

队，但又被尔后赶到此处的奥斯曼士兵杀死后，君士坦丁十一世立即提出了赔偿要求。一番唇枪舌剑后，1452 年秋，穆罕默德二世与君士坦丁十一世之间正式开战。

奥斯曼帝国的轻骑兵部队立刻将君士坦丁堡封锁，穆罕默德二世也在阿德里安堡集结大量火炮，并在亚洲港口建立了一支规模庞大的大型舰队。君士坦丁堡围攻之战的炮声于 1453 年春正式打响。

君士坦丁十一世认识到，拜占庭帝国已经深陷死亡泥潭。1452 年跨越 1453 年的冬季，君士坦丁十一世都在拼命地向教皇和意大利诸国的海军求援，以让他免遭毁灭。教皇尼古拉五世（Nicholas V）愿意提供帮助——既然皇帝已经皈依了罗马天主教，那罗马天主教会就必须对他有所援助。但教皇的能力有限，仅能派去一位红衣主教，提供一小笔钱，以及在意大利匆忙招募的几百名雇佣兵。威尼斯和热那亚本可以做得更多，苏丹是否夺取君士坦丁堡，与他们在东方的贸易利益息息相关，但"狼来了"的故事上演了太多次，使他们对此次的危险也没有当真。热那亚的乔瓦尼·朱斯蒂尼亚尼（Giovanni Giustiniani）仅带来了 2 艘战舰和 300 名甲兵。威尼斯则做得更少，其仅是让加拉塔工场的管理人员将工场中四肢健全的威尼斯人武装起来，以协助性地参与守城工作。在君士坦丁堡协防的西欧人，包括训练有素的雇佣兵和拿起武器的市民在内，总共不超过 3000 人。如果热那亚或威尼斯认真援助的话，本可以带来百余艘战舰以及 2 万名甲兵。

除自己的 4000 名士兵的部队以外，君士坦丁十一世还希

望通过招募城中男丁来增强守备力量。他向他的臣民发出热情
呼吁，邀请他们一起来拯救神圣的君士坦丁堡，拯救东正教的
中心。但拜占庭人只记得他是一个叛教者，背弃了其祖辈的信
仰，向罗马教皇致敬。因此，城中男丁大多选择冷眼旁观，全
城仅有2000人志愿参战。宗教上的情感不满，使盲目的群众
再次证实了约翰·诺塔拉什所言的合理性，他们宁愿选择相信
土耳其人，也不愿相信罗马教皇。

圣索菲亚大教堂的建筑细节

1453年4月，穆罕默德二世亲率7万名精兵，从陆地方
向正式发起了对君士坦丁堡的围攻。与此同时，他还派出了一
支由数百艘战舰组成的舰队将博斯普鲁斯海峡团团包围。结局
毋庸置疑：面对由年轻勇猛的领袖率领、作战经验丰富且人数
数倍于自己的部队，9000人根本不可能守住君士坦丁堡广袤

的陆地和海堤。尽管君士坦丁堡的坚固城墙曾挫败过无数敌人，但面对穆罕默德二世的火炮，这座由石块和砂浆筑成的城墙则感到力不从心。奥斯曼军队的火炮虽然简陋，但其火力威猛且数量众多。不久，城墙开始成片倒塌，多处出现缺口。

君士坦丁十一世和其副指挥乔瓦尼·朱斯蒂尼亚尼竭尽所能，用他们的勇气与才能将君士坦丁堡的城破之日延后。他们身先士卒，从海面上攻击土耳其舰队，并利用火炮来反击土耳其人的炮兵。但是他们发现，古老的城墙过于狭窄，根本无法放置火炮；他们被迫将火炮吊起来射击，但射击产生的后坐力则会破坏吊装结构，于是又不得不停止射击。

在海上，守城方取得了一场胜利。来自爱琴海的四艘战舰强行穿过土耳其舰队的围堵，并在击沉多艘敌方战舰后，成功抵达金角湾。但土耳其人在水陆两个方向都拥有巨大的人数优势，决定了君士坦丁堡的城破之日只能推迟，而无法避免。通过给轻型帆船装上滚轮，使其越过博斯普鲁斯海峡和金角湾间的陆地，并在加拉塔的内湖中下水的方式，穆罕默德二世成功占领了君士坦丁堡的入海港口。而君士坦丁十一世则随即陷入了腹背受敌的被动境地。

战争于1453年5月29日结束。穆罕默德二世在城墙上打开了几处能容军队通过的缺口，其中，最大的缺口位于城墙西北角的圣罗曼努斯门（St.Romanus）附近——此处的两座塔楼及塔楼间的幕墙被推倒，并堵住了护城河的水流。拜占庭帝国的风暴已经来临，君士坦丁十一世不得不接受国破家亡的命运。拜占庭历史学家以悲痛的文字描绘出了这位不幸皇帝的最后时光。午夜时分，他离开了城墙缺口处的阵地，按拉丁仪式在圣索菲亚大教堂进行了圣餐礼后，在其破败的宫殿里极不安稳地睡了几小时。第二天清晨，伴随着黎明的曙光，君士坦丁十一世便起身骑马返回阵地。他的朝臣和随从们簇拥在他的马前，心中深知这是皇帝的最后旅程。君士坦丁十一世坚定地望着这些朝臣和随从们，请求他们原谅自己在有意或无意间对他们的冒犯。人群中响起了抽泣和哀号之声，君士坦丁十一世也在这满是悲伤的声音中缓缓拉起马绳，去迎接他的死亡。

土耳其人进攻的号角在黎明时刻吹响。他们针对城墙的薄弱之处发起了三次主攻和数次辅攻，但土耳其人的进攻重点还是放在了圣罗曼努斯门的巨大缺口处。君士坦丁十一世和乔瓦尼·朱斯蒂尼亚尼伫立在巨大缺口的中央，身边尽是城中的精兵强将，他们以血肉之躯筑起了一道钢铁屏障。耶尼切里军团的 12000 名士兵手持军刀，按连续纵队排列，一波又一波地冲击着守军阵线。身披铠甲的拜占庭士兵驻守在缺口处，发起冲击的土耳其人成百上千地倒在了他们的剑下。论单兵作战能力，土耳其人的毡帽和未被盔甲保护的身体根本敌不过 15 世纪的重装武器。但面对数倍于自己的敌人，拜占庭守军的人数越来越少，身体也愈发疲惫。乔瓦尼·朱斯蒂尼亚尼脸部被弓箭射中，他在被带到自己船上后死去。最后，守城阵地上几乎只剩下了君士坦丁十一世一人，乌鲁巴德的哈桑①（Hassan of Ulubad）率领的耶尼切里军团也最终强攻进了君士坦丁堡。君

---

① 乌鲁巴德的哈桑是土耳其史学家笔下的热点人物，相关作品中尽是对他的赞扬与褒奖。——原注

士坦丁十一世和其将士们被土耳其人踩在脚下。进入城内的军队本打算与城中守军进行巷战，但在冲进君士坦丁堡荒芜的街道后发现，城中再无任何抵抗他们的力量了。超过一半的拜占庭人认为，上帝会奇迹般地拯救这座基督教城市中的明珠，于是，他们涌入教堂，在不断地祈祷中度过了城破之时的致命时刻。但土耳其军队的喊声瞬间让他们知晓了结局，礼拜者们被成群结队地从教堂中拖出，而后又被当作奴隶供征服者瓜分。

穆罕默德二世骑马跟随他的军队穿过城墙缺口，进入君士坦丁堡城内，审视着无数东方征服者竭尽所能都未曾目睹的城中街道。他下令搜出君士坦丁十一世。最后，土耳其人在厚厚的尸堆之下翻出了皇帝的尸体，但这具尸体已经面目全非，如若不是其战靴上的金鹰图案，任谁也无法辨认。土耳其人砍下了君士坦丁十一世的头颅，并将其作为胜利的标志送往主要城市展示。在骑马穿过大竞技场向圣索菲亚大教堂行进的路上，穆罕默德二世看到了由三条铜蛇所支撑的德尔斐鼎——1100年前，正是君士坦丁大帝将其放置于此。不知是因为蛇头极具威慑力的形象将他激怒，还是因为他单纯想试试自己的臂力，穆罕默德二世踩着马镫而起，用手中的苏丹之杖打下了离他最近的那条蛇的下颌。穆罕默德二世并未意识到，此举具有极强的象征意义——他刚刚破坏的正是西方世界对东方世界取得的首次大胜的纪念碑。穆罕默德二世不仅是薛西斯精神的继承者，也同时继承了库思老一世、莫斯利玛等其他东方帝王的精神。穆罕默德二世的胜利之地，正是那些东方君主的战败之地，而这座由三条铜蛇支撑的德尔斐鼎，正是建立初期的拜占庭帝国在普拉提亚战场上战胜波斯的象征。穆罕默德二世用象征东方权力的苏丹之杖对这座铜像的轻蔑一击，也宣告了拜占庭帝国的终结。对于历史而言，没有比这再好的象征了。

最后，穆罕默德二世来到了圣索菲亚大教堂，他的士兵们正在此处分配一群悲恸哀号的俘虏。穆罕默德二世骑马从东门进入，吩咐一位毛拉登上布道坛，反复诵读穆斯林所信仰的伊斯兰教义。于是，"上帝是伟大的，而穆罕默德是他的先知"的声音响彻在圣索菲亚大教堂的穹顶之下，三十余位基督教教长在此处布道的往事则已是过眼烟云。至此，整个欧洲和亚洲都明白，迄今为止基督教世界历史最长的帝国故事，正式画上了句号。